Teoria da História

I. Princípios e conceitos fundamentais

Dados Internacionais de Catalogação na Publicação (CIP)
(Câmara Brasileira do Livro, SP, Brasil)

Barros, José D'Assunção
Teoria da História / José D'Assunção Barros. – 5. ed.
Petrópolis, RJ : Vozes, 2014.

Conteúdo : 1. Princípios e conceitos fundamentais
Bibliografia.

6ª reimpressão, 2022.

ISBN 978-85-326-2465-9

1. História – Filosofia 2. História – Teoria I. Título.

10-12141   CDD-901

Índices para catálogo sistemático:
1. História : Teoria   901

José D'Assunção Barros

Teoria da História

I. Princípios e conceitos fundamentais

Petrópolis

© 2011, Editora Vozes Ltda.
Rua Frei Luís, 100
25689-900 Petrópolis, RJ
www.vozes.com.br
Brasil

Todos os direitos reservados. Nenhuma parte desta obra poderá
ser reproduzida ou transmitida por qualquer forma e/ou quaisquer
meios (eletrônico ou mecânico, incluindo fotocópia e gravação)
ou arquivada em qualquer sistema ou banco de dados
sem permissão escrita da editora.

CONSELHO EDITORIAL

Diretor
Gilberto Gonçalves Garcia

Editores
Aline dos Santos Carneiro
Edrian Josué Pasini
Marilac Loraine Oleniki
Welder Lancieri Marchini

Conselheiros
Francisco Morás
Ludovico Garmus
Teobaldo Heidemann
Volney J. Berkenbrock

Secretário executivo
Leonardo A.R.T. dos Santos

Editoração: Dora Beatriz V. Noronha
Diagramação: Victor Mauricio Bello
Capa: Omar Santos

ISBN 978-85-326-2465-9

Este livro foi composto e impresso pela Editora Vozes Ltda.

Sumário

Índice dos quadros e figuras, 7
Apresentação, 9
Introdução, 11

I. A teoria e a formação do historiador, 17
   1 Uma "disciplina" – Entendendo como funcionam os diversos campos de saber, 17
   2 "Teoria": o que é isso?, 40

II. Teoria da História e Filosofia da História, 85
   1 Teoria da História: o encontro entre historiografia e ciência, 85
   2 O papel da Teoria da História na formação do historiador, ontem e hoje: algumas palavras, 98
   3 Teorias da história e filosofias da história, 101

III. Alguns conceitos fundamentais, 151
   1 Conceitos basilares para o estudo da Teoria da História, 151

2 Três outras definições importantes: Escola Histórica, Paradigma, Matriz Disciplinar, 165

3 Campos históricos, 193

4 Sobre a liberdade teórica, 222

5 Algumas perguntas propostas pela Teoria da História, 268

Referências

Fontes citadas, 275
Bibliografia citada, 291
Índice onomástico, 309
Índice remissivo, 315

Índice dos quadros e figuras

Quadro 1: Constituição de um campo disciplinar, 20

Figura 1. Três níveis de discussão sobre a teoria, 43

Figura 2. Mediadores presentes no processo de "teorização", 54

Figura 3. Do contraste entre teoria e metodologia, 68

Quadro 2. Sobre a diferença entre teoria e metodologia na operação historiográfica, 69

Quadro 3. A polifonia dos modos de conceber a História, 118

Figura 4. Contraste entre as filosofias da história e as teorias da história, 126

Figura 5. O tempo mesclado da Filosofia da História de Voltaire, 133

Figura 6. O tempo linear e progressivo das filosofias da história (de Kant a Hegel), 134

Quadro 4. As condições para emergência da Teoria da História, 150

Quadro 5. Conceitos basilares para o estudo da Teoria da História, 163

Quadro 6. Campos históricos, 196

Quadro 7. Modalidades da História por espacialidade e temporalidade: alguns exemplos, 216

Quadro 8. Travas ao livre fluir de uma boa construção teórica, 226

Quadro 9. Algumas questões sobre a História, 270

Apresentação

O presente volume é o primeiro de uma série dedicada à Teoria da História. Compreendendo que a Teoria da História e a Metodologia da História são as duas dimensões fundamentais para a formação do historiador e para a sustentação de qualquer pesquisa histórica dentro dos quadros atuais de exigências desse âmbito profissional e do campo disciplinar da historiografia, com esta série de trabalhos pretendemos contribuir para a primeira destas dimensões: a Teoria da História.

Este primeiro volume buscará estabelecer os princípios e conceitos fundamentais para seu estudo, e nele discutiremos o que é Teoria, o que é Teoria da História, em que aspectos as "teorias da história" se diferenciam das "filosofias da história", de que elementos se constitui a "matriz disciplinar da História" nos dias de hoje. Conceitos como o de "paradigma", "escola histórica", "campo histórico" serão discutidos em maior profundidade, preparando o estudo que se desdobrará nos demais volumes da série. Ao mesmo tempo, discutiremos algumas questões fundamentais para se pensar a

Teoria da História hoje. Quais são os limites entre a "liberdade teórica" e as imposições da "coerência teórica", nos atuais quadros do desenvolvimento historiográfico? Como se pode aplicar o princípio da historicidade à própria Teoria da História? Será a História uma Ciência, e exclusivamente uma Ciência, ou o conhecimento historiográfico também deve ser pensado nos termos de uma dimensão estética, discursiva, ou mesmo artística?

Os demais volumes da série procurarão discutir questões mais específicas, algumas envolvendo também a própria História da Historiografia. Quais os grandes paradigmas historiográficos que, ontem e hoje, se colocam à disposição dos historiadores? Quais as características essenciais do Positivismo, do Historicismo, do Materialismo Histórico, dos modelos historiográficos relativistas? Uma classificação das produções historiográficas em termos de paradigmas será suficiente para compreender em toda a complexidade um pensamento historiográfico? No segundo e terceiro volumes discutiremos esses aspectos e, no quarto volume – intitulado "Acordes historiográficos" –, desenvolveremos uma proposta experimental para pensar a historiografia.

Estão previstos ainda mais quatro volumes, discutindo a historiografia, inclusive a mais recente, através dos conceitos de "escolas históricas" e "campos históricos". O oitavo volume retornará ao âmbito dos conceitos operacionais para a historiografia, discutindo temas como o Tempo, o Espaço, a Memória, o uso de hipóteses na história-problema.

Introdução

A Teoria da História constitui um campo de estudos fundamental para a formação do historiador. Não é possível desenvolver uma adequada consciência historiográfica, nos atuais quadros de expectativas relacionados ao nosso ofício, sem saber se utilizar de conceitos e hipóteses, sem compreender as relações da História com o Tempo, com a Memória ou com o Espaço, ou sem conhecer as grandes correntes e paradigmas teóricos disponibilizados aos historiadores através da própria história da historiografia. Do mesmo modo, essa consciência histórica que se mostra tão necessária não apenas aos historiadores em formação, mas também aos próprios leitores de livros de história, é inseparável de uma adequada reflexão sobre o tipo de conhecimento que se produz com a História, sobre as relações possíveis desse conhecimento com alguma base concreta de realidade, sobre as singularidades da História como um "campo disciplinar" muito específico que se situa ou se desloca no quadro geral das outras formas de conhecimento e que com elas trava disputas e diálogos interdisciplinares. Como entender a História, ainda, sem reconhecer a sua complexidade, sem vislumbrar o labirinto das suas modalidades internas, sem compreender como – na interconexão entre essas várias modalidades – trabalham os historiadores como uma comunidade profissional bastante específica? Como apreender, por fim, essa enigmática relação entre a História e a história – entre uma forma de conhecimento bem singular que é essa que é produzida pelos historiadores, e o seu próprio objeto de estudos, que corresponde à "história vivida" que lhes chega através de vestígios trazidos pelas chamadas "fontes históricas"? Todas essas inúmeras questões – "teóricas" por excelência – fazem parte dos aspectos disciplinares que podem ser referidos como uma Teoria da História, conforme veremos no decorrer deste livro.

Antes de abordarmos os diversos aspectos pertinentes à Teoria da História, contudo, será oportuno entendermos o que é "Teoria". Não são raras, por exemplo, confusões entre "Teoria" e "Método" e, mais particularmente, entre Teoria da História e Metodologia da História, embora esses dois âmbitos sejam na verdade bem diferenciados, ainda que interpenetrantes um em relação ao outro. Confundir uma coisa com a outra gera, muito habitualmente, inadequações curriculares relacionadas ao Ensino de História em nível de graduação. Seria inadequado orientar todo um curso de "Metodologia da História" para aspectos exclusivamente pertinentes à Teoria da História, sem nunca tocar nos pontos que seriam essencialmente metodológicos (como as dimensões da pesquisa e a necessidade de seu planejamento, ou como os diversos aspectos relacionados às fontes históricas e aos métodos e técnicas disponíveis para lidar com elas, seja em nível de coleta de informações e evidências, seja em nível de análise de discursos e de séries de informações). Igualmente inadequado seria também o contrário: estabelecer uma prática de metodologia da história no Curso de Teoria da História sem abordar questões especificamente teóricas, entre as quais poderíamos mencionar o papel dos conceitos na escrita da história, as diversas modalidades internas nas quais se organiza a prática historiográfica, ou ainda a formulação de hipóteses como fator importante para mediar, na pesquisa, a passagem da teoria à metodologia. De igual maneira, seria lacunar deixar de se empreender uma discussão inicial em torno de correntes teóricas e paradigmas como o Positivismo, o Historicismo ou o Materialismo Histórico na disciplina Teoria da História, ou deixar de se encetar uma reflexão mais sistemática sobre o "Tempo" ou o "Espaço" na História, sobre as relações entre "História e Memória", apenas para lembrar alguns dos aspectos eminentemente teóricos que se tornam basilares para o desenvolvimento de uma formação historiográfica mais consistente.

Se a Teoria da História e a Metodologia da História podem ser inadvertidamente confundidas, também não é raro confundir uma outra coisa: a Historiografia, com a Teoria da História ou com a Metodologia da História. Todos esses âmbitos – a Historiografia, a Teoria e a Metodologia – obviamente se interpenetram, mas nem por isso deixam de guardar entre si a sua distância ou a sua identidade fundamental. A Historiografia, por exemplo, corresponde ao acúmulo do trabalho já realizado pelos historiadores, e à reflexão mais sistemática sobre esse trabalho. É claro que um estudo mais aprofundado sobre o trabalho já realizado pelos diversos historiadores desde os primórdios da História – isto é, a análise da historiografia e um acompanhamento sistemático da história dessa mesma historiografia – trará necessariamente à baila questões de Teoria e Metodologia, já que todo historiador produz as suas obras e pesquisas historiográficas a partir de teorias e métodos. A Historiografia, em contrapartida, oferece exemplos necessários tanto para o estudo da "Teoria da História" como para o ensino da "Metodologia da História" e, portanto, tanto para o ensino de uma coisa ou de outra será imprescindível lançar mão da Historiografia. Mas necessariamente se deve ter em conta a necessidade de estabelecer enfoques diferenciados para disciplinas que sejam respectivamente denominadas "Historiografia", "Teoria da História" e "Metodologia". Ainda que falar nesses três âmbitos de maneira interligada seja algo essencial, ao menos os pontos de partida de cada um desses campos de estudo devem ser pensados de maneira distinta.

Por que isso nem sempre ocorre? Nossa hipótese é a de que nem sempre se parte, como se deveria, de um necessário esclarecimento sobre o que é "teoria", sobre o que é "método", sobre o que é "historiografia". Um caminho interessante para esse esclarecimento é o de iluminar cada uma dessas noções a partir da outra. Seguindo essa linha de pensamento, o nosso objetivo, em um primeiro momento de nossas reflexões, será clarificar bem a diferença entre "Teoria" e "Método", pois somente a partir dessa distinção poderemos começar a discutir com maior propriedade os assuntos pertinentes à Teoria da História, e situá-los com clareza em sua relação com a "Metodologia da História" e com a "Historiografia". Mas, antes de retomarmos esse ponto, desviaremos por um instante o nosso olhar para uma perspectiva mais abrangente. Se a História é uma disciplina (um "campo disciplinar" no interior do qual se produz uma forma de conhecimento específico que teremos como objetivo clarificar ao longo deste livro) será útil entender o que é, de modo mais geral, uma "Disciplina". O que vem a ser, tal como ocorre com a História – mas também com a Sociologia, a Antropologia, a Geografia, a Física, ou a Astronomia –, a constituição de uma "Disciplina"? Antes de compreender o que é uma "Teoria" – esta que é uma das dimensões que necessariamente constituem qualquer campo disciplinar – e antes de examinarmos em sua especificidade o que é essa disciplina que chamamos "História", busquemos entender o que é uma "Disciplina" no seu grau mais geral de envolvência.

I | A teoria e a formação do historiador

1 Uma "disciplina" – Entendendo como funcionam os diversos campos de saber

O ponto de partida para nossas reflexões refere-se à própria "constituição de um campo disciplinar". Não nos referiremos especificamente ao campo disciplinar da História, ainda, mas a *qualquer* "campo disciplinar"[1]. O que significa falar de um certo conjunto de práticas, concepções e objetos de estudo como um campo específico de conhecimento, ou como uma "disciplina" (no sentido científico)? Nosso olhar aqui – independentemente de tratarmos da História ou da Geologia, da Química ou da Medicina, da Antropo-

---

1. O conjunto de observações que desenvolveremos aqui sobre "campos disciplinares" poderá ser adequadamente aplicado a qualquer outra disciplina, para além da História, incluindo desde as disciplinas relacionadas às ciências humanas, até aquelas que constituem as chamadas "ciências da natureza".

logia ou do Direito – não poderá deixar de ser o olhar do historiador. Isto porque todo "campo disciplinar", seja qual for, é histórico, no sentido de que vai surgindo ou começa a ser percebido como um novo campo disciplinar em algum momento, e que depois disso não cessa de se atualizar, de se transformar, de se redefinir, de ser percebido de novas maneiras, de se afirmar com novas intensidades, de se reinserir no âmbito dos diversos campos de produção de conhecimento ou de práticas específicas[2]. Um campo disciplinar é histórico mesmo no que se refere às suas regras, que podem ser redefinidas a partir de seus embates internos, em alguns casos. "O campo é um jogo no qual as regras do jogo estão elas próprias postas em jogo" (BOURDIEU, 2003: 29)[3].

O Quadro 1 orientará a nossa reflexão relativamente aos diversos aspectos que envolvem ou estão envolvidos na cons-

---

2. A História, já veremos a seu tempo, constitui um campo de saber já milenar, que muitos remontam a Heródoto, e outros mesmo a momentos anteriores (HARTOG, 2003: 13). Uma série de ciências sociais e humanas, por outro lado, apresentam origens que remontam apenas aos séculos XVIII e XIX. Mas veremos isto oportunamente, sendo suficiente por hora apreender a ideia de que todo e qualquer "campo disciplinar" é histórico, no sentido de que possui uma história. Isto implica dizer que qualquer disciplina vai se modificando no tempo, conjuntamente com suas práticas e objetos, e que seus objetivos podem ser redefinidos de tempos em tempos. Nenhuma disciplina, e tampouco a História, escapa da própria história.

3. Pierre Bourdieu (1930-2002), sociólogo francês ao qual retornaremos ainda uma vez ao final deste volume, acrescenta em sua Teoria dos Campos que "qualquer que seja o campo, ele é objeto de luta tanto em sua representação quanto em sua realidade" (BOURDIEU, 2003: 29).

tituição e afirmação de um campo disciplinar de saberes e práticas, bem como relativamente às suas constantes transformações. Começaremos por aquilo que é, de certo modo, um evidente lugar-comum: toda disciplina é constituída, antes de mais nada, por um certo "campo de interesses" (1), o que inclui desde um interesse mais amplo que define esse campo como um todo, até um conjunto mais privilegiado de objetos de estudo e de temáticas a serem percorridas pelos seus praticantes (ou de desafios a serem enfrentados, para o caso dos campos disciplinares que, tal como a Medicina, envolvem uma prática, mais ainda do que uma reflexão teórica e uma pesquisa).

Pode ocorrer que certas ciências ou disciplinas partilhem inclusive um determinado interesse em comum (por exemplo, o interesse das chamadas "ciências humanas" pelo estudo daquilo que é humano), mas é também fato que em certo nível de profundidade surge sempre, para que se possa falar em uma disciplina com identidade própria, algum tipo de *singularidade*, o que nos levará ao próximo item. Assim, a História, que tem em comum com a Antropologia, com a Sociologia ou com a Psicologia o estudo do *Homem* – e que, portanto, partilha com essas ciências alguns de seus objetos de estudo – a certa altura deverá ser definida como a ciência que coloca no centro de seu campo de interesses "o estudo do *homem* no

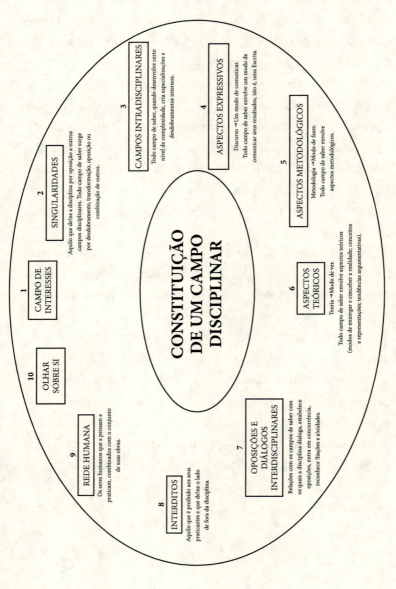

Quadro 1. Constituição de um campo disciplinar

tempo"[4]. Os objetos da história – isto é, o seu "campo de interesses" – em que pese que pareçam coincidir em um primeiro momento com os objetos possíveis das demais ciências sociais e humanas, serão sempre objetos "historicizados", "temporalizados", marcados por uma atenção à mudança em alguns de seus níveis.

Pode-se dar também que o centro de interesses de uma disciplina esteja situado em uma confluência, em uma conexão de saberes, e este é certamente o caso da Astrofísica,

---

4. Essa é a definição proposta por Marc Bloch em seu livro *Apologia da História ou o ofício do historiador* (1941-1942). Naturalmente que uma definição ou outra, a respeito de um campo de saber, é sempre ela mesma histórica (isto é, sujeita a se modificar no decorrer da história). Com Heródoto, a História tinha já como seu "centro de interesses" o "homem" na sua vida concreta e específica, "sublunar" (isto em uma época em que ainda não existiam outros campos de saber dedicados a investigar esse tipo de especificidade do mundo humano, e contra o pano de fundo da Filosofia, que se ocupava das questões gerais, "supralunares", acima da vida sublunar dos homens específicos). A História, então, remetia etimologicamente à "investigação", mas não ainda explicitamente ao estudo do homem "no tempo" (por exemplo, o "passado humano"), a não ser por considerar que as ações "sublunares" do homem se dão no tempo. Mais tarde, a História vai assumindo um caráter de "estudo do passado", e seus objetos (os temas que constituem o seu "campo de interesses") acompanham esse movimento concentrando-se mais nos períodos que se afastam ou se distinguem do presente. Mas com os *Annales* e outros movimentos do século XX, ou mesmo com os fundamentos do Materialismo Histórico em meados do século XIX, ficará claro que a delimitação da História foi se afinando e se enriquecendo na direção de considerar que o seu "campo de interesses" se refere aos objetos que remetem ao "homem envolvido pela temporalidade". De resto, vale lembrar também que outra "singularidade" importante da História enquanto campo de conhecimento (cf. próximo item) refere-se ao seu necessário apoio em *fontes* (documentos, textos, imagens, objetos, e outros indícios que nos chegam das sociedades passadas). Os aspectos definidores da "singularidade" da História – ou de qualquer outro campo disciplinar – corresponderão ao núcleo do que, até o final deste capítulo, estaremos entendendo como uma "matriz disciplinar" do campo de conhecimento em questão, e remetem aos princípios com os quais estão de acordo todos os historiadores.

da Medicina Penal, da Filosofia da Ciência, ou de qualquer outra disciplina que, por vezes em seu próprio nome, não deixa dúvidas com relação ao caráter híbrido de sua esfera mais direta de interesses. A essa questão voltaremos oportunamente, e desde já cumpre observar que o conjunto de interesses temáticos de uma disciplina, particularmente no que se refere aos seus desdobramentos e possibilidades de objetos de estudo, também está sujeito a transformações no decorrer de sua própria história.

Seguindo adiante, uma consequência imediata do que se disse aponta para o fato de que cada disciplina possui a sua *Singularidade* (2), aqui entendida como o conjunto dos seus parâmetros definidores, ou como aquilo que a torna realmente única, específica, e que justifica a sua existência – em poucas palavras: aquilo que define a disciplina em questão por oposição ou contraste em relação a outros campos disciplinares[5]. Polarizando, será preciso entender o fenômeno inverso: embora cada campo de saber apresente certamente uma singularidade que o faz único e lhe dá identidade, não existe na verdade um só campo disciplinar que não seja construído e constantemente reconstruído por diálogos (e oposi-

---

5. A "singularidade", em que se considere sua ligação direta com o "campo de interesses", deve ser referida aqui aos parâmetros que definem irredutivelmente a Disciplina (no caso da História, a consideração do tempo, o uso de fontes), e não aos "objetos de estudo" privilegiados pelos seus praticantes, que já constituem mais propriamente o "campo de interesses" da disciplina. Uma coisa, é claro, está ligada à outra; mas são itens distintos. É possível abordar um determinado "campo de interesses" a partir de certa "singularidade" que é já específica da disciplina. Os grupos sociais (um mesmo objeto) podem ser examinados de modos distintos pela História, pela Antropologia ou pela Sociologia.

ções) interdisciplinares. Queiram ou não os seus praticantes, toda disciplina está mergulhada na *Interdisciplinaridade* (7), questão à qual voltaremos oportunamente. Ademais, para se constituir no seio de uma rede já existente de saberes, todo novo campo de saber deve enfrentar duras lutas com campos já estabelecidos, nas quais frequentemente se verá inserido em uma verdadeira disputa territorial, ou pelo menos em uma partilha interdisciplinar, além de enfrentar o desafio de mostrar a capacidade e potencialidade para se posicionar com eficácia diante de antigos e novos problemas que as disciplinas mais tradicionais também já vêm enfrentando com seus próprios métodos e aportes teóricos. Dessa maneira, pode-se dizer que o processo de surgimento de um novo campo disciplinar adquire, por vezes, muito mais a aparência de uma verdadeira luta que se dá no interior da arena científica do que a aparência de um parto. E essa luta, bem como os laços de solidariedade que também se estabelecem entre os novos e antigos campos de saber, dão-se todos no seio de uma intensa e necessária interdisciplinaridade, diante da qual o que é novo tem de se apresentar diante do conhecimento já estabelecido e por vezes institucionalmente já consolidado[6].

---

6. A História, à altura de sua milenar origem na Grécia Antiga, precisou se contrapor à Filosofia, mais antiga, e a outras formas de expressão ou campos de práticas, tais como a Poesia Lírica, a Poesia Épica e a Retórica. Posteriormente, no mundo moderno, foi confrontada pelo surgimento das novas práticas científicas no seio das ciências sociais e humanas, contrapondo-se à Economia Política, à Sociologia, à Antropologia. Os confrontos entre História e as demais Ciências Sociais (e também as suas alianças) são particularmente visíveis no século XX, e um exemplo já clássico é o dos embates institucionais que se deram na França à época da chamada Escola dos *Annales*. A esse respeito, cf. o ensaio *A História em migalhas*, de François Dosse (1987).

Não é raro, aliás, que um novo campo de saber surja a partir de certos desdobramentos de um campo disciplinar já existente, ou que se desprenda desse campo original adquirindo identidade própria, ou mesmo que o novo campo disciplinar se forme a partir de elementos dispersos oriundos de vários outros campos. Podemos, a título ilustrativo, trazer o exemplo da Biologia. Essa expressão, que logo daria origem à designação desse campo de estudos hoje tão conhecido, foi cunhada em 1800 pelo médico alemão Karl Friedrich Burdach (1776-1847), e dois anos depois seu significado foi aperfeiçoado e fixado pelo naturalista alemão Gottfried Treviranus (SCHILLER, 1968: 64). Todavia, até fins do século XVIII, a maior parte do "objetos de interesse" que hoje são específicos da Biologia, bem como certos aspectos que constituem hoje a sua "singularidade", estavam na verdade espalhados em outros campos de saber, tais como a Medicina – notadamente naquelas de suas especialidades que estudavam a "anatomia" e a "fisiologia" humana – a Botânica (muito praticada, então, pelos médicos interessados em conhecer os potenciais curativos das ervas naturais) e a História Natural, que era na época praticada por pesquisadores os mais diversos, tais como os geólogos, que procuravam inserir a história dos seres vivos na História da Terra, e os teólogos, que se preocupavam em mostrar como a natureza estava perfeitamente ajustada à ideia religiosa da criação divina (MAYR, 1998: 53). Treviranus (1776-1837) viu a necessidade de constituir um estudo unificado de todos os seres vivos (plantas e animais)[7], e sua nova maneira de ver as coisas foi logo acompanhada pelo naturalista francês Jean-Baptiste de Lamarck (1744-1829). Pode-se dizer que, desde então, aqueles elementos de estudo que hoje são vistos como tipicamente "biológicos", e que antes estavam a cargo de outros campos de saber, começaram a migrar para formar este novo campo disciplinar que hoje é claramente definido como "Biologia". Mas isto foi acontecendo aos poucos, no decorrer do século XIX (cf. MENDELSOHN, 1965), até que o novo campo disciplinar se visse perfeitamente consolidado[8].

---

7. Já veremos, mais adiante, que a "teoria" é precisamente uma maneira de ver as coisas, e que, quando se estabelece um novo horizonte teórico, é possível literalmente enxergar o mundo de outra maneira. Com uma nova "teoria", pode-se dizer, passa-se mesmo a "viver em um novo mundo".

8. Um sintoma interessante dessa gradual consolidação da Biologia como campo disciplinar, antes de seu estabelecimento definitivo, é o fato de que, ao longo do século XIX e até inícios do século XX, ainda se construiu, nos termos da expressão "naturalistas", a identidade de muitos pesquisadores e cientistas que hoje poderiam se autoidentificar como biólogos. É como "naturalista" que se apresenta Charles Darwin (1809-1882), teórico maior do paradigma que hoje se coloca como central para a Biologia, ou também o naturalista alemão Ernst Haeckel (1834-1919), que mais tarde proporia a expressão "ecologia" com vistas a delimitar uma perspectiva de estudos voltada para uma nova preocupação com a relação entre os seres vivos e seu meio ambiente. Mais tarde, a Ecologia alcançaria, ela mesma, o *status* de campo disciplinar. Também é interessante o fato de que a Biologia, que extrai seu "campo de interesses" de um conjunto de objetos que antes estava disperso e sob a atenção de outros campos disciplinares preexistentes, entre os quais a Botânica, mais tarde terminaria por anexar a própria Botânica como uma de suas modalidades intradisciplinares. Também anexou um ramo da Medicina, que era a Anatomia. Nos dias de hoje, tal como a Zoologia, a Genética ou a Fisiologia, a Botânica e a Anatomia constituem especializações intradisciplinares da Biologia. São bem complexos os vários movimentos e circunvoluções no interior do vasto universo dos campos disciplinares e, nesse processo, assim como alguns campos terminam por se separar de outros, outros terminam por anexar campos preexistentes.

A Biologia nos fornece um exemplo de campo disciplinar que se origina a partir de elementos antes dispersos e que recolhe seus objetos de interesse de outras áreas de estudo, até que, a partir daí, cria algo novo, uma nova "singularidade". Há também campos disciplinares que são literalmente produzidos em uma interconexão. A Musicoterapia – campo disciplinar que procura explorar as potencialidades terapêuticas da música – surge a partir do Pós-guerra, na conexão entre a Medicina e a Música. Pode ocorrer ainda que dois campos de saber separados se agrupem para formar um só, fortalecendo-se mutuamente a partir de uma unidade. A dinâmica de transformações no vasto universo que abarca os campos disciplinares produz um eterno movimento: novos campos podem surgir, e outros desaparecer; uns podem se desprender de outros, e alguns podem se formar do casamento entre duas ou mais perspectivas disciplinares. Há também o caso das "refundações", e essa ideia parece ser bem adequada para entender a história da História, uma vez que esta correspondia a um campo de práticas e expressões já milenar quando, a partir de fins do século XVIII e inícios do XIX, será como que "refundada" (WEHLING, 2006: 175) para se constituir como "historiografia científica", sem deixar, aliás, de incorporar nessa operação elementos dispersos, tal como logo veremos no vol. 2 desta série. A partir dessa refundação, e da consolidação do estatuto do "historiador profissional", pode-se dizer que a História passa de um conjunto de práticas muito diversificadas – da história dos cronistas à dos antiquários, dos filósofos da história e dos teólogos – para a formação de uma "matriz disciplinar" mais bem definida, conforme veremos oportunamente.

Em terceiro lugar, para considerar mais uma dimensão integrante de qualquer campo disciplinar, será preciso ressaltar que a história do conhecimento científico e da modernidade tem sido tal que, ao desenvolver ou ultrapassar certo nível de complexidade, cada campo de saber começa a gerar especializações e desdobramentos internos – campos *intradisciplinares* (3), por assim dizer. Se um campo disciplinar não apresenta ainda suas especializações – como a Física que se subdivide em Mecânica, Ótica, Termodinâmica, Física Nuclear, e assim por diante – qualquer disciplina cedo começa a se partilhar ao menos em possíveis "campos de aplicação", ou qualquer outro tipo de organização interna que corresponda mais ou menos a uma espécie de divisão do trabalho intelectual e prático. No caso da História, é bem evidente a vertiginosa multiplicação de "campos históricos" a partir do século XX, dando origem a inúmeras modalidades como a História Econômica, História Cultural, Micro-História e tantas outras, ao lado de outras que já existiam nos séculos anteriores, como a História Política, História Militar ou a História da Igreja[9]. Essa tendência

---

9. Não se trata aqui, apenas, da multiplicação de campos históricos relativamente a uma ampliação de objetos de interesse dos historiadores. O fenômeno mais significativo é que – além da ampliação desse "campo de interesses" dos historiadores e de sua tendência à especialização em relação a alguns de seus objetos – a comunidade profissional dos historiadores passa cada vez mais a elaborar uma leitura do "Campo da História" a partir dessas diversas modalidades historiográficas, ou desses "campos históricos", para já evocar um conceito que discutiremos ao fim do presente volume. Cada vez mais, a partir do século XX, os historiadores incorporam a prática de enxergar o seu próprio ofício e a sua Disciplina nos termos dessas diversas modalidades. Rigorosamente falando, não se falava em uma "História Política" no século XIX, embora fosse este o tipo de história que então predominava. Falava-se simplesmente em "História". Mas no século XX surgirão efetivamente, no vocabulário dos historiadores, as várias designações que já denunciam uma nova visão da historiografia, organizada em modalidades internas. Sobre o assunto, cf. Barros, 2004.

ao desdobramento interno e à crescente especialização – que se apresenta como uma característica de praticamente todos os "campos disciplinares" no período contemporâneo – tem sido um aspecto inerente à história do conhecimento na civilização ocidental, sobretudo a partir da Modernidade, o que não impede que os efeitos mais criticáveis do hiperespecialismo sejam constantemente compensados pelos movimentos interdisciplinares e transdisciplinares, voltados para uma "religação dos saberes" em um mundo no qual os campos de produção de conhecimento vivem a constante ameaça do isolamento[10].

Para além disso, três aspectos fundamentais a serem considerados quando se fala na constituição de um "campo disciplinar" relacionam-se ao fato de que nenhuma disciplina adquire sentido sem que desenvolvam ou ponham em movimento certas teorias, metodologias e práticas discursivas (4 a 6). Mesmo que tome emprestados conceitos e aportes teóricos originários de outros campos de saber, que incorpore métodos e práticas já desenvolvidas por outras disciplinas, ou que se utilize de vocabulário já existente para dar forma ao seu discurso, não existe disciplina que não combine de alguma maneira *Teoria*, *Método* e *Discurso*. Bem entendido, um campo disciplinar não se desenvolve no sentido de possuir apenas uma única orientação teórica ou metodológica, mas sim de apresentar um certo repertório teórico-metodológico que é preciso considerar, e que se torna conhecido pelos seus praticantes, gerando adesões e críticas várias. Da

---

10. Para um exemplo significativo, cf. a coletânea *A religação dos saberes* (MORIN, 2000).

mesma maneira, o desenvolvimento de um campo disciplinar acaba gerando uma linguagem comum através da qual poderão se comunicar os seus expoentes, teóricos, praticantes e leitores. Há mesmo campos disciplinares que acabam gerando certo repertório de jargões, facilmente reconhecido, mesmo externamente[11]. De todo modo, qualquer campo disciplinar, à medida que vai se constituindo, vai também se inscrevendo em certa modalidade de Discurso, por vezes com dialetos internos. É por isso que não é possível a ninguém se transformar em legítimo praticante de determinado campo disciplinar, se o iniciante no novo campo de estudos não se avizinhar de todo um vocabulário que já existe previamente naquela Disciplina, e através do qual os seus pares se intercomunicam[12].

À questão da *Interdisciplinaridade* (7) já nos referimos, e por ora não mais aprofundaremos esse ponto senão para

---

11. Disciplinas como o Direito ou como a Economia parecem poder ser imediatamente reconhecidas pelo seu vocabulário bastante específico. A História, por seu turno, é daquelas disciplinas que trabalham em boa medida com um vocabulário comum, já que o seu produto – os livros de história – frequentemente se destinam a um público mais amplo, que não é apenas formado por historiadores. Mas assim mesmo também a História vai assistindo, no decurso das realizações de seus praticantes, à elaboração de conceitos mais específicos, aspecto sobre o qual discorreremos posteriormente. Cf. tb. Prost, 2008: 115-131.

12. Entre outros assuntos, os jargões das "comunidades linguísticas" geradas por alguns campos são examinados em uma coletânea organizada por Peter Burke e Roy Porter: *Línguas e jargões* (BURKE & PORTER, 2007), na qual se busca examinar nos seus diversos contextos sociais os dialetos e jargões criados e difundidos por vários grupos sociais e profissionais, entre os quais os médicos, advogados e professores, mas também as sociedades secretas como a dos maçons, bem como grupos sociais marginalizados, tais como os dos ciganos e dos mendigos. Discorreremos, oportunamente, sobre o vocabulário e o padrão de "escritura da História".

chamar atenção para o fato de que, ao se colocarem em contato interdisciplinar ou transdisciplinar, dois campos disciplinares podem enriquecer sensivelmente um ao outro nos seus próprios modos de ver as coisas e a si mesmos. Particularmente a História, no decorrer do século XX e além, foi beneficiada por uma longa história de contribuições interdisciplinares às concepções e abordagens dos historiadores. A Geografia, a Antropologia, a Psicologia, a Linguística estiveram fornecendo frequentemente conceitos e metodologias aos historiadores, e certos desenvolvimentos em âmbitos como a História Cultural ou a História das Mentalidades não teriam sido possíveis, certamente, sem os respectivos diálogos interdisciplinares com a Antropologia e com a Psicologia. Também no âmbito das ciências naturais não foi raro que o contato interdisciplinar contribuísse para modificar a própria maneira de ver as coisas neste ou naquele campo científico. Diálogos entre a Física e a Astronomia, ou entre a Química e a Física, nos oferecem alguns exemplos muito concretos de renovação[13].

Por fim, não é obviamente possível pensar uma disciplina sem admitir o seu lado de fora – uma zona de *interditos* (8),

---

13. Thomas Kuhn, em seu livro *A estrutura das revoluções científicas* (1962), ao discorrer sobre o atomismo químico desenvolvido por Dalton, dá-nos conta dos "efeitos revolucionários resultantes da aplicação da Química a um conjunto de questões e conceitos anteriormente restritos à Física e à Meteorologia. Foi isto que Dalton fez; o resultado foi uma reorientação no modo de conceber a Química, reorientação que ensinou aos químicos como colocar novas questões e retirar conclusões novas de dados antigos" (KUHN, 2007: 179). Sobre interdisciplinaridade, cf. Japiassu, 1976; e sob a perspectiva do Materialismo Histórico, Jantsch e Bianchetti, 1997. Internacionalmente, referências já clássicas são os artigos de Gusdorf, 1990.

ou aquilo que se coloca como proibido aos seus praticantes. O exterior de um campo de saber é tão importante para uma disciplina como aquilo que ela inclui, como as teorias e métodos que ela franqueia aos seus praticantes, como o discurso que ela torna possível, como as escolhas interdisciplinares estimuladas ou permitidas[14]. Ademais, o que se interdita em uma disciplina, como tudo mais, também é histórico, sujeito a transformações, e as temáticas e ações possíveis que um dia estiveram dentro de certo campo disciplinar podem ser processualmente deslocadas para fora, como também algo do que estava fora também pode vir para dentro, para um

---

14. Sobre a História enquanto campo de conhecimento, assim se expressa Hayden White: "Toda disciplina é constituída, como viu Nietzsche de modo muito claro, por aquilo que ela coloca como proibido aos que a praticam. Toda disciplina é constituída por um conjunto de restrições ao pensamento e à imaginação, e nenhuma é mais tolhida por tabus do que a historiografia profissional" (WHITE, 1978). Referência fundamental para a questão mais ampla dos interditos que afetam uma disciplina é *A ordem do discurso*, de Michel Foucault (1970). Por outro lado, também Thomas Kuhn, em *A estrutura das revoluções científicas* (1962), faz algumas observações importantes sobre as redefinições de ditos e interditos que se podem dar quando um novo paradigma substitui um paradigma que até então fora dominante: "Consequentemente, a recepção de um novo paradigma também requer com frequência uma redefinição da ciência correspondente. Alguns problemas antigos podem ser transferidos para outra ciência ou declarados absolutamente "não científicos". Outros problemas anteriormente tidos como triviais ou não existentes podem converter-se, com um novo paradigma, nos arquétipos das realizações científicas importantes. À medida que os problemas mudam, mudam também, seguidamente, os padrões que distinguem uma verdadeira solução científica de uma simples especulação metafísica, de um jogo de palavras ou de uma brincadeira matemática" (KUHN, 2007: 138). Também iremos encontrar em *Usos sociais da ciência*, de Pierre Bourdieu (1997), observações interessantes a respeito da dinâmica que dita e interdita o que é possível, em cada momento, no âmbito de determinado campo disciplinar: "Um campo não se orienta totalmente ao acaso. Nem tudo nele é igualmente possível e impossível a cada momento" (BOURDIEU, 2003: 27). Sobre os interditos da História, cf. Certeau, 1982: 76-77.

espaço de inclusão legitimado pela rede de praticantes da disciplina[15].

Tecnicamente poderíamos interromper aí a enumeração dos principais aspectos a serem considerados para compreender a constituição de um campo disciplinar qualquer, se não faltasse o essencial, na verdade aquilo que perpassa todos os demais aspectos. Existe de fato uma densa e complexa *rede humana* (9), constituída por todos aqueles que já praticaram ou praticam a disciplina considerada e pelas suas realizações – obras, vivências, práticas realizadas – e também isto é certamente tão inseparável da constituição de um campo disciplinar, que poderíamos propor a hipótese de que a entrada de cada novo elemento humano em certo campo disciplinar já o modifica em alguma medida, da mesma maneira que cada obra produzida sobre um campo de saber ou no interior desse mesmo campo de saber já o modifica em menor ou maior grau, às vezes indelevelmente, às vezes tão enfaticamente a ponto de se tornar visível o surgimento de novas direções no interior desse campo disciplinar. Perguntar-nos-emos, deste modo, até que ponto o surgimento de um novo

---

15. Sobre as permissões e interditos da *Operação historiográfica*, dirá Michel de Certeau: "Antes de saber o que a história diz de uma sociedade, é necessário saber como funciona dentro dela. Esta instituição se inscreve num complexo que lhe permite apenas um tipo de produção e proíbe outros. Tal é a dupla função do lugar. Ele torna possíveis certas pesquisas em função de conjunturas e problemáticas comuns. Mas torna outras *impossíveis*; exclui do discurso aquilo que é sua condição num momento dado; representa o papel de uma censura com relação aos postulados presentes (sociais, econômicos, políticos) na análise. Sem dúvida, essa combinação entre *permissão* e *interdição* é o ponto cego da pesquisa histórica e a razão pela qual ela não é compatível com *qualquer* coisa. É igualmente sobre essa combinação que age o trabalho destinado a modificá-la" (CERTEAU, 1982: 76-77).

historiador ou de uma nova obra historiográfica, por mais banal que ela seja, não modifica de alguma maneira a própria História enquanto campo disciplinar, ou até que ponto o médico que introduz uma nova abordagem ou uma nova prática em seu ofício já não termina por modificar o próprio campo disciplinar da Medicina[16]. Essas transformações, nem sempre fáceis de visualizar – a não ser no âmbito das inovações mais notáveis ou das grandes obras –, constituem no seu conjunto uma grande obra coletiva, na qual os próprios praticantes de uma disciplina contribuem, cada qual à sua maneira, para modificar o próprio campo disciplinar no qual se inserem.

Ao se falar em uma "rede humana" para cada campo disciplinar, também temos de ter em vista, é claro, que essas redes encontram-se frequentemente interferidas por uma "rede institucional" (universidades, institutos de pesquisa, circuitos editoriais de revistas científicas), e também por uma constelação de grupos de pesquisa e outras formas de parcerias e associações dentro da qual essa vasta rede humana também se acomoda de uma maneira ou de outra. A rede humana do campo disciplinar, dessa forma, assume aqui a forma de uma "comunidade científica". Boa parte dos seus participantes ocupam lugares concretos na imen-

---

16. Ou pode se dar mesmo que esse médico venha a constituir um novo campo disciplinar – produzindo portanto uma sensível modificação no universo mais amplo dos campos disciplinares. Pode-se dar o exemplo do Dr. Freud que, por volta de 1890, terminou por fundar, através de uma nova abordagem clínica, a Psicanálise. Também seria útil lembrar o caso do Dr. Wilhelm Wundt (1832-1920) que, em 1879, criou o primeiro laboratório psicológico, contribuindo dessa maneira para separar da Filosofia a Psicologia.

sa rede institucional e na constelação de grupos e parcerias científicas, e também ocupam lugares simbólicos conforme a repercussão e recepção de suas obras e proposições. Uma ideia pode ser recebida de maneira diferenciada conforme se fale deste lugar institucional ou daquele lugar simbólico. Nem todos podem dizer tudo todo o tempo, conforme Michel Foucault já fez notar com especial nitidez em seu ensaio *A ordem do discurso* (1996: 10), o que nos remete mais uma vez à questão dos ditos e interditos permitidos e hierarquizados por um campo disciplinar. Uma "comunidade científica" – um conceito que será particularmente importante quando abordarmos a questão dos "paradigmas" – é articulada, enfim, a um sistema de poderes institucionais e prestígios acadêmicos que redefine o lugar de cada um e de todos[17].

A "rede humana" que constitui uma das dimensões integrantes do campo disciplinar é também, ela mesma, uma rede de textos e de realizações, em dinâmica interconexão. Isto ocorre nos diversos campos de saber. Na Física e na Química, a rede de realizações produzida pela "rede humana" é

---

17. Sobre as "comunidades científicas", cf. o ensaio com este mesmo nome de Hagstrom (1965). Sobre a competição no interior das comunidades científicas, cf. o artigo deste mesmo autor para a *American Sociological Review* (HAGSTROM, 1974). A noção de uma "comunidade científica" também já foi tratada sob o prisma de um "Colégio Invisível", e sobre isto podem ser consultadas as obras de Price e Beaver (*Colaboração em um Colégio Invisível*, 1966) e de Daiana Crane (*Estrutura social em um grupo de cientistas – Teste para a hipótese do "Colégio Invisível"*) [1966]. A expressão "colégio invisível", que no século XVII tinha conotações que dialogavam com a ideia de "sociedades secretas" de intelectuais e cientistas, é nos dias de hoje empregada para expressar a livre transferência de informações, pensamentos e *background* técnico pela "comunidade científica" (isto à parte da estrutura física e institucional dentro da qual essa mesma comunidade também se distribui).

povoada não apenas dos textos científicos, mas de experiências, de fórmulas, da construção de novos instrumentos de medição e tecnologias. Michel de Certeau (1982: 72), que examinou os desdobramentos deste campo disciplinar que é a História em seu já clássico texto *A operação historiográfica* (1974), procura mostrar como cada realização empreendida por cada historiador coparticipante da rede termina por enunciar "uma operação que se situa em um conjunto de práticas". Dito de outra forma, está desde já inarredavelmente inscrito nessa complexa rede – formada pelos historiadores e por suas realizações historiográficas – cada texto histórico, "quer dizer, uma nova interpretação, o exercício de métodos novos, a elaboração de outras pertinências, um deslocamento de definição e do uso do documento, um modo de organização característico etc." (CERTEAU, 1982: 72). Não há contribuição, por singela que seja, que não repercuta de alguma maneira na rede historiográfica, ainda que indelevelmente[18].

Reconhecer a "rede humana" específica que constitui cada campo disciplinar produzido pelo homem também leva à compreensão de um derradeiro aspecto, quase um desdobramento da crescente consciência que a rede humana vai desenvolvendo sobre si mesma e sobre o campo que constitui, à medida que avança na sua história. A certa altura de seu amadurecimento como campo disciplinar, começam a ser

---

18. Michel de Certeau acrescenta nesse mesmo texto sobre *A operação historiográfica*: "Cada resultado individual se inscreve numa rede cujos elementos dependem estritamente uns dos outros, e cuja combinação dinâmica forma a história num momento dado" (CERTEAU, 1982: 72).

produzidos, cada vez mais frequentemente no seio do próprio campo de saber em constituição, os "olhares sobre si". Começam a surgir, elaboradas pelos próprios praticantes da disciplina, as "histórias do campo", aqui entendidas no sentido de narrativas e análises elaboradas pelos praticantes do campo disciplinar acerca da própria rede de homens e saberes em que estão inseridos. Compreender-se historicamente é o resultado mais visível desse "olhar sobre si" (10)[19].

Temos então dez dimensões importantes nesta caminhada para tentar compreender uma disciplina, qualquer que ela seja: o seu campo de interesses (1), a sua singularidade (2), os seus campos intradisciplinares (3), o seu padrão discursivo (4), as suas metodologias (5), os seus aportes teóricos (6), as suas interdisciplinaridades (7), os seus interditos (8), bem como a extensa "rede humana" (9) que, através de suas realizações, empresta uma forma e dá concretização ao campo disciplinar, sem contar o "olhar sobre si" que essa mesma rede estabelece a certa altura de seu próprio amadurecimento (10).

Encerrando esta parte inicial de nossa reflexão com a questão da história – isto é, com a questão de que cada campo disciplinar tem a sua própria História e que, de preferência, essa história deve ser escrita pelos seus próprios praticantes de modo a renovar constantemente os seus "olhares sobre si mesmos" – torna-se importante compreender adicionalmente que cada uma das dez dimensões atrás citadas, além

---

19. Veremos, no devido momento, que a História começa precisamente a se constituir em campo científico no momento em que começam a ser produzidos mais recorrentemente os seus "olhares sobre si mesma", as histórias da historiografia, os ensaios de reflexão teórica, os manuais de metodologia.

de interligada às demais, está mergulhada ela mesma, por inteiro, na própria história. Os padrões interdisciplinares se alteram, os desdobramentos intradisciplinares se multiplicam ou se restringem, as teorias se redefinem, as metodologias se recriam, o padrão discursivo se renova, os interditos são rediscutidos, e mesmo algo da singularidade que permite definir uma "matriz disciplinar" no interior da rede de saberes pode sofrer variações mais ou menos significativas à medida que surgem novos paradigmas e contribuições teórico-metodológicas. Para além de tudo isso, cada campo de saber está constantemente produzindo novos "olhares sobre si mesmo" de acordo com as transformações que se dão dentro e fora do campo – do contexto histórico-social às transformações teóricas e tecnológicas. Tudo é histórico, enfim, e essa máxima é também válida para todo o conjunto de elementos daquilo que vem a constituir um determinado campo disciplinar.

Ademais, será importante compreender ainda que, uma vez tornado visível e reconhecido como novo espaço científico ou forma de expressão, cada campo disciplinar (ou cada campo de saber, dito de outra maneira), passa a se constituir em patrimônio de todos os que podem ou pretendem praticá-lo. Por outro lado, é óbvio também que, no interior da rede humana que constitui certo campo disciplinar e também no seu exterior, isto é, na rede humana que se estende para mais além daquela que conseguiu se impor como a legítima rede de homens e obras que constituem o campo, cedo se estabelecem verdadeiras lutas pelo poder de se lançar mão das conquistas disciplinares, de praticá-las, de falar em nome da rede ou pelo menos do interior da rede – lutas pelo direito de, neste campo, os diversos proponentes a praticantes se verem incluídos. Esse imenso universo ou sistema[20] que constitui um campo disciplinar, de todo modo, é anônimo, não pertence a ninguém, embora dele nem todos possam se apossar. Sobre esse complexo espaço territorial que é um campo disciplinar, lugar de saber em que o poder se exerce, embora sem que se saiba exatamente através de quem, assim Michel Foucault já se expressava:

> Uma disciplina se define por um domínio de objetos, um conjunto de métodos, um *corpus* de proposições consideradas verdadeiras, um jogo de regras e de definições, de técnicas e de instrumentos:

---

20. "Sistema" – conceito que tem sua origem etimológica em uma palavra grega que remete aos gestos de "combinar", "ajustar", "formar conjunto" – é uma expressão que se aplica tanto ao mundo físico e natural (podemos falar em um "sistema solar", mas também em "sistema respiratório") como também ao mundo social e ao universo do conhecimento. No âmbito das instituições sociais, há, por exemplo, um "sistema carcerário". Também podemos falar em "sistema" para qualquer conjunto no qual os elementos estão interconectados de modo a constituir um todo que produz a sua própria lógica. Um sistema, é importante notar, não constitui mero agregado de elementos, mas uma combinação que produz relações entre as várias partes, e entre cada parte e o todo. De um ponto de vista complexo, da interação das partes emergem propriedades que passam a formar os padrões que caracterizarão o funcionamento do sistema. "O todo é maior que a soma das partes" – esta se tornou uma frase clássica para o entendimento do que é um sistema. Desde meados do século XX, com a publicação da *Teoria Geral dos Sistemas*, de Ludwig von Bertalanffy (1956), um biólogo alemão que já criticava a divisão compartimentada do conhecimento em disciplinas estanques, tem surgido uma ampla bibliografia em torno da definição e caracterização de "sistemas", e mesmo em torno da possibilidade de se pensar uma "Teoria Geral dos Sistemas", chegando aos pensadores ligados ao chamado "pensamento complexo".

> tudo isto constitui uma espécie de sistema anônimo
> à disposição de quem quer ou pode servir-se dele
> (FOUCAULT, 1996: 30).

Esse misterioso sistema anônimo que é um campo disciplinar, e poderemos aqui continuar a seguir Michel Foucault nas suas exemplares formulações, está, como já se disse, em permanente mutação, uma vez que cada campo disciplinar é aberto a expansões. Na verdade um campo disciplinar *depende*, para existir, de desencadear expansões. Conforme ressalta o filósofo francês, "para que haja disciplina é preciso, pois, que haja possibilidade de formular, e de formular indefinidamente, proposições novas" (FOUCAULT, 1996: 30). Entre outros aspectos, esse intenso devir que é um campo disciplinar mergulhado na sua própria história constitui, como já se ressaltou, um incessante jogo entre o interior e o exterior da disciplina, e entre um campo de estudos e o seu campo de objetos.

A História (campo de conhecimento) jamais será constituída por tudo o que se pode dizer de verdadeiro sobre a história (campo dos acontecimentos). Para que uma proposição pertença à disciplina História em certa época, à Medicina, ao Direito, ou a qualquer outro campo de práticas e saberes, é preciso que essa proposição responda às condições desta disciplina tal como a definem ou definiram os seus praticantes de então. A História, como qualquer outra disciplina, estará sempre atraindo para dentro de si ou repelindo para fora de suas margens determinado conjunto de saberes, proposições e domínios que em momento anterior poderiam ter estado ali, e que em um momento subsequente da história dos saberes e dos discursos já não estão[21].

2 Teoria: o que é isso?

Neste momento, poderemos começar a adentrar o nosso âmbito mais específico de reflexões: como se dá a relação entre a Teoria e determinado campo disciplinar; ou, ainda mais especificamente, como se dá a relação entre Teoria e História? Vimos atrás que, entre outras instâncias, os "aspectos teóricos" constituem uma das dimensões integrantes de qualquer "campo disciplinar", e a História não será aqui uma exceção. Qualquer campo disciplinar, seja qual ele for, apresenta uma escrita (uma linguagem) própria, uma organização interna que tende a se consolidar sob a forma de "espaços intradisciplinares", uma tendência a estabelecer no seu exterior certos diálogos interdisciplinares com outros campos de saber, um conjunto de procedimen-

---

21. Ou, conforme registra Michel Foucault para todas as disciplinas científicas em geral: "O exterior de uma ciência é mais ou menos povoado do que se crê: certamente, há a experiência imediata, os temas imaginários que carregam e reconduzem sem cessar crenças sem memória; mas, talvez, não haja erros, em sentido estrito, porque o erro só pode surgir e ser decidido no interior de uma prática definida; em contrapartida rondam monstros cuja forma muda com a história do saber. Em resumo: uma proposição deve preencher exigências complexas e pesadas para poder pertencer ao conjunto de uma disciplina [...]" (FOUCAULT, 1996: 33). Também Jacques Schlanger observa: "É-lhes impossível [aos sistemas estabelecidos em dado momento] compreender algo que seja exterior e contrário ao tecido da interpretação que permitem" (1978: 35).

tos e alternativas metodológicas, um "olhar sobre si" que passa progressivamente a refletir uma maior tomada de consciência dos integrantes do campo disciplinar acerca de suas próprias realizações, e, por fim, um certo repertório de possibilidades relacionadas à Teoria[22]. Será esse aspecto específico, essa singular dimensão teórica que também constitui a História como disciplina, e que, portanto, permite que nos expressemos em termos de uma Teoria da História, que será o objeto do presente livro. Mas o que vem a ser, antes de mais nada, a Teoria? Essa indagação precisará ser respondida, ou ao menos revisitada, antes que possamos passar à indagação ainda mais específica acerca do que vem a ser a Teoria da História.

Uma teoria é uma *visão de mundo*. É através de teorias que os cientistas e os estudiosos de qualquer área de saber conseguem enxergar a realidade, ou os seus objetos de estudo, de

---

22. Cada um desses aspectos, é claro, merece um estudo à parte. As técnicas e procedimentos metodológicos, na História, são analisados na disciplina acadêmica "Metodologia da História", e também são discutidos em manuais sobre a "Pesquisa Histórica" (cf. BARROS, 2005). O "olhar sobre si" que os historiadores devem exercer regularmente consubstancia-se na disciplina intitulada "Historiografia", sendo que as obras dos próprios historiadores sobre a historiografia começaram a ser escritas ainda no século XIX, tendo conhecido especial intensificação a partir das últimas décadas do século XX. Os espaços intradisciplinares motivam estudos específicos, que no caso da História têm se apresentado sob a forma de ensaios e coletâneas sobre as diversas modalidades da História (cf. BARROS, 2004). A interdisciplinaridade tem recebido uma significativa atenção dos historiadores em obras várias (cf. BRAUDEL, 1958). A escrita da História – ou o modo como se escreve a História, aqui considerada como uma forma especial de discurso – também tem suscitado estudos especiais a cargo de autores que vão de Michel de Certeau (1974) ou Pierre Vilar (1980) a Hayden White (1973) ou Peter Gay (1974), incluindo também estudiosos das ciências da comunicação (p. ex., BARTHES, 1984). E a Teoria da História, por fim, é o campo de estudos do qual nos ocupamos neste livro.

formas específicas, seja qual for o seu campo de conhecimento ou de atuação[23]. É particularmente interessante constatar que a noção de "teoria" sempre esteve ligada, desde a Antiguidade, à ideia de "ver" – ou de "conceber" – o que prossegue sendo válido até os dias de hoje[24]. Todavia, quando dizemos que a Teoria é uma "visão de mundo", podemos discutir esta afirmação em três níveis (Figura 1).

---

23. Particularmente nas Ciências Humanas, a palavra "teoria" tem sido empregada de maneira muito diversificada. Robert Merton já observava que muito frequentemente a palavra é empregada em sentidos diversos, que abarcam desde as menores hipóteses de trabalho até as mais amplas especulações ou aos sistemas axiomáticos de pensamento, daí decorrendo o cuidado que se deve ter no emprego da palavra (MERTON, 1970: 51). Veremos adiante que, no caso da História, há lugar para cada um desses sentidos particulares e generalizantes da palavra "Teoria", desde que estejamos conscientes da implicação de cada um destes usos.

24. Conforme veremos mais adiante, *Theorein*, a palavra grega para "teoria", relaciona-se literalmente à "ação de contemplar". No latim, "contemplar" refere-se ao ato de examinar profunda e atentamente algo. Remete também a esse entrecruzamento etimológico a possibilidade de dizermos, nos dias de hoje, que uma determinada teoria "contempla" este ou aquele assunto. Os antigos gregos costumavam ainda estabelecer uma distinção entre a *theoria*, que remetia à já referida "contemplação", e a *práxis*, que remetia à "ação" propriamente dita – e já Aristóteles, na *Ética a Nicômaco*, opunha a teoria a qualquer atividade que não tenha a contemplação como seu objetivo último (ABBAGNANO, 1999: 952). Acompanhando esta divisão entre a Teoria e a Práxis, "teorizar" chegou também a significar, entre os gregos, a dedicação exclusiva ao conhecimento e à sabedoria. Ainda com referência à mútua associação entre "teoria" e "ver", podemos lembrar que o mesmo verbo que está na origem de *theoria* também originou *Teos* (Deus): "Aquele que Vê".

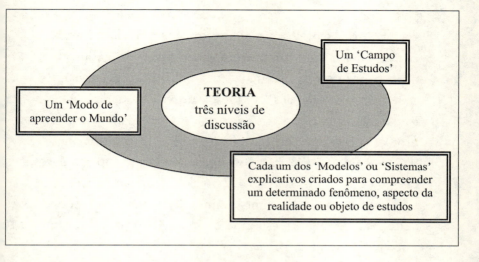

Figura 1. Três níveis de discussão sobre a teoria

A teoria pode ser abordada, em um primeiro nível, como um "campo de estudos", ou como uma espécie de território[25] constituído por todas as realizações teóricas proporcionadas

---

25. O conceito de "território" refere-se ao espaço sobre o qual se estabelece alguma forma de poder ou sobre o qual se afirma uma determinada identidade. Na sua significação mais simples, o território é essa área que se vê delimitada pela posse de um animal, de um indivíduo, de um grupo de pessoas, de uma sociedade, de uma instituição ou de uma organização. Quando falamos na teoria como um "território", estamos fazendo uma alusão ao fato de que determinadas áreas de saber terminam por se constituir em espaços sob a guarda daqueles que as praticam. Os historiadores vêm há séculos, ou mesmo milenarmente, constituindo o seu território. A Teoria da História, conforme veremos mais adiante, é uma conquista definitiva da historiografia científica que começa a se afirmar no século XIX. Um raciocínio análogo poderia se referir à Geografia, à Economia, à Psicologia, ou a qualquer outra das ciências humanas, sem falar nas diversas ciências da natureza. Sobre o caráter político associado ao conceito de "Território", cf. Raffestin (1993: 143) e Souza (2001: 11).

pelos praticantes de determinado campo de saber. São nesses territórios teóricos, definidos por cada uma das diversas ciências, que encontraremos, em graus vários de amadurecimento e de interação, as linguagens conceituais específicas de cada campo de saber, os seus modos de enxergar a realidade, os paradigmas disponíveis aos praticantes do campo, ou as próprias perguntas que são possíveis de se levantar, naquele momento, com relação aos objetos de estudo típicos do campo de saber em questão. E é precisamente neste nível de significação – a Teoria como "campo de estudos" – que poderemos falar em áreas específicas como a Teoria da História, a Teoria Econômica, a Teoria do Direito, a Teoria Literária, e inúmeras outras áreas que nos dias de hoje já encontraram assento como disciplinas acadêmicas.

Também podemos falar de "teorias" quando nos referimos a cada um dos modelos ou sistemas explicativos de que os cientistas se utilizam para compreender os fenômenos, aspectos e objetos que se relacionam às suas especialidades[26].

---

26. A palavra "cientista" é aqui utilizada em sentido expandido, e refere-se aos praticantes de cada ciência ou especialidade acadêmica. O historiador é, nesse sentido, um "cientista", mesmo que haja uma ampla discussão acerca da validade de se dizer ou não que a História é uma ciência. Com relação à interminável polêmica sobre a possibilidade de a História ser ou não uma ciência, esta depende, obviamente, da própria definição de ciência que se tenha em vista. Apenas para dar alguns exemplos, Karl Popper (1902-1994), que registrou suas posições sobre a historiografia em um livro intitulado *A miséria do historicismo* (1957), pretende renegar à historiografia a dimensão da cientificidade principalmente porque atribui à ciência a "capacidade de fazer previsões". De maneira análoga, Carl Hempel (1905-1997), em seu ensaio sobre os "Problemas do conceito de lei geral", sustenta que a cientificidade deve ser associada à possibilidade de explicar um fenômeno como subsumido a leis ou a uma teoria, o que o leva a negar a cientificidade, ao menos em parte, à historiografia de sua

Continua

Há teorias sobre objetos ou processos muito singulares –
como a reprodução do mosquito da dengue, a (in)existência

época (1960). Uma posição não muito distante é sustentada por Patrick Gardner, um autor particularmente interessado na *Natureza da explicação histórica* (1952), e que organizou um conjunto completo de fontes para o estudo das teorias da história, no livro que recebeu esse nome (1959). Há ainda os que definem ciência através do tipo de método e da abordagem, e que, ao perceber claros contrastes entre os métodos da História em relação ao modelo das ciências naturais, são levados a concluir que a historiografia não deve ser enquadrada como ciência. Não é o caso, contudo, do Historicismo, representado por autores como Dilthey e Droysen, que, embora percebam e sustentem claramente a distinção de métodos entre a História e as Ciências Naturais, nem por isso deixam de qualificar a História como um "outro tipo de ciência". Seguiriam pela segunda metade do século XX as defesas da cientificidade da História. Roger Chartier, já escrevendo no início do século XXI contra o pano de fundo de uma torrente de posições pós-modernas que rejeitam a cientificidade da História, afirma que a História é, sim, uma prática científica – e justifica a afirmação no seu artigo "A História hoje: dúvidas, desafios, propostas", sustentando que a cientificidade da História ancora-se no fato de que ela possui regras que possibilitam controlar as operações a partir das quais se produzem certos enunciados (1994: 111). No âmbito do Materialismo Histórico, há uma tendência a seguir a posição de que a história é uma ciência. Mas assim mesmo há posições como a de Thompson, que sustentou em *Miséria da Teoria* (1978) que a história é um conhecimento aproximado, o que em sua argumentação seria impeditivo para atribuir-lhe rigorosamente o *status* de ciência. Perry Anderson, outro dos mais eminentes historiadores marxistas da Inglaterra, fará a crítica desta posição em 1985, em um ensaio intitulado *Teoria, Política e História: um debate com E.P. Thompson*. Anderson afirmará neste artigo que a característica de ser um conhecimento aproximado e a impossibilidade de verificação empírica não são impeditivos para categorizar um âmbito de saber como científico, sendo mesmo esses fatores uma regra expressa pela maior parte das ciências. Enquanto isto, Pierre Vilar, historiador marxista que dialoga com os *Annales*, retoma a ideia sugerida por Marc Bloch e Lucien Febvre de que a "história é construção" – ideia que aparece registrada, por exemplo, em seu artigo de 1973 intitulado "Tentativa de diálogo com Althusser". O debate segue adiante, e não se dá apenas em torno da questão de a História ser ou não uma Ciência. A pergunta seria, enfim, "o que é Ciência"? Thomas Kuhn (2007: 218) insiste que seria característica da Ciência a formação de comunidades científicas através das quais, durante largos períodos, chega-se a um consenso estável sobre grandes questões paradigmáticas, apesar dos períodos de crise e aguda disputa paradigmática nos quais eclodem as revoluções científicas. Segundo essa perspectiva, a História e as ciências sociais, por serem multiparadigmáticas *todo o tempo*, não seriam propriamente ciências. Mas o próprio Kuhn reconsiderou essa posição posteriormente, no que se refere às ciências sociais (2006: 265-273).

de vida em Marte ou a Revolução Francesa. Mas há também teorias sobre questões muito mais amplas – como a Teoria da Evolução das Espécies, a Teoria do *Big-Bang*, ou as várias teorias sobre os modos de se escrever a História. As inúmeras teorias sobre os diversos fenômenos que concernem à História, inclusive sobre a própria especificidade da História enquanto modalidade científica, cabem na verdade no interior deste imenso território que é a Teoria da História. Desta maneira, pode-se dizer que esse nível mais específico de discussão sobre a Teoria está englobado pelo que citamos anteriormente. A Teoria da História abarca dentro de si as diversas teorias da história. A Teoria Econômica é essa arena na qual se confrontam as diversas teorias econômicas sobre as questões específicas sobre as quais se debruçam os economistas. A Teoria do Direito engloba tudo o que já se teorizou até hoje sobre o Direito e suas questões correlatas.

Por fim, um terceiro nível em que se pode refletir sobre o "teórico" é aquele que considera a Teoria como forma específica de apreender a realidade e de enxergar o mundo. Embora seja nossa intenção discutir a Teoria naqueles dois primeiros níveis – a Teoria como "campo de estudos" e as teorias como sistemas para compreender um determinado objeto ou aspecto da realidade – é com este terceiro nível de significação que começaremos.

Como "modo de apreender o mundo" – ou mesmo como maneira de agir diante da realidade ou do mundo imaginário – a Teoria se contrapõe ao agir intuitivo, ao comportamento emotivo, ao impulso instintivo, à recepção mística da "palavra revelada", e a outros tantos modos de conhecer ou de se movimentar no mundo. A Teoria é filha da Razão e irmã da Metodologia Científica. Não é uma forma melhor nem pior de apreender o mundo ou de nele se movimentar, é apenas uma forma específica, que compreenderemos a partir do contraste entre o "teórico" e o "intuitivo". Por aqui começaremos.

Dizíamos atrás que "a Teoria é uma Visão de Mundo", e que, nesse terceiro nível de discussão, a teoria corresponde a certa maneira de "ver" e de pensar sobre as coisas. A etimologia da palavra confirma isto desde os antigos gregos (cf. nota 24). Ocorre que também a "Intuição" – faculdade que iremos contrapor à capacidade de teorizar, de modo a iluminar uma e outra coisa – não deixa igualmente de dever a sua origem etimológica ao verbo "ver". Mas enquanto a expressão "Teoria" deve estar associada a um modo de ver que se estabelece *processualmente* através da razão discursiva (isto é, de uma verbalização que se impõe passo a passo) bem como através de mediações várias entre o sujeito e o objeto "contemplado", já o "ver" da intuição é algo de natureza inteiramente outra. Em latim, *intuere* significa "ver por dentro", e a intuição corresponde a um conhecimento que se produz sem mediações entre o sujeito e seu objeto, que nesse caso é apreendido de uma só vez em sua plena singularidade. Ao contrário da "Teoria", a "Intuição" não precisa de método. Da mesma maneira, a Intuição é instantânea, bem diferente da Teoria, que necessariamente envolve um processo com várias etapas, procedimentos, mediações[27].

---

27. Entre estes mediadores, conforme já veremos na "Figura 2", teremos as hipóteses, os conceitos, os procedimentos argumentativos, a demonstração a partir de elementos empíricos, e assim por diante.

Um exemplo bastante banal poderá facilitar a distinção entre a Teoria (modo de conhecer racionalizado e verbalizado) e a Intuição (modo de conhecer que envolve muito mais as emoções e sensações do que a razão e o método). Suponhamos que, por incumbência profissional ou por decisão associada a uma pesquisa a ser realizada, tomei a meu encargo a análise comportamental de um pequeno grupo de profissionais, de uma família, ou mesmo de determinado indivíduo inserido em certo contexto profissional, hospitalar ou carcerário. Por exemplo, imaginemo-nos na função de um psicólogo criminal que precisa emitir um parecer sobre um presidiário prestes a sair, ou não, para um sistema de liberdade condicional, ou de um psicólogo clínico que precisa emitir a sua opinião acerca da possibilidade de liberação de determinado indivíduo até então sujeito a um regime de internação hospitalar, ou mesmo de um psicólogo institucional que foi contratado por uma empresa para emitir um parecer sobre determinado funcionário que poderia vir a ocupar um cargo de responsabilidade na empresa. Trata-se, em todos estes casos, e podemos tomar como exemplo ilustrativo qualquer um deles, de emitir uma opinião técnica, circunstanciada, científica, sobre as características, comportamento, potencialidades e modos de relacionamento de um certo indivíduo no interior de determinados contextos. O prisioneiro será analisado simultaneamente no contexto carcerário e alternativamente com vistas a um contexto imaginário no qual estará eventualmente reintegrado à sociedade; o paciente clínico será analisado simultaneamente no contexto hospitalar, dentro do qual é sujeito à vigilância e assistência médica, e no contexto imaginário de sua liberação para a vida comum, caso venha a receber alta; o funcionário será analisado no seu ambiente de trabalho e no exercício atual de suas funções, mas fazendo-se também uma projeção de como ele atuaria se fosse empossado no novo cargo empresarial. Ou seja, em cada um destes casos, estaremos analisando um indivíduo no seu mundo circunstancial e diante de novas possibilidades.

A Psicologia é uma ciência. O psicólogo encarregado deverá produzir o seu parecer amparado em procedimentos científicos e em relatórios bem circunstanciados. Para obter credibilidade daqueles que lhe confiaram a função, precisará trabalhar no "modo teórico", por assim dizer. Em vista disso, ele inicia o seu trabalho. Quando se trata de avaliar determinada pessoa com a qual travaremos algum contato pessoal, seja por incumbência profissional, como é o caso, seja por contingências da nossa vida social e cotidiana, podemos começar por estabelecer nossos juízos sobre o indivíduo em questão a partir de uma série de informações, por vezes contraditórias, que nos chegaram sobre essa pessoa. Diante deste vasto material "empírico"[28] que amealhamos ainda desordenadamente, é comum que comecemos a

---

28. O "conhecimento empírico" é aquele que obtemos através das experiências de vida, da observação do mundo, da vivência cotidiana. A palavra também pode ser associada ao conhecimento obtido através das experiências sensíveis, ou também – quando falamos em uma "base empírica" – aos elementos concretos e evidências que podem servir de base ao desenvolvimento de uma racionalização ou de teorizações científicas. Na Filosofia, particularmente no que se refere à questão da existência ou não de ideias inatas no ser humano que nasce, o Empirismo chegou a constituir uma corrente por oposição ao Racionalismo. Esta última corrente acreditaria na existência prévia de "ideias inatas" que vão se desvelando ao homem à medida que este vive, ao passo em que, para o autêntico Empirismo, o homem seria uma *tabula rasa* (uma "pedra em branco") ao nascer (LOCKE, 1690, livro I). Posto isto estaremos empregando a palavra "empírico", neste momento, no sentido de materiais concretos e evidências.

proceder à comparação entre os diversos depoimentos e informações sobre essa pessoa que estamos tentando conhecer em maior profundidade. A respeito do presidiário, obteremos informações de seus colegas de cárcere, mas também das pessoas que com ele conviveram no mundo externo, e também de seus familiares, sem contar a análise de sua ficha criminal. Acerca do paciente clínico, teremos informações obtidas com os laudos médicos, mas também poderemos indagar os demais pacientes que com ele convivem, ou investigar a sua história pregressa no mundo exterior ao ambiente hospitalar. Para nos aproximarmos da vida profissional, das potencialidades e das qualificações do funcionário da empresa, poderemos entrevistar os seus colegas de trabalho, observá-los todos no seu cotidiano profissional, realizar testes com o indivíduo em questão, avaliar o seu currículo e registro de experiências anteriores.

Em cada um desses casos, para começar a empreender uma análise mais sistemática, teremos à nossa disposição um grande conjunto de informações, observações *in loco*, e depoimentos diversificados. Ato contínuo, será preciso organizar todas essas informações que nos são mostradas, inter-relacionando-as de acordo com certa lógica, inclusive identificando e destacando contradições (afinal, podemos nos informar sobre uma determinada pessoa, em parte, através de depoimentos de outras pessoas, que também são elas mesmas sujeitos humanos complexos e contraditórios, capazes de má-fé, de interpretações equivocadas e de opiniões parciais, perspectivadas). Ao mesmo tempo em que organizamos todo esse material informativo e o submetemos a uma rigorosa análise e a ponderações várias, conversas diretas com a própria pessoa em questão – cujo discurso submeteremos a uma "análise" com vistas à identificação de sua sinceridade, de suas características, de seus potenciais, de suas idiossincrasias ou de seu caráter – concorrerão certamente para acrescentar ainda mais materiais aos elementos que já temos à nossa disposição para compor a nossa "teoria" sobre as características da pessoa que queremos conhecer. Se o psicólogo estiver associado teoricamente à "corrente psicanalítica", por exemplo, a análise do discurso do indivíduo examinado será mesmo central, e nada se poderá produzir de efetivo que não se inicie pelo gesto de acionar o seu discurso com vistas a uma rigorosa análise pautada em determinados critérios e procedimentos. Se o psicólogo estiver associado à teoria reichiana, talvez seja preciso, literalmente, "desnudar" o analisado. Um behaviorista estará atento ao seu comportamento no grupo, e determinadas correntes holísticas e sistêmicas da psicologia estarão muito atentas à integração do indivíduo com o seu contexto e sua trama de relações. De todo modo, a investigação se iniciou no "modo teórico", e isso pressupõe lidar com um grande número de materiais e mediações.

É certo que acabamos de mencionar acima, desde já se pode notar, alguns procedimentos "metodológicos", e não simplesmente "teóricos", e é preciso desde já ressaltar que existe uma diferença a ser considerada entre a Teoria e o Método, tal como veremos oportunamente. Mas o importante é que compreendamos neste momento que, quando escolhemos o modo teórico de enxergar a realidade, começamos a nos servir de uma série de "mediadores" para compreender a realidade examinada. De um lado, municiamo-nos de informações empíricas e tentamos desenvolver nossos pensamentos, passo a passo (isto é, *processualmente*), através dessa base de informação. De outro lado, a todo o instante estaremos criando "conceitos" e formulando "hipóteses". Se, em vista de certas informações colhidas e logo analisadas, o psicólogo vier a classificar um indivíduo como uma pessoa na qual não se pode confiar para determinados fins (que poderá representar determinado perigo para a sociedade, ou que então poderá apresentar algum tipo de ineficiência para a função que lhe será requerida, no caso do funcionário a ser analisado) é porque, bem antes disto, foi estabelecido um determinado conceito de "confiabilidade". Na própria vida cotidiana, com frequência formulamos conceitos como esse e outros – pois, afinal de contas, também podemos trabalhar com o "modo teórico" na vida comum e nas mais diversificadas esferas da vida. A "confiabilidade" é um conceito que também pode ser utilizado no dia a dia, e recorrentemente fazemos isto em nossas vidas sociais. Pensar no mundo como passível de ser dividido em pessoas nas quais se pode confiar, e outras das quais devemos desconfiar, pressupõe já certa tábua de leitura do mundo. A própria pergunta que indaga sobre a possibilidade de "confiar ou não em alguém" não teria sentido diante de uma outra maneira de enxergar as coisas. De fato, conforme veremos oportunamente, existem certas perguntas que somente surgem em nossas mentes quando nos orientamos por uma determinada maneira de ver as coisas – por um certo "horizonte teórico", por assim dizer.

A recolha de materiais e evidências, com a concomitante análise desses materiais através de certos mediadores teóricos e metodológicos – e isto valeria para a Psicologia, para a Química, para a História, ou mesmo para a aplicação do "modo teórico" a ações relacionadas à vida cotidiana – constitui uma necessidade imperativa quando se fala de Teoria. Por fim, além da base empírica e da racionalização a partir de conceitos e hipóteses, existirá sempre uma dimensão lógico-verbal envolvida na construção de uma teoria, e no exemplo em questão não nos comportaríamos de maneira diferente. Se estou tentando criar uma "teoria" sobre alguma coisa, meus pensamentos vão sendo organizados a partir de uma espécie de "conversa" que estabeleço comigo mesmo, ou com um interlocutor imaginário. A "Teoria", enfim, se desenrola a partir de um padrão discursivo, argumentativo, no qual vamos a cada novo momento encaixando uma coisa na outra ou interconectando pensamentos, ao mesmo tempo em que buscamos demonstrar esses pensamentos passo a passo – seja a partir da comprovação de informações através dos materiais e impressões que temos à disposição, seja a partir de inferências que podemos estabelecer a partir desses mesmos materiais ou de consequências dos próprios pensamentos que formulamos antes.

O gesto de "demonstrar" é inseparável de qualquer teoria, e este, aliás, é um ponto que cria uma interconexão fundamental entre a Teoria e o Método, conforme veremos mais adiante. De toda forma, é importante se ter em vista que o processo de elaboração teórica é contínuo e circular, de modo que nele estarão sempre reaparecendo estes diversos mediadores – os *conceitos* e a *linguagem de observação* que darão certa consistência à leitura da realidade trazida pelo sujeito que produz o conhecimento, as *hipóteses* que serão formuladas, os procedimentos argumentativos e comprovações empíricas, as análises

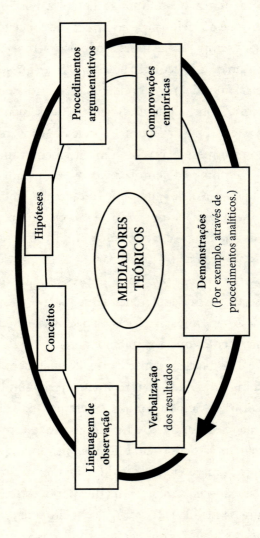

Figura 2. Mediadores presentes no processo de "teorização"

encaminhadas através da demonstração, e a verbalização dos resultados através de uma forma específica de discurso, racionalizada.

Antes de prosseguirmos, uma pequena observação pode ser feita. Nos exemplos que evocamos – a análise com vistas à concessão de liberdade condicional a um prisioneiro, o estudo médico com vistas a dar alta ou não a um paciente, ou a avaliação para auxiliar na decisão sobre a promoção ou não de um funcionário a uma nova função – a "teoria" foi instrumentalizada como forma de poder. A concessão de liberdade, a alta hospitalar ou a promoção funcional correspondem a poderes que serão exercidos sobre seres humanos. Nem sempre a teoria é utilizada para encaminhar o exercício de um poder, mas não deixa de ser interessante refletir sobre o fato de que, através da teoria, pode ser estabelecido um veículo de mediação entre "saber" e "poder". Um historiador ou um antropólogo que trabalhe com questões relacionadas a identidades, memória, sistemas de dominação, esclarecimento (ou ocultamento) de relações sociais ou políticas, ou inúmeras outras temáticas, também pode estar se inscrevendo em uma rede de poderes e saberes. De qualquer maneira, no momento, esta é apenas uma observação lateral. Sigamos em frente em nosso empenho de caracterizar a natureza do procedimento teórico.

Desenvolver uma teoria, é isto o que iremos considerar agora, constitui algo bem diferente de "ter uma intuição" a respeito de algo. Com a "intuição", ao contrário do que ocorre com a teorização, o conhecimento ou a apreensão do objeto dá-se de forma direta, e aqui temos de fato a nítida impressão de termos atingido o âmago do aspecto que nos interessa sem qualquer necessidade de mediações. Se acabamos de conhecer uma pessoa, podemos ter a imediata impressão ou sensação de que se trata de uma pessoa na qual poderemos confiar ou não. O empregador pode contratar o seu empregado, ou promovê-lo, porque teve uma imediata empatia em relação a ele, ou porque teve uma forte "intuição" nessa mesma direção. Para auxiliar a sua decisão de contratar ou promover funcionários, ele poderá requerer uma ajuda especializada, "teórica", por assim dizer, ou sem grandes percalços poderá se resignar a agir intuitivamente. Já para a liberação de prisioneiros com vistas à liberdade condicional, ou para a emissão de pareceres de alta a pacientes clínicos, uma mera intuição já não é aceitável como procedimento-padrão, pois essas ações são instadas institucionalmente a se fazerem vir acompanhadas de procedimentos teóricos, com laudos precisos de avaliação, com argumentação registrada a favor da decisão tomada em uma ou em outra direção. A psicologia criminal, a perícia criminal e a prática clínica, na cultura ocidental, inscreveram-se na esfera científica, e estão inarredavelmente associadas ao "modo teórico"[29]. A investigação criminal, por

---

29. A Psiquiatria, um dos campos disciplinares ligados aos chamados saberes "psi", começa a desenvolver uma reflexão teórica mais consistente a partir do século XVIII, com autores como William Cullen (1712-1790) e Philippe Pinel (1745-1826), e a partir daí vai se inscrevendo definitivamente no rol das disciplinas científicas. Em 1890, a Psicanálise começará a ser constituída teoricamente por Freud (1856-1939). A Psicologia, um saber que estivera tradicionalmente inserido na Filosofia, começa a constituir um campo disciplinar próprio em torno de 1880 (cf. ZIMBARDO, 2004). A psicologia criminal, mais especificamente, remonta ao início do século XX. São exemplos de campos que vão se constituindo teoricamente, e se inscrevendo no âmbito das disciplinas científicas. A História, veremos neste livro, passou a estar inscrita no campo científico a partir do século XIX.

exemplo, pode contar com a intuição em diversos momentos, mas é também uma ciência, e, na maior parte do tempo, irá trabalhar com o "modo teórico" e com um rigoroso método de investigação.

O que ocorreu com esses campos de saber veio também a acontecer com a História: esta, a partir do século XIX, tornou-se científica, e com esse mesmo espírito seguiu pelo século XX adentro: doravante, muitos iriam se referir à História como uma ciência (BLOCH, 1942), ou ao menos como um "estudo cientificamente conduzido" (FEBVRE, 1953). Até muitos daqueles que iriam posteriormente colocar em dúvida o caráter de cientificidade da História (VEYNE, 1971), nem por isso deixariam de sustentar que ela deveria operar no "modo teórico". E mesmo Benedetto Croce, que refletiu sobre a temática da *História reduzida ao conceito geral de arte* (1893), não deixou de escrever a sua *Teoria e história da historiografia* (1917). A "Teoria", definitivamente, veio a se integrar à História no momento mesmo em que esta começou a se constituir como um campo disciplinar, com assento nas universidades.

A Ciência, portanto – seja no campo da Psicologia, da Perícia Criminal ou da História –, opera essencialmente no "modo teórico", e é por essa via que tendemos a seguir quando praticamos uma disciplina que se pauta por algum padrão de cientificidade. Por outro lado, se ao guiar um veículo nos surpreendermos diante de uma encruzilhada, ficando indecisos perante a possibilidade de dois caminhos a seguir, e não dispusermos nesse caso de nenhum mapa ou de qualquer outra informação que nos ajude a chegar a proposições teóricas que orientem a nossa decisão de seguir por um caminho ou por outro, podemos apelar em última instância para a intuição. Uma "intuição" pode dar certo ou não, mas, de todo modo, quando temos uma "intuição", a impressão que toma conta de nossos pensamentos e sentidos é a de que acabamos de atingir diretamente o âmago daquilo que está diante de nós. Literalmente, com a intuição, temos a impressão de "ver por dentro" (*intuere*). Já a "Teoria" nos permite, ou na verdade *nos obriga*, a uma aproximação paulatina do objeto contemplado, pensado ou pesquisado. "Intuição" e "Teoria", portanto, correspondem a duas formas bem distintas de "ver". A Teoria vai como que se acercando do seu objeto e do seu problema, estabelecendo uma visão de fora, ainda que sistemática e, de toda maneira, capaz de posteriormente permitir que se atinja ainda assim o âmago do objeto examinado.

A Teoria, associada ao Método, é a principal forma de obter conhecimento aceita pela Ciência. Não que a Ciência não lide com a Intuição – uma vez que inúmeras descobertas científicas foram produzidas a partir de súbitas iluminações que parecem ter surpreendido os próprios cientistas que as encaminharam –, mas a verdade é que, mesmo nesses casos, o procedimento científico logo assume as rédeas da experiência e, em seguida, começa a entretecer teorias para que esta forma de conhecimento que é a Ciência comece a avançar e a se estabelecer em bases mais sólidas. Em contrapartida, a Arte traz frequentemente a intuição para o centro do palco dos seus procedimentos criativos, embora nada impeça que o artista também estabeleça procedimentos racionais para a elaboração de sua obra artística[30]. Posto que isto possa acontecer, a teoria na criação artística estará frequentemente subordinada a instâncias como a da Intuição, a da Emoção, e a do juízo estético, ainda que, depois de concluída a obra, um crítico de arte possa perfeitamente empreender uma sistemática análise teórica da obra produzida (a Arte não é considerada

---

30. É preciso ressalvar que nem sempre foram desenhadas muito claramente as linhas de separação entre Ciência e Arte, e enxergar esses campos como polos contrastantes é apenas uma posição possível, hoje predominante. Podemos lembrar o período renascentista, na Itália da época de Leonardo da Vinci, quando esta clivagem não era muito decisiva. Ademais, na Idade Média, certos campos hoje agrupados entre as disciplinas científicas eram categorizados como "artes maiores" e "artes menores". As "artes liberais" das universidades medievais – por oposição às "arte servis", que eram aquelas ligadas à atividade manual, tais como a pintura, a escultura e a arquitetura – subdividiam-se no *Trivium* (Gramática, Dialética e Retórica) e no *Quadrivium*, formado pela Aritmética, Geometria, Astronomia e Música. Os saberes eram aqui organizados de acordo com a sua utilidade para a Igreja, e veremos a Música e a Astronomia ocuparem o mesmo quadrante de saberes. No chamado período renascentista, assistiremos a uma extraordinária elevação de algumas das antigas "artes servis", e a Pintura, a Escultura e Arquitetura ocuparão lugar de primeiro plano, sendo praticadas por homens que também traziam uma contribuição para o que hoje seria chamado de ciência, como foi o caso de Da Vinci. De todo modo, à parte inúmeros exemplos que acompanham a história semântica das palavras *"Ars"* e "Ciência", a polarização entre "ciência" e "arte", tão familiar hoje em dia, é bem característica das sociedades científicas.

nos dias de hoje uma Ciência. Mas a "Crítica de Arte" certamente o é)[31].

Estabelecida essa distância em relação à Intuição, voltemo-nos neste momento para esta forma específica de enxergar e compreender o mundo que é a da Teoria, e reflitamos mais uma vez sobre a nossa frase inicial de que "a Teoria é uma visão de mundo". Será importante compreender que, na

---

31. A História, como veremos, também trouxe para o centro de suas ações o "modo teórico", no momento em que passou a se postular como "científica". A "intuição", embora não ausente do trabalho do historiador, foi sendo situada na periferia de seus procedimentos. Por outro lado, a história da historiografia nos dá exemplos de setores historiográficos, em determinados momentos, que postularam um papel mais central para a "intuição" na História. Entre os filósofos e historiadores românticos do século XVIII, na contracorrente do racionalismo iluminista, e também entre os historiadores românticos do século XIX, iremos encontrar com frequência o apelo à "empatia" e à "intuição". Johann Gottfried Herder (1744-1803), filósofo alemão associável ao pré-romantismo setecentista, praticamente recomenda aos historiadores este "ver por dentro" que é próprio da intuição: "penetrai profundamente neste século, nesta região, nesta história inteira; mergulhai em tudo isto e senti tudo isto dentro de vós próprios – só então estareis em situação de compreender" (HERDER, 1969: 182). Mesmo no século XIX, o século em que se instala a "história científica", teremos em historiadores românticos como BALLANCHE (1827-1829) e CHATEAUBRIAND (1831) uma crítica à teorização esquemática herdada do Iluminismo, e um apelo à "atitude empática" entre o historiador e as sociedades que este pretende compreender. Também Jules Michelet (1798-1874), historiador romântico francês, também falaria dessa "identificação empática" do historiador com a sociedade examinada (1845) [sobre isto, cf. HADDOCK, 1989: 145]. Bem mais tarde, iremos encontrar também no século XX, com os projetos de Croce (1909) e Collingwood (1946) de aproximar da Arte a História, este apelo à Intuição. Podemos citar ainda a posição de Spengler, no início do século XX, que situa a Ciência em oposição à História por considerar que a primeira se aproxima de seus objetos através da busca e utilização de leis, enquanto a segunda, a historiografia, deveria se aproximar de seus objetos com o "avivamento da intuição". De todo modo, à parte os múltiplos posicionamentos possíveis, não há como negar que, como os demais saberes conduzidos cientificamente, a História opera no "modo teórico" na maior parte do tempo, associando Teoria e Método, conforme veremos oportunamente.

história do pensamento, não deixaram de ocorrer variações importantes na já mencionada relação entre a "teoria" e o "ver", à medida que o "conhecimento" foi sendo definido ou compreendido de maneiras diversas[32]. A questão das mutações na relação entre a "Teoria" e o "ver" merece de fato algumas considerações. Já ressaltamos que, para a maior parte dos filósofos gregos da Antiguidade, *theoria* significava "contemplação". Deve-se ter em vista, todavia, que entre os antigos gregos a ideia de conhecimento estava muito associada à noção de "percepção" de uma realidade subjacente a ser *desvelada* pelo filósofo ou pelo pesquisador, de modo que essa "contemplação" que estava fortemente implicada na noção de *theoria* abarcava "simultaneamente a percepção, o conhecimento, e a aceitação da ordem das coisas"

---

32. Para alguns autores, a "teoria" é ainda mais do que uma certa maneira de ver as coisas, e chega a constituir uma "certa forma de vida", típica do mundo ocidental. Podemos acompanhar, por exemplo, as considerações encaminhadas por Gilberto de Mello Kujawski a partir das formulações de Xavier Zubiri em *Cinco lições de Filosofia* (1997). A teoria – essa forma de conhecer o mundo que institui o "saber pelo saber" e que tem por objeto "o ser das coisas", ao mesmo tempo em que se associa intimamente ao método da demonstração – chegaria a constituir mesmo um modo de vida que o Ocidente herda dos gregos: "O ocidental é o homem essencialmente teórico que condiciona sua vida e sua história à visão das coisas segundo certa perspectiva inconfundível com a de qualquer outra variedade humana (exceto os gregos)" (KUJAWSKI, 2002: 101). A ideia de que a teoria pode constituir um modo de vida era particularmente presente entre os gregos antigos. Nietzsche faz uma observação a respeito em uma passagem do seu ensaio "Sobre a utilidade e os inconvenientes da história para a vida" (1873): "Ninguém [hoje, ou seja, na segunda metade do século XIX] se atreve a aplicar a si mesmo a lei da filosofia, ninguém vive como filósofo, com aquela probidade simples e humana que obrigava um antigo a se conduzir sempre e em todo lugar como um estoico, uma vez que tenha jurado fidelidade à Stoa [nome da localidade grega onde surgiu o Estoicismo, uma das correntes filosóficas da Antiguidade Clássica] (NIETZSCHE, 2005: 111).

(DELATTRE, 1992: 224)[33]. Pode-se perceber uma mudança progressiva nesta relação entre a "teoria" e o "ver" à medida que o conhecimento passa a ser proposto mais como uma "construção" do que como uma "percepção".

A constante reformulação do conceito de "teoria" acompanha essa passagem, essa mudança de atitude do homem moderno perante o conhecimento. É assim que, já desde o início do século XX, e incluindo as próprias ciências exatas e da natureza, cientistas como Albert Einstein (1938) e filósofos como Karl Popper começaram cada vez mais a chamar atenção para o fato de que é a nossa Teoria que decide o que podemos observar, ou *como* observar. Popper, por exemplo, vale-se da interessante metáfora de que "as teorias são redes, lançadas para capturar aquilo que denominamos 'o mundo': para racionalizá-lo, explicá-lo, dominá-lo" (POPPER, 1995: 61).

Outro aspecto bastante interessante a considerar é o fato de que as ciências humanas e sociais precedem as ciências exatas e naturais nessa consciência mais aguçada de que, rigorosamente falando, a teoria transforma a realidade observada, ou ao menos revela certos aspectos de uma realidade observada e não outros, conforme essa teoria seja construída de uma maneira ou de outra, ou a partir de certos pontos de vista e parâmetros. Ao menos em algumas das correntes e

---

33. Ao lado disto, já dizia o filósofo Josef Pieper (1904-1997) que os romanos – que foram os responsáveis pela tradução da palavra grega *theoria* pelo termo latino "contemplatio" – explicitam ainda nesta "contemplação" uma dimensão afetiva importante. Contemplar implicaria também um "olhar amoroso", somente possível ao homem que compreende o mundo como uma "criação".

paradigmas das ciências humanas que já se afirmam desde os séculos XVIII e XIX – e podem ser citados por exemplo alguns dos setores mais relativistas do Historicismo por oposição ao Positivismo como um todo[34] – tem-se razoavelmente bem desenvolvida uma significativa consciência de que o que se pode perceber da realidade acha-se francamente interferido pelo ponto de vista do sujeito que produz o conhecimento. Na segunda metade do século XIX isto já parecia claro para alguns historicistas, como Droysen e Dilthey, entre outros. Desta maneira, pode-se dizer que, no século XX, as ciências exatas começavam a se aproximar de um tipo de autopercepção acerca dos seus próprios processos de construção do conhecimento que já vinha sendo desenvolvido na prática pelas diversas ciências sociais e humanas, inclusive a História, no século anterior. Poderemos lembrar ainda o filósofo austríaco Wittgenstein (1889-1951), que também iria reforçar esta mesma ideia, mas já aplicada ao campo semântico e linguístico, ao afirmar que "o limite da minha linguagem é o limite do meu mundo" (1922, proposição 5.6).

Vamos examinar mais de perto essa complexa relação entre a Teoria como "visão de mundo" e o fato de que sempre ocorre, por cada teoria, uma redefinição da realidade que é observada ou imaginada. Apenas para pontuarmos um exemplo inicial, já pertinente à Historiografia, podemos evocar um

---

34. O Historicismo e o Positivismo – dois paradigmas das ciências humanas que se contrapõem a partir do século XIX – serão discutidos oportunamente (Volume II). Para um texto já clássico sobre o Historicismo, escrito por um antigo historiador liberal ligado a esta corrente, cf. Meinecke, 1936. Cf. tb. Wehling, 1994; Martins, 2002; Reis, 2003. Para o historicismo no Brasil, cf. Guimarães, L.M.P., 1997.

aspecto fundamental da Teoria que se refere à construção de conceitos. Paul Veyne (n. 1.930), em seu livro *Como se escreve a História* (1971), já chamava a atenção para o fato de que "a formação de novos conceitos é a operação mediante a qual se produz o enriquecimento da visão" (VEYNE, 1982: 106). A essa formulação, o historiador francês seguia argumentando que Tucídides, Eginhard ou Santo Tomás de Aquino não teriam podido enxergar, nas sociedades de seu tempo, aquilo que hoje nelas procuramos: "classes sociais", "mentalidades", "mobilidade social", "atitudes econômicas", ou tantos outros aspectos que aprendemos a ver nas diversas sociedades históricas através de conceitos que nós mesmos formulamos ou que herdamos, para modificá-los ou não, de nossos predecessores na análise historiográfica.

É uma determinada teoria – uma certa maneira de ver as coisas – e seus instrumentos fundamentais, os conceitos, o que nos possibilita formular uma determinada leitura da realidade histórica e social, enxergar alguns aspectos e não outros, estabelecer conexões que não poderiam ser estabelecidas sem os mesmos instrumentos teóricos de que nos valemos. Desta maneira, a Teoria pode ser considerada, à partida, como fator de importância fundamental para a constituição de qualquer campo de conhecimento, o que inclui a História. É por isso que, em outro de seus livros – intitulado *O inventário das diferenças* (1976) – Paul Veyne afirma que "todo historiador é implicitamente um filósofo, já que decide o que reterá como antropologicamente interessante"; ele deve decidir se atribuirá importância aos selos postais através da história, ou às classes sociais, às nações, aos sexos e suas relações políticas, materiais e imaginárias (VEYNE, 1980: 3)[35].

A noção fundamental de que as teorias são visões de mundo ficará ainda mais clara de duas maneiras: pelo contraste mais rigoroso entre Teoria e Método, e por um esclarecimento adicional de que, embora as teorias sejam necessariamente visões de mundo, existem outros tipos de visões de mundo que nada têm a ver com Teoria (e este não é apenas o caso do "modo intuitivo", que já exemplificamos anteriormente, mas também de outras práticas como o pensamento mágico, a fé religiosa, ou mesmo o agir instintivo). Vejamos cada um destes aspectos por partes.

A "teoria" remete, como já se disse, a uma maneira específica de ver o mundo ou de compreender o campo de fenômenos que estão sendo examinados (vimos atrás que, entre inúmeras correntes teóricas à sua disposição, um psicólogo poderia se associar à corrente teórica da "psicanálise", trazendo o "discurso" para o centro de seu sistema, ou se ligar à corrente reichiana, para a qual o "corpo" desempenhará um papel primordial, ou então se associar a uma abordagem teórica "sistêmica", que procurará enxergar o mundo através das relações dos indivíduos entre si e em relação ao todo).

---

35. Na mesma obra, Paul Veyne dirá "A História existe apenas em relação às questões que nós lhe formulamos. Materialmente, a História é escrita com fatos; formalmente, com uma problemática e conceitos" (VEYNE, 1980: 2-3). Além disso, a dimensão teórica seria especialmente importante para a História pelo simples fato de que é ela que permite transcender o âmbito descritivo de uma história meramente factual. Em um ensaio de 1974 intitulado *A história conceitual*, Veyne dirá: "São os conceitos que distinguem a história do romance histórico e de seus próprios documentos" (VEYNE, 1988: 70).

Falar nessas maneiras diversificadas de ver que se abrem no interior de certo campo disciplinar é falar em "correntes teóricas"[36].

Por outro lado, a Teoria remete ainda aos *conceitos* e categorias que serão empregados para encaminhar uma determinada leitura da realidade, à rede de elaborações mentais já fixadas por outros autores (e com as quais o pesquisador irá dialogar para elaborar o seu próprio quadro teórico). Do mesmo modo, a teoria remete frequentemente a generalizações, ainda que essas generalizações se destinem a serem aplicadas em um objeto específico ou a um estudo de caso delimitado pela pesquisa. Ao lado disto, a Teoria também implica uma visão sobre o próprio campo de conhecimento que se está produzindo. É, por exemplo, uma questão teórica importante a subdivisão de certo campo de conhecimento em suas modalidades internas (a Física que se desdobra em "termodinâmica", "ótica" ou "mecânica", por exemplo, ou a Historiografia que se desdobra em "história cultural", "história política", "história econômica", e tantas outras modalidades). Enfim, a Teoria tanto remete à maneira como se concebe certo objeto de conhecimento ou uma determinada realidade examinada, a partir de dispositivos específicos que

---

36. Ver o mundo de determinada maneira, poderíamos acrescentar, é "viver" no mundo de um certo modo e não outro; ou, mesmo ainda, é viver em um certo mundo, e não em outro. Isso nos habilitaria mesmo a dizer que duas pessoas ou grupos de pessoas com visões teóricas diferenciadas vivem, de certa maneira, em mundos diferenciados. É o que sugere Thomas Kuhn, em certa passagem do "Posfácio" (1969) que acrescentou ao livro *A estrutura das revoluções científicas* (1962): "dois grupos cujos membros têm sistematicamente sensações diferentes ao captar os mesmos estímulos vivem, *em certo sentido*, em mundos diferentes" (2007: 241).

são os conceitos e fundamentos teóricos de diversos tipos, como também se refere ao modo como o pesquisador ou cientista enxerga sua própria disciplina ou seu próprio ofício. Já a "Metodologia" remete sempre a uma determinada maneira de trabalhar algo, de eleger ou constituir materiais, de extrair algo específico desses materiais, de se movimentar sistematicamente em torno do tema e dos materiais concretamente definidos pelo pesquisador. A metodologia vincula-se a ações concretas, dirigidas à resolução de um problema; mais do que ao pensamento, remete à ação e a prática[37]. Um tipo de entrevista realizado por um psicólogo que tenta apreender as potencialidades de um futuro profissional da empresa, ou a "análise de discurso" de que um historiador lança mão para compreender as suas fontes históricas, são relacionados ao âmbito dos procedimentos técnicos e das metodologias. Quando o historiador situa um conjunto de documentos em série, e procura incidir sobre ela um determinado questionário ou uma tabulação de tópicos e critérios, estará certamente empregando uma "metodologia". Assim, enquanto a "teoria" refere-se a um "modo de pensar" (ou de ver), a "metodologia" refere-se a claramente um "modo de fazer". Esses dois verbos – "ver" e "fazer" – constituem os gestos fundamentais que definem, respectivamente, Teoria e Método.

---

37. Mas há também – é preciso ser lembrado – os métodos que se dirigem para a organização do "pensamento", ou para o adequado desenvolvimento da argumentação. Arrumar as ideias é também um fazer, sendo preciso considerar esses pontos em que a Teoria e o Método se tocam ou se interpenetram.

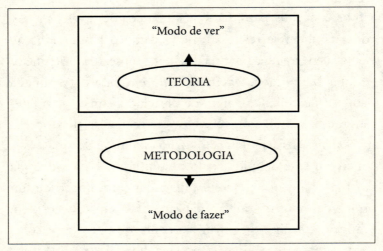

Figura 3. Do contraste entre teoria e metodologia

Poderemos, a partir dessas colocações iniciais, sintetizar aquilo que se refere ao teórico, e o que já se refere ao metodológico, seja de modo geral ou mais especificamente no âmbito das ciências históricas. O Quadro 2 procura relacionar, à esquerda, tudo aquilo que se refere ao âmbito teórico e à Teoria da História. Já no lado direito do esquema, encontraremos aquilo que se refere mais diretamente à Metodologia. Conforme já postulamos, são elementos pertinentes à Teoria todos aqueles aspectos, fatores e artifícios que se relacionam às "maneiras de ver" e às concepções historiográficas. Os "conceitos", por exemplo, são importantes instrumentos da Teoria. Quando formulamos um conceito como o de "Classe Social", estamos nos proporcionando uma certa maneira de enxergar a sociedade, pois imediatamente passamos a concebê-la como dividida de uma forma específica,

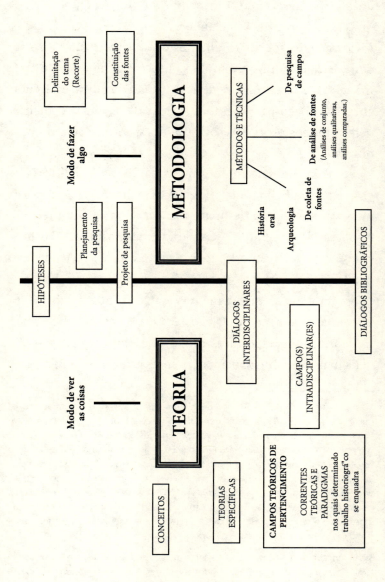

Quadro 2. Sobre a diferença entre teoria e metodologia na operação historiográfica

do mesmo modo que começamos a enxergar a partir dessa divisão hierarquizações e antagonismos específicos entre os vários grupos sociais resultantes dessa concepção da sociedade. Para dar outro exemplo, conforme definamos de certa maneira o conceito de "revolução", e não de outra, estaremos abrindo espaço para algumas formas de enxergar e analisar determinados processos sociopolíticos, e nos fechando para outras[38].

Também pertencem ao âmbito da Teoria da História os grandes paradigmas historiográficos e os sistemas teóricos mais amplos que se destinam a encaminhar a compreensão e análise historiográfica[39]. Os paradigmas Positivista, Historicista e o Materialismo Histórico, entre outros, pertencem ao quadro de grandes correntes teóricas disponíveis aos historiadores (embora frequentemente essas correntes também envolvam aspectos metodológicos, é preciso desde já ressalvar).

Teorias mais específicas sobre processos históricos – que nada mais são que "maneiras de ver" esses processos históricos

---

38. Hannah Arendt (1998: 17-46), ao definir "revolução" como um movimento social que introduz necessariamente a perspectiva do "novo", sanciona uma leitura histórica da realidade que considera a Revolução Francesa como um movimento efetivamente revolucionário, mas não a Revolução Inglesa, mais ligada à restauração de certas liberdades que haviam sido subtraídas a determinadas classes sociais na Inglaterra do século XVII. Uma outra maneira de definir "revolução", por outro lado, poderia permitir que a chamada Revolução Inglesa fosse considerada de fato uma revolução. Esse exemplo, ao qual retornaremos oportunamente (em outro volume), mostra que a redefinição de um conceito transmuda imediatamente a leitura da realidade ou de certos processos históricos.

39. O conceito de "paradigma" será definido mais adiante, até o final deste volume. O texto clássico para esta questão, conforme veremos, é o livro *A estrutura das revoluções científicas*, de Thomas Kuhn (1962). Para uma definição sintética, cf. tb. Barros (2005: 216).

singularizados – também pertencem ao âmbito da Teoria da História. Existem, por exemplo, dezenas de teorias sobre o Nazismo, ou sobre os fatores que levaram à eclosão e crescimento do Nazismo na Alemanha do período posterior à Primeira Guerra Mundial. Há igualmente uma quantidade indefinida de teorias sobre a Revolução Francesa, que procuram oferecer uma determinada leitura daqueles acontecimentos e processos que se deram na França em fins do século XVIII.

A Historiografia também estabelece "diálogos interdisciplinares" importantes – muitos dos quais de cunho teórico, e outros relacionados ao âmbito metodológico – com outros campos do conhecimento como a Antropologia, a Geografia, a Economia, a Sociologia, a Psicologia, e tantos outros. Por isso, no esquema proposto, os "diálogos interdisciplinares" atravessam tanto a Teoria como a Metodologia da História. Para além disto, a subdivisão da História em modalidades internas – como a História Cultural, a História Política, a Micro-história, e tantas outras – é uma questão teórica importante. Quando atinge certo nível de complexidade, muito habitualmente um campo de saber começa a produzir "espaços intradisciplinares", e a permitir, obviamente, conexões as mais diversas entre esses espaços intradisciplinares de acordo com cada objeto de estudo. O olhar que um campo de estudos estabelece sobre si, identificando e constituindo seus espaços internos, é também uma questão teórica, um modo de enxergar a si mesmo, que no caso da História corresponde a mais uma das tarefas da Teoria da História.

Vejamos agora o outro hemisfério da figura proposta. Conforme já pontuamos, faz parte da Metodologia tudo aquilo que é pertinente ao "fazer da história" – às situações concretas e práticas com as quais deve o historiador se defrontar em seu processo de pesquisa, de análise de fontes, ou mesmo de exposição de resultados. A partir disso, é possível vislumbrar o que pode ou deve ser relacionado ao âmbito metodológico, para o caso da História. Elementos de importância máxima, que perpassam toda a Metodologia da História e que correspondem de certo modo ao seu centro, são precisamente as Fontes Históricas. A Historiografia desenvolve inúmeros procedimentos e metodologias para constituir as fontes históricas, para analisá-las, para serializá-las, para utilizá-las como fontes de indícios e informações historiográficas, ou para abordá-las como discursos que devem ser decifrados, analisados, incorporados criticamente pelo historiador. Inúmeros âmbitos relacionados aos "métodos e técnicas" poderiam ser aqui indicados, e a História Oral, a Arqueologia, a Análise de Discurso, ou o tratamento serial e estatístico constituem apenas alguns exemplos.

É imprescindível à Metodologia da História, ainda, o próprio "planejamento da pesquisa" e, neste sentido, o "Projeto de Pesquisa" constitui um recurso metodológico importante. Claro que, no interior do seu texto, um bom Projeto de Pesquisa também falará de Teoria, uma vez que faz parte de um bom planejamento indicar as referências conceituais, discutir o Quadro Teórico que orientará a análise, formular hipóteses, e dialogar com a historiografia e teoria já existente. Isto posto, tomado em si mesmo, o Projeto de Pesquisa pode ser perfeitamente tratado como um recurso metodológico.

É verdade, ainda, que uma decisão "teórica" pode encaminhar também uma escolha "metodológica". Reciprocamente, a metodologia – ou uma certa maneira de fazer as coisas – também pode retroagir sobre a concepção teórica do pesquisador, modificando sua visão de mundo e levando-o a redefinir os seus aportes teóricos. Frequentemente, há certas implicações metodológicas a partir de certos pressupostos teóricos e, inversamente, quando optamos por uma certa maneira de fazer as coisas, de enfrentar situações concretas apresentadas pela pesquisa, também estamos optando por um certo posicionamento teórico. Por exemplo, não é raro que o Materialismo Histórico – um dos paradigmas historiográficos contemporâneos – seja referido como um campo teórico-metodológico, uma vez que enxergar a realidade histórica a partir de certos conceitos como a "luta de classes" ou como os "modos de produção" também implica necessariamente uma determinada metodologia direcionada à percepção dos conflitos, das relações entre condições concretas imediatas e desenvolvimentos históricos e sociais. Uma certa maneira de ver as coisas (uma teoria) repercute de alguma maneira numa determinada maneira de fazer as coisas em termos de operações historiográficas (uma metodologia).

A pesquisa em História, e a sua posterior concretização em escrita da História (isto é, a apresentação dos resultados da pesquisa em forma de texto) envolvem necessariamente este confronto interativo entre teoria e metodologia. O ponto de partida teórico, naturalmente, corresponde a uma determinada maneira como vemos o processo histórico (porque há muitas). Podemos alicerçar nossa leitura da história na ideia de que esta é movida pela "luta de classes", tal como foi acima proposto. Mas se quisermos identificar essa "luta de classes" na documentação que constituímos para examinar este ou aquele período histórico específico, teremos de nos valer de procedimentos técnicos e metodológicos especiais. Será talvez uma boa ideia empreender uma "análise de discurso" sobre textos produzidos por indivíduos pertencentes a esta ou àquela "classe social" ("classe social", aliás, é também uma categoria "teórica"). Esta análise de discurso poderá se empenhar em identificar "contradições", ou em trazer a nu as "ideologias" que subjazem sob os discursos examinados, e para tal poderá se valer de técnicas semióticas, da identificação de temáticas ou de expressões recorrentes (análises isotópicas), da contraposição intertextual entre discursos produzidos por indivíduos que ocupam posições de classe diferenciadas, e assim por diante.

De igual maneira, se acreditamos que as condições econômicas e materiais determinam em alguma instância a vida social e as superestruturas mentais e jurídicas de uma determinada comunidade humana historicamente localizada (outro postulado[40] teórico do Materialismo Histórico) deveremos selecionar ou constituir metodologias e técnicas capazes de captar os elementos que caracterizariam esta vida

---

40. Um "postulado" é uma proposição que se pede ao interlocutor que a aceite como princípio incontesto para iniciar ou dar sequência a um processo de raciocínio, embora se reconheça que esta proposição não é nem suficientemente evidente para que seja impossível colocá-la em dúvida (como o axioma) e nem passível de demonstração (como a hipótese). Deve-se considerar ainda que, conforme o horizonte teórico ao qual esteja associada a nossa maneira de ver as coisas, pode-se dar ainda que uma mesma ideia seja recebida como "postulado" ou como "axioma". Para uma definição sintética de "postulado" e "axioma", cf. Barros, 2005: 218 e 191.

material. Dependendo do tipo de fontes históricas utilizadas poderemos, por exemplo, realizar análises quantitativas ou seriais, utilizar técnicas estatísticas para levantar as condições de vida de determinados grupos sociais dentro de uma determinada população, e assim por diante.

É assim que uma determinada teoria pode se sintonizar com determinadas possibilidades metodológicas; e certamente existem metodologias que favorecem ou que inviabilizam o encaminhamento de certas perspectivas teóricas. Para além disto, a interação entre Teoria e Metodologia também aparece de maneira muito clara na elaboração de "hipóteses". Via de regra, uma hipótese é gerada a partir de certo ambiente teórico, e frequentemente é formulada a partir de conceitos muito específicos. Posto isto, não há sentido em formular uma hipótese que não possa ser demonstrada – pois, se assim for, não estaremos diante de uma verdadeira hipótese, e sim de uma mera conjectura[41]. É depois que for-

---

41. Uma "conjectura" é uma suposição ou proposição que é proposta sem a intenção de ser submetida à comprovação ou a um processo de demonstração. Difere da hipótese – que é uma assunção provisória que se pretende submeter a um processo de demonstração que visará viabilizá-la ou não. Para que uma simples conjectura salte para a qualidade de hipótese, é preciso que ela traga consigo as possibilidades de uma verificação sistemática. Podemos dar um pequeno exemplo. A formulação da suposição de que existe vida em Saturno, por exemplo, constitui no atual estado do conhecimento humano uma mera conjectura, que pode ser feita pelos autores de ficção científica. Ela só poderá passar a ser uma hipótese, neste caso específico, quando surgirem meios efetivos que permitam comprová-la. Se um dia for confirmado, de maneira definitiva e incontestável, que existe efetivamente vida no planeta Saturno, a afirmação deixará de ser uma hipótese e passará a constituir um conhecimento adquirido. Também ocorrem casos em que uma hipótese comprovada (ou aparentemente comprovada) passa a ser aceita como uma "lei" em um determinado sistema científico (a "seleção natural" é uma "lei" para os darwinistas). Sobre estes aspectos, cf. Barros, 2005: 135 e 195.

mulamos uma hipótese, e quando partimos para a sua demonstração, que surge a necessidade de uma "metodologia". Nas ciências históricas, qualquer hipótese apresentada deve buscar respaldo nas fontes primárias, e na análise dessas fontes, ou, ao menos, deve ser referida a evidências que tenham chegado ao historiador de alguma maneira. Estes procedimentos – o levantamento de fontes, a constituição de um *corpus* documental, a verificação comparada de informações e a análise dos discursos trazidos pela documentação – estão ancorados, conforme já vimos, na Metodologia. Para verificar ou refutar uma hipótese, ou ao menos para sustentar a possibilidade de formulá-la como uma linha interpretativa viável, é preciso de método. Não é por outro motivo senão este que, no Quadro 2, fizemos com que a palavra "hipótese" apareça atravessada entre os hemisférios da Teoria e da Metodologia. Uma hipótese nasce no mundo teórico, a partir de uma determinada maneira de enxergar a realidade, mas em seguida ela se dirige ao âmbito metodológico em busca de demonstração. Torna-se mais um dos inúmeros elos que podem ser estabelecidos entre a Teoria e a Metodologia.

Vemos, portanto, que Teoria e Metodologia são como que duas irmãs siamesas. Uma olha para o alto, buscando enxergar algo de novo no céu estrelado de todas as realidades possíveis e imaginárias. A outra, decididamente prática, aponta para o chão, em busca de soluções concretas para viabilizar ou rejeitar as hipóteses aventadas pela irmã. Teoria e Metodologia, separadas uma da outra, não têm muito sentido para a Ciência. A "teoria pura" facilmente poderia se converter em especulação. A "metodologia pura", a rigor, nem surge como possibilidade, e quando muito se converte em alguma forma de exercício aprendido mecanicamente em alguma fase inicial de treinamento artesanal ou científico. Nas Ciências Humanas, que sempre almejam produzir como resultado uma reflexão fundamentada sobre a realidade social, a Teoria e a Metodologia são gêmeas mais siamesas do que nunca. De todo modo, apesar das mútuas repercussões entre teoria e método, não devemos confundir uma coisa com a outra. Se há uma interpenetração possível entre concepções teóricas e práticas metodológicas disponíveis ao historiador ou a qualquer outro tipo de pensador/pesquisador, deve-se ter sempre em vista que "teoria" e "método" são coisas bem distintas, da mesma maneira que "ver" e "fazer" são atitudes verbais e práticas diferenciadas, embora possam se interpenetrar.

Ainda como um ponto interessante que pode ser ressaltado para o caso da Teoria, deve-se entender que pode existir uma grande diversidade de teorias possíveis para qualquer objeto de investigação ou para qualquer campo de conhecimento examinado, e que as diversas teorias podem se contrapor, se sucederem ou se sobreporem umas às outras. Uma vez que cada teoria propõe ou se articula a uma determinada "visão de mundo", ela também corresponde à formulação de determinadas perguntas e, consequentemente, abre espaço a um certo horizonte de respostas. Na mesma medida em que as teorias se diversificam, também variam muito as respostas proporcionadas por cada teoria em relação a uma certa realidade ou objeto examinado. Thomas Kuhn, autor do célebre livro *A estrutura das revoluções científicas* (1962), já considerava que uma teoria frequentemente se afirma em detrimento de outra precisamente porque responde a algumas questões que a outra teoria não respondia. Nessa perspectiva, as mudanças de teoria (ou as opções por uma ou outra teoria) ocorrem porque uma teoria passa a satisfazer mais do que outra – isto é, porque as questões a que a nova teoria adotada dá resposta começam a ser consideradas mais importantes ou relevantes pelo sujeito que produz o conhecimento. Dito de outra maneira, cada teoria, ao corresponder ou ao equivaler a uma determinada visão de mundo, permite que sejam formuladas certas perguntas e, frequentemente, uma nova teoria contrasta com as teorias anteriores que abordaram esta ou aquela questão precisamente pela sua capacidade de colocar novas perguntas. Contrapor à realidade uma nova pergunta, que até então ainda não havia sido imaginada, é já enxergar a realidade de uma nova maneira[42].

Bem compreendidas as diferenças entre "Teoria" e "Método", outro comentário importante é o de que, se toda teoria é uma "visão de mundo", nem toda visão de mundo é necessariamente uma teoria. Uma religião, por exemplo, é uma

---

42. Vale lembrar que, não raro, uma nova pergunta só pode ser formulada, ao menos em uma dimensão mais ampla de aceitação, quando a sociedade ou uma determinada comunidade científica já apresenta condições para resolver os problemas por ela colocados. Da mesma forma, uma sociedade "não se propõe nunca senão os problemas que ela pode resolver". Karl Marx anota esse aspecto explicitamente no *Prefácio para a crítica da economia política* (1859). De igual maneira, uma nova imagem do mundo a ser elaborada por uma teoria científica só consegue florescer em épocas e terrenos propícios. Delattre, em seu verbete para a *Enciclopédia Einaudi*, ressalta esse aspecto para a questão do "geocentrismo": "É sabido que a ideia de não imobilidade da Terra já se encontrava em Heráclito e em Aristóteles de Samos, que foi redescoberta por Escoto Eriúgena e de novo proclamada por Regiomontano e Nicolau de Cusa no século XV. Mas todos eles pregaram no deserto; os espíritos não estavam preparados para aceitar esse esquema demasiado incompatível com as outras concepções do momento" (DELATTRE, 1992: 244).

visão de mundo, e o modo de obter conhecimento em diversas das religiões possíveis nada tem a ver com o "modo teórico", estando relacionado a práticas como a da "iluminação" e da "revelação" (esta última correspondendo àquele "modo de conhecimento" em que o mundo sobrenatural comunica algo diretamente, e unilateralmente, àquele que recebe a palavra ou o conhecimento revelado). Da mesma maneira, podem constituir visões de mundo, dotadas de suas próprias singularidades, uma mitologia ou uma cosmogonia. A Magia – que também propõe uma prática e um modo de agir sobre a vida cotidiana – também implica um tipo de visão de mundo. Uma concepção artística, do mesmo modo, pode corresponder a outro tipo de visão de mundo, e já vimos atrás que a Arte mais costuma lançar mão dos ímpetos intuitivos e do livre jogo das sensações e sensibilidades do que dos procedimentos teóricos. A "Teoria", portanto, corresponde apenas a um dos vários tipos de visão de mundo que se disponibilizam ao homem no seu permanente esforço de compreender e recriar o mundo no qual se encontra inserido.

Embora a palavra "teoria" também possa ser empregada para diversos outros tipos de atividades, já fizemos notar que geralmente as teorias – e as teorias da história não são exceção – correspondem a um tipo de visão de mundo que se relaciona mais estreitamente com o que hoje entendemos por Ciência[43]. Quando a "Teoria" não é vista como,

---

43. Delattre observa que, enquanto os antigos gregos costumavam distinguir com bastante cuidado a "teoria" da "ciência", já a posterior história destas noções conheceu uma aproximação sempre crescente" (DELATTRE, 1982: 287).

ela mesma, diretamente relacionada a um conhecimento que se postula como científico, ao menos se pode dizer que ela se mostra necessariamente – no sentido em que hoje a compreendemos (e não mais no sentido filosófico-contemplativo que possuía na Antiguidade) – como um dos produtos das sociedades científicas. Vale dizer, a "Teoria" ou é parte integrante do discurso científico (uma segunda natureza da própria Ciência), ou é uma visão de mundo que dialoga com o científico, com essa dimensão da cultura que veio a ocupar uma posição central no mundo moderno. Pode-se ter uma "teoria" a respeito de qualquer coisa, e mesmo com relação a questões menores que se relacionem a uma espécie de sabedoria prática. Mas obrigatoriamente o pensar no "modo teórico" deve se amparar, nos dias de hoje, em certos procedimentos e pressupostos que foram reforçados pelo padrão de cientificidade da vida moderna. Já ressaltamos que a "teoria" sem demonstração, sem encadeamento coerente de suas partes, sem verificabilidade, pode se converter meramente em um conjunto de "conjecturas", pelo menos de acordo com o pensamento que passou a predominar no mundo contemporâneo. É incontornável, portanto, antes que possamos prosseguir mais confortavelmente na reflexão sobre o "teórico", que esbocemos um delineamento, ainda que sumário, acerca do que é a "Ciência".

A Ciência, compreendida como forma específica de produzir conhecimento, pode ser identificada a partir da copresença de alguns aspectos que lhe são inerentes. Deve antes de tudo visar e constituir um conhecimento a ser produzido sistematicamente, com rigor metodológico[44]. O saber científico também deve ultrapassar, necessariamente, o mero nível descritivo ou narrativo, de modo a fornecer explicações ou "sistemas para a compreensão" acerca dos fenômenos que examina. Esse sistema explicativo ou compreensivo deve buscar a coerência

---

44. Podemos, no interior desta afirmativa, abrir um longo parêntesis para pontuar também algumas considerações acerca do que seria uma "metodologia científica", ainda que considerando a imensa variedade daquilo que fica sob a bandeira do "método" quando pensamos em cada tipo de ciência em particular, cada qual com seus métodos e técnicas específicos. Em primeiro lugar, se, para além da ciência, o "método" aparece em inúmeras outras atividades humanas (em tudo, conforme vimos, que se relaciona ao "fazer"), pode-se dizer que a ciência pressupõe um certo "uso científico" do Método. De modo geral, como se sabe, um Método se caracteriza pela "fixação de certos procedimentos" para atingir determinada finalidade, e muitas vezes se terá em vista procedimentos que possam ser sempre usados em uma mesma prática, ou em práticas similares. Há métodos para pescar, para se exercitar ou para produzir objetos artísticos. Mas, nas ciências, uma de suas características mais salientes é que o Método tem sido empregado de maneira "acumulativa e exaustiva". À medida que o pesquisador ou o experimentador avança na execução dos procedimentos propostos pelo Método – seja no que se refere à repetição de alguns procedimentos no interior de uma série, seja no que se refere às etapas que são percorridas em alguns tipos de procedimentos – pressupõe-se que ele irá crescer progressivamente na obtenção do conhecimento. Cada etapa do método, por assim dizer, se torna "um progresso para o fim, não obstante a sinuosidade do caminho ou os desvios provisórios" (GRANGER, 1992: 56). "Sistematização" é outro aspecto notável na metodologia científica; em que pese que a intuição possa e deva aparecer na ciência, uma interminável sequência de intuições não pode constituir uma metodologia científica, embora possa ser uma boa metodologia para a Arte. Para além disso, o método científico deve vir formulado em uma linguagem, e entremear-se com uma lógica que lhe seja própria. Não há como negar também que a formulação de regras, que possam ser utilizadas pela comunidade científica, constitui um aspecto decisivo do uso científico do método. O que não impede, é claro, que a seu tempo as regras possam ser violadas. De igual maneira, é preciso não confundir "receita" com método, particularmente no que se refere ao método científico. Uma "receita" é uma lista para reproduzir o "mesmo"; já um método – notadamente no âmbito de qualquer ciência – corresponde a um conjunto de procedimentos para buscar o "novo", para ampliar o conhecimento já existente. De resto, com relação a essa busca metodológica do "novo", vale lembrar a já clássica complementabilidade que se estabelece na Ciência entre as duas grandes posturas metodológicas que se singularizam nas várias ciências: a Observação e a Experimentação.

entre todas as suas partes[45]. Em última instância, não busca, a Ciência, no seu sistemático processo de produzir o conhecimento, fornecer valorações éticas ou que tenham por escopo final julgar os fenômenos observados de acordo com algum ponto de vista moral (tal como ocorre com a Ética ou com a Religião)[46]. Sobretudo, trata-se de um conhecimento demonstrado, tanto a partir de uma lógica argumentativa, como no que se refere à comprovação de dados que lhe sirvam de base informativa. É por fim, e este é um dos seus aspectos mais definidores, um conhecimento que deve ser "testável", isto é, passível de ser verificável ou percorrido mais de uma vez por qualquer pesquisador que se proponha a seguir todos os passos da pesquisa original. Para tanto, o conhecimento produzido cientificamente deve explicitar necessariamente o "caminho" e os "pressupostos" que permitiram que o mesmo fosse produzido (o "método" e também a "visão de mundo", isto é, a "teoria", que o sustenta), assim como deve esclarecer as condições de produção do conhecimento em questão[47].

---

45. "Buscar", e não necessariamente "alcançar" a coerência total entre todas as suas partes. É mais de um estado de espírito – de um modo de proceder cientificamente – que aqui estaremos falando.

46. Sobre isto, ver um conhecido texto de Max Weber que tem por título *A ciência como vocação* (1919).

47. É por isso que a História, desde o momento em que postulou se tornar científica, ou em que se pôs a dialogar com as sociedades científicas, trouxe para o centro de suas preocupações um extremo cuidado em indicar as suas fontes. Essa é uma questão "metodológica" da maior importância para a História. É através da indicação das fontes utilizadas por um historiador que um outro, que deseje submeter o seu trabalho à prova, poderá percorrer o mesmo caminho traçado pelo primeiro pesquisador. A fonte está na base da dimensão de verificabilidade possível à História. Se na Química o pesquisador pode repetir em laboratório a experiência produzida pelo primeiro pesquisador, já a História deve assegurar que todos tenham acesso às fontes examinadas.

Bem discutido o que é a Ciência, ou pelo menos o que é o "científico", podemos agora desfechar algumas conclusões a respeito da especificidade do "teórico". Nas sociedades modernas, uma teoria pode ser definida como um corpo coerente de princípios, hipóteses e conceitos que passam a constituir uma determinada visão científica do mundo. Conforme Mario Bunge – um dos mais célebres estudiosos de Epistemologia – uma teoria seria um "conjunto de proposições ligadas logicamente entre si e que possuem referentes em comum" (1982: 41). Faz parte da ideia de teoria a possibilidade de demonstração (de confirmar ou de extrair consequências daquilo que é formulado). Para estarmos no âmbito da Teoria também é necessário que o que se formula teoricamente seja submetido a um diálogo com outras proposições teóricas, seja para reforço ou para refutação. Por isso as diversas teorias relacionam-se, por contraste ou por interação, no interior de um campo de conhecimento mais vasto, que é o campo científico específico que se tem em vista. Desta maneira, se uma visão de mundo como a Religião pode se colocar como uma experiência íntima do ser humano perante Deus ou diante do mundo supranatural, nada impedindo que seja experienciada isoladamente, já a Ciência – e as teorias que nesta estão envolvidas – colocam-se necessariamente em um campo de diálogos. Não se pode avançar no campo científico, nem se movimentar no universo teórico de um determinado campo de saber, sem se conectar com os diversos autores que já percorreram esse mesmo campo de saber formulando conceitos e hipóteses, propondo questões e sugerindo respostas, ou arriscando demonstrações e procedimentos argumentativos.

II | Teoria da História e Filosofia da História

1 Teoria da História: o encontro entre historiografia e ciência

A relação entre "teoria" e "ciência" também tem sido ressaltada, por diversos autores, para o caso da história da historiografia. Conforme destaca Jörn Rüsen em sua obra *Razão histórica* (2001: 14), a Teoria da História se refere ao "pensamento histórico em sua versão científica". De acordo com essa perspectiva, pode-se estabelecer uma distinção mais clara entre as "filosofias da história" ou outras formas de concepção histórica como as "teologias da história", e as "teorias da história" propriamente ditas, considerando que estas se vinculam ao novo momento em que a historiografia passa a reivindicar um estatuto de cientificidade, chamando a si novas necessidades. É também o que postula Arno Wehling em seu texto *Historiografia e epistemologia histórica* (2006: 181), fazendo notar ainda que, obviamente, já existiam formas de conhecimento histórico bem antes da passagem do século

XVIII ao XIX, que é esse momento particular em que se passa a tomar como parâmetro para a historiografia a cientificidade e no qual, portanto, já se pode falar em "teorias da história". Contudo, naqueles momentos anteriores – como a Antiga Grécia, o mundo romano, a Idade Média, o Renascimento, ou o Moderno Absolutismo – apresentavam-se para a historiografia referenciais muito diversos, como "a *anamnese* grega, o patriotismo romano, o providencialismo medieval, ou o oficialismo absolutista" (WEHLING, 2006: 181)[48].

O próprio século XVIII, na antessala para o surgimento das "teorias da história" que passarão a vigorar no século XIX, também já oferece, com as "filosofias da história" ao modo de Herder ou de Kant, uma outra maneira de pensar sobre a História que não é bem ainda a daquelas "teorias da história" que serão tão bem exemplificadas no século seguinte pelos paradigmas do Positivismo, do Historicismo, ou do Materialismo Histórico, todos inarredavelmente alicerçados por uma metodologia documental que já estará na base do surgimento da figura do historiador profissional e da inserção da História como disciplina universitária. De fato, as "filosofias da história", que grassam no século XVIII e se esten-

---

48. Também Michel Foucault, no capítulo dedicado às "Ciências Humanas" que finaliza o ensaio *As palavras e as coisas* (1966), irá chamar atenção para essas funções que a História vinha exercendo, alternativamente, desde os gregos e até a "fratura" do começo do século XIX: " [...] a História existiu bem antes da constituição das ciências humanas; desde os confins da idade grega, exerceu ela na cultura ocidental um certo número de funções maiores: memória, mito, transmissão da palavra e do exemplo, veículo da tradição, consciência crítica do presente, decifração do destino da humanidade, antecipação do futuro ou promessa de um retorno" (FOUCAULT, 1999: 508).

dem até as realizações de Hegel no século XIX, constituem um gênero filosófico-historiográfico à parte, e devem ser bem distinguidas das "teorias da história" propriamente ditas, conforme veremos mais adiante. Outrossim, mesmo ressalvando as diferenças, tanto as "filosofias da história" como as "teorias da história" já são enunciadas em uma nova era historiográfica, distinta de tudo o que até então se tinha feito nas tradicionais "histórias" representadas pelos inúmeros gêneros historiográficos que precederam o trabalho dos historiadores modernos. Existe entre as "filosofias da história" e as "teorias da história" tanto uma certa cumplicidade no que se refere ao gestar de uma nova época historiográfica, como também uma diferença radical que será preciso considerar.

Por ora, deixemos por compreendido que não é senão em um contexto no qual a cientificidade se apresenta como um referencial para a historiografia, aspecto que se afirma mais consistentemente na passagem do século XVIII para o século XIX, que se pode falar da emergência de "teorias da história" como grandes sistemas de compreensão sobre a história e a Historiografia. Começarão a surgir, aqui, tanto uma "matriz disciplinar" mais definida para a História, como os primeiros grandes paradigmas historiográficos que mais adiante discutiremos, a começar pelo Positivismo, pelo Historicismo e pelo Materialismo Histórico. Oportunamente, retornaremos a essa questão.

Se uma teoria constitui certa visão de mundo relacionada a um ou outro dos diversos campos científicos, uma Teoria da História, ou um paradigma historiográfico, corresponderá a uma certa visão histórica do mundo, ou mesmo a uma determinada visão sobre o que vem a ser a própria História.

Qualquer Teoria da História pressupõe, simultaneamente, uma determinada concepção sobre o que é a história e sobre o que deve ser a historiografia (isto é, o campo de estudos que examina a história enquanto campo processual). Isto, é claro, naquele sentido mais abrangente que pode ser atribuído à expressão Teoria da História. Por outro lado, no intuito de começar a decifrar de modo mais sistemático os vários sentidos que podem ser atribuídos às "teorias da história", poderemos acompanhar as reflexões de Agner Heller (n. 1.929) em seu ensaio *Uma Teoria da História* (1981). A filósofa húngara sustenta que, em termos de teorias da história, podemos nos remeter tanto àquelas que se referem a objetos historiográficos específicos (eventos ou processos como a Revolução Francesa, o Nazismo, as crises específicas do Capitalismo), ou às teorias mais amplas, mais generalizadoras, que se referem a séries de eventos (não uma teoria sobre a Revolução Francesa, mas uma teoria sobre as "revoluções"; não uma teoria sobre o nazismo alemão ou sobre o fascismo italiano, mas uma teoria sobre o "totalitarismo"):

> Há tipos diversos de teorias: umas mais particularísticas e outras mais genéricas. Os historiadores podem fornecer uma teoria que diga respeito a determinado evento, a uma série de eventos, a um período, ao desenvolvimento de instituições segundo um entrecruzamento cultural e assim por diante (HELLER, 1993: 176).

Diremos mais. No limite máximo de generalização, os historiadores podem oferecer teorias acerca do que seja a própria Historiografia. O que é a História, como ela se constrói, quais as tarefas do historiador diante da produção desse tipo de conhecimento? Para que serve a História; que tipo de conhecimento é a Historiografia? É possível, ou desejável, que o historiador faça previsões do futuro a partir de suas observações do Passado? Que tipo de envolvimento – contemplativo, distanciado, comprometido, militante – deve ter o historiador em relação à história de sua própria época? Deve a Historiografia ser colocada a serviço de alguma causa, ou deve conservar o ideal de constituir um tipo de conhecimento desinteressado?

Perguntas como essas (cf. Quadro 9), p. 270, são respondidas de maneiras diferenciadas pelas várias teorias da história – no sentido um pouco mais abrangente da expressão – e terminam por constituir, na especificidade de suas respostas, paradigmas historiográficos distintos. Por exemplo, o paradigma positivista e o paradigma historicista encaminham teorias da história bem distintas. Um e outro podem ser contrapostos como modelos bem diversos de historiografia. Claro que, quando se fala em Positivismo e Historicismo, estamos considerando referencialmente dois modelos limites. Os historiadores específicos, no seu trabalho singular, não precisam se enquadrar diretamente em um ou outro desses paradigmas. Podem buscar mesmo mediações entre os dois, podem propor variações, podem responder algumas das perguntas acima propostas de uma maneira ou de outra. Não são obrigados, os historiadores, a seguirem uma cartilha paradigmática. Geralmente, há historiadores cuja visão de mundo sobre a história e sobre a historiografia permite que uns sejam aproximados de outros, e é isto o que vai dando origem a um determinado campo paradigmático. É evidente que, uma vez que os historiadores estão mergulhados na própria história, no decorrer de uma vida de atividades podem passar a se distanciar em suas posições fundamentais os historiadores que antes estavam inseridos, por afinidade, no interior de um mesmo campo paradigmático. Nesse caso, um historiador pode migrar ou colocar-se entre dois modelos historiográficos distintos, ou pode mesmo vir a construir uma nova teoria geral sobre a História[49]. É importante, de todo modo, que consideremos os grandes paradigmas historiográficos que abordaremos mais adiante como campos que fornecem modelos ou um determinado horizonte de visibilidade ou de escolhas, mas não como prisões teóricas às quais teriam de se ajustar necessariamente todos os historiadores.

Outro aspecto relevante a ressaltar é que, em termos de "teorias da história", não existe a princípio, conforme veremos ao fim deste capítulo, a possibilidade de se falar em algumas teorias ou paradigmas historiográficos que sejam consensualmente considerados definitivamente melhores do que outros. As teorias da história competem entre si, ratificam-se ou

---

49. Já que citamos a filósofa húngara Agnes Heller (n. 1.929), podemos lembrar que ela mesma começa sua produção filosófica como proeminente pensadora marxista, bem situada na linha de influência do teórico marxista Georg Lukács, e que depois migra para uma perspectiva liberal. Outro exemplo pode ser dado com o historiador italiano Benedetto Croce (1866-1952), que inicia sua produção historiográfica como marxista, e que depois migra para uma perspectiva francamente historicista combinada com as influências Hegeliana e Kantiana. Sobre Benedetto Croce, cf. Mack Smith, 1973.

retificam-se umas às outras, integram-se ou excluem-se mutuamente, apresentam leituras diferentes para os mesmos problemas e objetos historiográficos. As teorias da história não são cumulativas: uma não se constrói necessariamente sobre a outra, integrando-a ou refutando-a, como se tivéssemos aqui um processo cumulativo no qual os saberes vão se superpondo em um grande *crescendo* de precisão e refinamento teóricos. Se um historiador tiver por objetivo o desenvolvimento de uma nova teoria sobre os processos relacionados à Revolução Francesa, jamais poderá dizer que finalmente chegará com o seu trabalho à teoria correta e definitiva sobre essa questão. De igual maneira, ainda que defenda ferrenhamente o seu modo de conceber a historiografia de modo mais geral, um positivista jamais poderá dizer que refutou o Historicismo, ou vice-versa, e tampouco o Materialismo Histórico poderá ser colocado como a tábua de leitura definitiva para examinar os processos históricos. Podemos, como historiadores, optar pelo Positivismo, pelo Historicismo, pelo Materialismo Histórico, por combinações entre esses paradigmas, por mediações entre eles, por uma abordagem weberiana, ou por uma teoria eclética à base de elementos de procedências teóricas diversas. Mas isto será sempre uma opção teórica. Ainda que um historiador arrogue-se estar do lado da verdade em termos de escolhas teóricas, jamais haverá consenso sobre isto. A Teoria da História (agora entendida no sentido mais abrangente, que se confunde com um campo disciplinar) será sempre uma grande arena, um eterno campo de disputas e diálogos vários. Diante do amplo conjunto de teorias que se disponibilizam ao historiador, será sempre preciso escolher, pois não existem fórmulas consensuais com vistas a entender ou praticar a História. Em termos de Teoria, cada historiador está condenado a ser livre.

Trata-se esta de uma situação um pouco distinta daquela que ocorre, ou pelo menos ocorreu até tempos não muito remotos, com certos campos de conhecimento como a Química ou a Física[50]. Assim, durante os séculos XVIII e XIX – o que inclui, portanto. a própria época em que se consolidou o estatuto científico para as ciências históricas – havia vigorado de forma praticamente absoluta o paradigma newtoniano da Física[51]. As teorias que iam

---

50. O estudo clássico sobre a questão que estaremos evocando neste momento, e que funda de modo consistente o próprio conceito de "paradigma científico", foi realizado por Thomas Kuhn (1922-1996) ao longo de toda uma vida de estudos dedicada à História das Ciências. Para esse físico americano que se fez historiador da ciência, a "proliferação de versões de uma teoria" no campo das ciências da natureza constitui "um sintoma muito usual de uma crise", e não a situação habitual da "ciência normal" nesses campos científicos (KUHN, 2007: 98-99). A esse autor voltaremos oportunamente quando for a hora de melhor definir o conceito de "paradigma científico", e de postular ou não a sua aplicabilidade às ciências históricas.

51. As primeiras obras e descobertas de Isaac Newton (1643-1727) começam a se firmar nas últimas décadas do século XVII. Sua obra máxima, a *Philosophiae Naturalis Principia Mathematica*, que descreve a célebre "Lei da Gravitação Universal" (1666) e as "três leis de Newton", foi publicada em 1687 e, a partir daí, passou a constituir os fundamentos da Mecânica clássica. Mas antes disto, já em 1663, Newton havia formulado o inovador teorema que ficou conhecido como "Binômio de Newton" e, em 1665, já dera os passos para a constituição de uma teoria matemática que mais tarde daria origem ao Cálculo Diferencial e Integral. Em 1675, o cientista inglês enunciaria a teoria corpuscular da propagação da luz, antes de se dedicar à sistemática elaboração de sua obra definitiva, a já mencionada *Filosofia Natural* (1687). Depois, segue produzindo obras paradigmáticas e, em 1704, escreveu sua obra mais importante no campo da Ótica, a *Optiks*. Em 1707, publicou por fim a sua *Aritmetica Universalis*, que se tornaria igualmente basilar para a ciência subsequente. Todo esse conjunto de realizações torna-se paradigmático para as gerações de cientistas que o seguiriam, e que passariam a se empenhar em aperfeiçoar e expandir as realizações de Newton para um campo maior de aplicações.

sendo construídas dentro desse campo de conhecimento costumavam se apoiar muito habitualmente umas nas outras, dando a ideia de ampliação de um determinado horizonte de leitura da realidade no qual as descobertas e formulações teóricas feitas no passado tornavam-se bases para novas formulações no presente e no futuro. Esse período correspondeu, pode-se dizer, a uma vasta época da história das ciências exatas que foi fortemente assinalada por um paradigma consensual entre os físicos de diversas especialidades e interesses de estudo. Havia também, é claro, aportes teóricos que, no processo de reflexão e pesquisa dos físicos ao longo da história de seu campo de conhecimento, viam-se descartados definitivamente, terminando por ocorrer, ao final de um processo não isento de verdadeiras lutas intelectuais, certo consenso de todos os físicos acerca do desenvolvimento cumulativo de seu campo de conhecimento. Isto se dava de tal maneira que se costumava considerar os mais significativos avanços nesse processo aparentemente "progressivo" e "acumulativo" de conhecimento como verdadeiras "descobertas" – aqui entendidas como realizações que pareciam passar a constituir uma conquista definitiva para os físicos[52]. Esse padrão só começou a ser quebrado no início do século XX, com a emergência de novos paradigmas da Física,

---

52. A expressão "descoberta" deve ser confrontada, obviamente, com a noção de "construção".

tais como a Teoria da Relatividade e a Física Quântica[53], que, a rigor, trouxeram modos inéditos de "ver o mundo" que se distanciavam bem claramente do horizonte de leitura proposto pelo paradigma newtoniano que vigorara durante dois séculos.

Pode-se dizer que a principal novidade, neste novo momento da história do conhecimento científico que foi trazido pela história da Física no século XX, é que, na mesma época e sem refutarem necessariamente uns aos outros, passaram a coexistir diversos paradigmas teóricos sobre a Física que começaram a se disponibilizar com a mesma eficácia e reconhecimento aos cientistas. Nesse momento, que começa a se afirmar na passagem do século XIX para o XX e nas primeiras décadas deste novo século, pode-se dizer que a Física, enquanto campo de saber específico, começou a experimentar de novo algo que já era bem familiar e constante para os historiadores e cientistas sociais: a convivência, em uma mesma época, de teorias distintas (e igualmente legítimas) que forneciam padrões diferentes de visualização dos fenômenos a serem estudados.

---

53. A hipótese de Planck, de que toda a energia é irradiada e absorvida na forma de elementos discretos chamados *quanta*, data de 1900. Mas as consequências mais notáveis da nova Mecânica Quântica se afirmariam nas décadas posteriores. Já a *Teoria da Relatividade Restrita*, de Albert Einstein, foi publicada em 1905, e com ela o físico alemão iria substituir os conceitos independentes de espaço e tempo, que eram inerentes à Teoria de Newton, pela ideia de "espaço-tempo" como uma entidade geométrica, o que foi decisivo para a instituição de um novo paradigma. Com relação a uma profética percepção de que mesmo o campo disciplinar da Física inclui dentro de si "interpretações", podemos remeter ao aforismo 14 de Friedrich Nietzsche em *Além do bem e do mal*, um livro publicado em 1886: "Há talvez cinco ou seis cérebros que começam a perceber que a física também não passa de uma interpretação e de uma adaptação subjetivas do mundo (à nossa imagem, se me permitem), e que de modo algum fornece uma explicação do universo" (NIETZSCHE, 1006: 19).

Os físicos passaram a se defrontar, a partir da Teoria da Relatividade proposta por Einstein e dos desenvolvimentos da Física Quântica, afora outras diversas teorias, com o fato de que várias teorias podem ser apresentadas todas como corretas dentro de um certo campo de saber, embora fornecendo leituras bem diversificadas – ou mesmo antagônicas entre si – acerca da realidade examinada[54]. Essa polifonia de "leituras da realidade", que invade o campo das ciências da natureza no século XX, já era corriqueira no âmbito das ciências sociais, e, ainda que seja um pouco mais discreta e menos ressonante no mundo dos saberes exatos do que no mundo dos saberes sociais, reforçaria progressivamente a ideia de que o conhecimento é uma "construção", não se reduzin-

---

54. Na verdade, conforme veremos na última parte deste capítulo, Thomas Kuhn postula, em sua leitura sobre o desenvolvimento histórico dos paradigmas científicos, que os vários campos do saber começam via de regra com um grande período de concorrência ou de caos paradigmático, no qual várias visões de mundo diferenciadas convivem sem conseguir se impor consensualmente à comunidade de estudiosos daquele campo de estudos (2007: 35). Quando um campo de estudos amadurece, por assim dizer, passa-se dessa pré-história de confusão de paradigmas a uma fase em que a comunidade científica tende a se orientar por um paradigma único. Mas isto não impede que um paradigma, quando se torna ineficaz, entre em "crise" e passe a sofrer a concorrência de outro (ou de outros), até que seja derrubado pelo paradigma mais eficiente no sentido de responder às novas perguntas de um novo tempo. Esse momento é, segundo Kuhn, o de uma "revolução científica", aquele em que irá se instaurar um novo paradigma dominante, em ruptura com o anterior, e que passará a atrair para si o consenso da comunidade de estudiosos daquele campo de conhecimento (2007: 160). Essa maneira de compreender a história de um campo científico, embora bastante eficaz para a compreensão de muitas das "ciências da natureza", dificilmente pode ser aplicada à História, campo de saber no qual sempre foi familiar, e provavelmente sempre será, a concorrência de paradigmas distintos sem que um suplante o outro, bem como a convivência de múltiplas e diversificadas teorias e interpretações acerca dos mesmos processos históricos. A essas questões voltaremos oportunamente. Sobre "comunidade científica", cf. Hagstrom, 1965.

do mais ao desvendamento de algo que já se encontra dado pela natureza à espera de ser simplesmente "descoberto"[55].

De outra parte, no âmbito da historiografia, a tendência a considerar o conhecimento como uma construção sempre esteve pelo menos implícita na prática dos historiadores, a despeito das assertivas positivistas que ainda sonhavam com a objetividade absoluta. De todo modo, a competição entre teorias historiográficas já era antiga, seja no que se refere a teorias particularizantes sobre aspectos históricos específicos – como a Revolução Francesa ou a passagem do mundo medieval ao mundo moderno – seja no que se refere a teorias mais gerais sobre a própria História (sobre a história processual como um todo ou sobre os modos como se deve escrever a historiografia, por exemplo). Pensadores iluministas diversos ofereceram – com as suas várias filosofias da história – leituras diferenciadas daquilo que consideravam uma tendência da história universal; por seu turno, historiadores românticos do século XVIII e historicistas do século XIX criticaram precisamente esta ideia de que seja possível ou válido escrever uma história universal, pertinente a todos os povos; já os positivistas do século XIX reinvestiram na busca de leis gerais – e, entre eles, havia

---

55. Em certo trecho de *Le rationalisme appliqué* (1949), o filósofo e epistemólogo Gaston Bachelard (1884-1962) assim discorre sobre "a novidade da ciência contemporânea", compreendida como aquela que se inicia com o século XX: "teremos que demonstrar que aquilo que o homem faz em uma técnica científica [...] não existe na natureza e não é sequer uma continuação natural dos fenômenos naturais" (BACHELARD, 1949: 101-102). Em outra passagem, Bachelard também se refere à perda da noção de unidade mínima para o caso das ciências naturais: "No fim do século passado, acreditava-se ainda no caráter empiricamente unificado do novo conhecimento do real. Era mesmo uma conclusão na qual se reconciliavam as filosofias mais hostis. [...] Mas eis que a Física contemporânea nos traz mensagens de um mundo desconhecido" (1949: 15).

aqueles que alternativamente acreditavam que o desenvolvimento histórico era orientado pelo determinismo geográfico, pelo determinismo biológico, ou pelo determinismo econômico. Hegel introduziria, na primeira metade do século XIX, uma leitura dialética da História, de base idealista, e Marx retomaria de Hegel a proposta dialética para recolocar uma leitura materialista da História. No século XX, historiadores como Braudel (1958) teorizariam sobre os padrões múltiplos de temporalidade, introduzindo o conceito de "duração" nos modos historiográficos de abordar o tempo. No âmbito dos desenvolvimentos contemporâneos do Materialismo Histórico, infinitas variações teóricas seriam propostas pelos historiadores que tomaram como linha mestra de orientação os princípios estabelecidos por Marx e Engels no século anterior. De modo diverso, historiadores como Toynbee (1934) ou Spengler (1918) iriam propor uma visão de mundo sobre a "história das civilizações" que as abordava em termos de "nascimento", "ascensão" e "declínio". E, na esteira da visão estética da História que foi proposta por Friedrich Nietzsche (1873), Benedetto Croce (1909) e Robin George Collingwood (1946) aproximariam da Arte a Historiografia[56], por

---

56. As possibilidades de relacionar História e Arte, já no contexto de um mundo regido pela Teoria da História, remontam a Nietzsche, conforme poderemos acompanhar nos comentários de Hayden White (2000: 68): "Esta objetividade [a do historiador] não era nem a do cientista nem a do juiz de tribunal, mas a do artista, mais especificamente a do dramaturgo. A tarefa do historiador era pensar dramaturgicamente, vale dizer, "pensar uma coisa junto com a outra e tecer os elementos num todo singular, na presunção de que a unidade do plano deve ser posta nos objetos ainda se não estiver aí". Nietzsche se confessava capaz de imaginar "um tipo de escrita histórica que não tinha nada do fato comum e, não obstante, poderia exigir ser chamada de objetiva no mais alto grau" [passagens internas: NIETZSCHE. *Dos usos e desvantagens da História para a vida*, 1874].

oposição a inúmeros outros historiadores que viam seu campo de conhecimento como relacionado a uma Ciência, ou, ao menos, a um tipo de conhecimento cientificamente conduzido (FEBVRE, 1953). A Teoria da História, enfim, nunca deixou de multiplicar as suas alternativas internas. Uma grande quantidade de modos de ver a história sempre esteve disponibilizada aos diversos historiadores no decurso da história da historiografia, de modo que uma miríade de possibilidades teóricas sempre fez parte do repertório do historiador. Abordar a Teoria da História, por isso mesmo, sempre foi adentrar um campo de diálogos, de disputas, de inovações permanentes[57].

2 O papel da Teoria da História na formação do historiador, ontem e hoje: algumas palavras

O papel da Teoria da História na formação do historiador, como se deve ter percebido, é fundamental, e convém ainda considerar que há também uma história envolvida no crescimento da valorização da Teoria pelos historiadores. O crescente descrédito da história exclusivamente narrativa, em favor de uma história analítica, reflexiva, problematizadora – o que se acentua notadamente a partir do século XX – contribuiu

---

57. O oceano de alternativas teóricas não deve ser visto como dificuldade ou limitação, mas antes como riqueza. Guardemos uma observação de Paul Feyerabend em seu livro *Contra o método* (1975): "a proliferação de teorias é benéfica para a ciência, ao passo que a uniformidade lhe debilita o poder crítico. A uniformidade, além disso, ameaça o livre desenvolvimento do indivíduo" (FEYERABEND, 1989: 45).

certamente para que a Teoria ocupasse cada vez mais um lugar privilegiado na História elaborada pelos historiadores profissionais. Se a Historiografia se constrói com Teoria e Método, se a Historiografia é, nos dias de hoje, vista como vinculada a "problemas" – e já vão longe os tempos em que se podia simplesmente propor ou escrever uma história meramente narrativa ou descritiva – é a Teoria o que dará um lastro essencial ao historiador em formação, de modo a que ele construa uma História realmente problematizada.

Seignobos, no apagar das luzes do século XIX, havia formulado uma frase que ficou célebre: "Sem documento não há História". Lucien Febvre, no contexto que presidiria a consolidação da Escola dos *Annales* na França, iria contrapor a esta frase uma outra: "Sem problema não há história"[58]. Febvre estava alvejando, com esse dito, uma historiografia que considerava factual, meramente descritiva, fetichizadora do documento e do fato histórico, sempre tratado como algo dado previamente e que caberia ao historiador apenas desvelar. A perspectiva de Febvre era a de que a História deveria sempre ser reconstruída a partir do Presente de acordo com um problema e orientada pela formulação de hipóteses.

---

58. A notória frase de Seignobos e Langlois, um jargão que ainda hoje é evocado eventualmente, foi registrada em 1898 no manual escrito por esses dois historiadores da Escola Metódica (*Introdução aos estudos históricos*). A frase de Lucien Febvre – um dos fundadores do movimento que ficaria conhecido como Escola dos *Annales* (Parte V) – expressa uma ideia que aparece algumas vezes nos seus contundentes ensaios contidos no livro *Combates pela História* (1953). Vale lembrar ainda, conforme veremos oportunamente, que o manual de Seignobos e Langlois, que teve grande repercussão em sua época, seria depois enfaticamente criticado pelo próprio Lucien Febvre, e também por Marc Bloch.

Tratava-se, segundo o próprio termo por ele cunhado, de elaborar uma "História-Problema".

O "documento", ou a "fonte histórica", como se diz hoje mais habitualmente, está certamente na base do Método historiográfico. Sem fontes históricas, não há caminho possível para que um historiador atinja uma determinada realidade ou processo histórico que pretenda examinar, ou, tampouco, não surge a possibilidade de reformular uma certa visão do Passado em função de questões levantadas no Presente. Na base do Método historiográfico, encontra-se obviamente a fonte histórica, material do qual deverá partir o historiador.

O "problema", por outro lado, está na base do que pode ser referido a uma Teoria da História, a uma certa maneira de "ver" a historiografia de maneira geral ou a um certo modo de conceber certo processo histórico especificamente. Quando um determinado problema é formulado pelo historiador, quando ele propõe certas hipóteses, quando ele instrumentaliza certos conceitos, reconstrói-se a história de uma nova maneira. A "Teoria", então, torna-se fundamental para que surja uma historiografia problematizada, correspondente à época e ao contexto em que foi produzida, capaz de sucessivas reformulações.

Teoria e Método, em vista disso, são os dois alicerces do trabalho historiográfico. "Problemas" e "fontes" são imprescindíveis para uma historiografia que proponha a apresentar realmente um maior interesse científico. Desta maneira, é fundamental uma atenção especial aos modos de tratamento das fontes historiográficas, mas, sobretudo, às concepções e horizontes teóricos que podem orientar e reorientar a operação historiográfica. A Teoria, ao lado do Método, estará sempre na ordem do dia para uma historiografia que postule algum padrão de cientificidade ou de sistematização.

3 Teorias da história e filosofias da história

Será importante retomarmos, a partir daqui, a discussão acerca da própria historicidade da Teoria da História. Quando surge, mais precisamente na história do pensamento ocidental e na história da historiografia em particular, um campo que já pode ser definido como Teoria da História? Perguntar isso, aliás, leva concomitantemente a outra pergunta ainda mais importante, que já nos permite abordar a passagem da especulação puramente filosófica para a análise sistematicamente epistemológica: que condições tornam possível a Teoria da História?

Conforme foi ressaltado anteriormente, devemos desde já reconhecer que a ideia de uma Teoria da História está intimamente relacionada ao surgimento das pretensões de cientificidade da História, seja naqueles autores que definem a História como Ciência – e teremos aqui um extenso arco que partirá dos primeiros historicistas e positivistas e que segue adiante pelo mundo contemporâneo – até outros que, se não definem a história como "ciência", ao menos entendem a história como um conhecimento cientificamente produzido[59]. Também existirão autores que, mesmo rejeitando o estatuto de cientificidade

---

59. Essa posição pode ser representada por Lucien Febvre, em *Combates pela História* (1953).

da história, não deixam de transitar em uma reflexão sobre a Teoria da História, pelo simples fato de que já se permitem fazer a pergunta epistemológica fundamental: aquela que indaga sobre as condições que tornam possível o conhecimento historiográfico. É o caso, por exemplo, do Paul Veyne de *Como se escreve a História* (1971)[60]. Pode-se mesmo encontrar autores que, embora concebam a historiografia como uma forma de arte, nem por isso deixarão de abordar uma sistemática reflexão sobre o que consideram ser uma Teoria da História[61]. De qualquer modo, de uma maneira ou de outra, o contexto de cientificidade que se abre para as ciências humanas na passagem do século XVIII para o século XIX pode de fato ser considerado um momento fundamental para a emergência da Teoria da História.

Lembraremos um indício inicial que atesta bem essa transição do pensamento historiográfico para uma nova fase

---

60. Em *Como se escreve a História* (1971), Veyne rejeita a ideia de cientificidade da História. Já no ensaio "A História conceitual", escrito para a coletânea da *Nouvelle Histoire* organizada por Pierre Nora e Jacques Le Goff em 1974 – *Faire de l'histoire* – ele irá admitir que a história possui "núcleos de cientificidade" (1988: 64). Veyne considera, nesse caso, a ideia de que a História pode até mesmo ser cientificamente conduzida – caracterizando-se por ser teórica, lógica, abstrata – mas que não se constitui aqui uma ciência propriamente dita. O historiador-romanista parece nesse texto reencontrar-se com Lucien Febvre que, duas décadas antes, já havia definido o estatuto epistemológico da historiografia em termos de um "conhecimento cientificamente produzido" (1953). Por fim, profere uma aula inaugural em 1976 para o College de France intitulada *O inventário das diferenças*. Nesse novo momento, Paul Veyne já não parece insistir muito na não cientificidade da História. Para ele, a historiografia será o "Inventário Conceitual" das diferenças humanas – o campo de saber que buscará individualizar os exemplos trazidos pela história efetiva através das operações conceituais empreendidas pelos historiadores.

61. Aqui, a referência mais significativa estará em algumas das obras de Benedetto Croce (*Teoria e historiografia*, 1917), mas também em Collingwood (*A ideia de História*, 1946).

em que já se torna possível falar em uma Teoria da História. No século XVIII, o verbete de Voltaire para a *Enciclopédia* ainda classificava a História essencialmente como um gênero literário[62]. O verbete "História", elaborado pelo filósofo francês, abre-se sintomaticamente com a frase de que "a história é a narração dos fatos verdadeiros, ao contrário da fábula, que é narração dos fatos fictícios". Se prosseguirmos em sua leitura veremos que, em nenhum momento do verbete, Voltaire expressa-se em termos de "cientificidade" para se referir à História, e tampouco se propõe a discorrer em torno de questões teóricas, embora fale, ainda que de modo pouco sistemático, do "método dos historiadores". A "história útil" também será, conforme a concepção antiga, aquela "que nos mostra nossos direitos e deveres" (VOLTAIRE, 2006: 272)[63].

---

62. Voltaire nasceu e morreu em Paris, em 1694 e 1778, tendo conhecido tanto o cárcere (1717) como períodos de exílio em vista de seu espírito polemista e satírico que não poupou mesmo o Rei Luís XV, monarca absoluto que precede o período revolucionário francês. Foi um dos maiores nomes do Iluminismo, reconhecido em seu próprio século, e produziu obras em diversas modalidades literárias e campos de conhecimento, desde tragédias e romances até gêneros ensaísticos, inclusive a História e a Filosofia da História. Sua correspondência, de qualidade literária, é também vasta. Entre as obras históricas destacam-se *História de Charles XII* (1730), *O século de Luís XIV* (1751), o *Ensaio sobre os costumes e o espírito das nações* (1756) e a *História do Império da Rússia* (1759), além de verbetes para o *Dicionário Filosófico* (1764). Foi também quem cunhou a expressão "filosofia da história", prenunciando um gênero literário-historiográfico que já discutiremos.

63. Vale lembrar que o Voltaire historiador não deixou de criticar veementemente a "história antiquária" e a "história laudatória", tão comuns em sua época. Algumas de suas mordazes críticas podem ser encontradas no "Prefácio histórico e crítico" para os 2 vols. de sua *História do Império da Rússia sob Pedro o Grande* (1759, 1762). Sobre essa questão, cf. Lopes, 2001: 27. Para outros aspectos do pensamento historiográfico de Voltaire, ver as demais obras de Marco Antônio Lopes (2000, 2001 e 2003), bem como o "Prefácio" de Pomeau para a edição francesa dos textos de Voltaire classificados como *Oeuvres historiques* (1957).

De qualquer maneira, a época já nos mostra o contraponto do filólogo alemão Chladenius (1710-1759), digno de ser apontado como sintoma desses tempos de transição, que já começa por referenciar sua obra de 1752 nos termos de uma *Ciência da História*[64]. Mas, enfim, começaremos a assistir, da metade do século XVIII em diante, à emergência de "filosofias da história" como a de Kant ou Herder, esse novo gênero literário-filosófico que, em 1830, culminará com a "filosofia da história" de Hegel, o que já constitui um desenvolvimento importante. Mas será apenas com a afirmação de uma pretensão à cientificidade historiográfica e com a delimitação de uma nova especialização centrada na figura do historiador – o que incorrerá na concomitante formação de uma "comunidade de historiadores" que já se deixa entrever na

---

64. De certo modo, Johann Martin Chladenius – filólogo alemão nascido em Wittenberg em 1710, e que se tornou autor de inúmeros textos relacionados à Teologia, à História, à Filosofia e à Pedagogia – já antecipa em diversas de suas obras o posicionamento relativista que dentro de algumas décadas iria ser adotado pela Escola Histórica Alemã, proporcionando a formação desse novo paradigma da historiografia científica que seria o do historicismo. Reinhart Koselleck destaca a seguinte passagem, na qual o filólogo alemão já reconhece a relatividade de toda experiência: "Há uma razão pela qual conhecemos algo dessa maneira e não de outra. Trata-se do ponto de vista a partir do qual se contempla a mesma coisa. [...] Desse conceito decorre que aqueles que contemplam algo a partir de diferentes pontos de vista devam necessariamente construir representações diferentes deste objeto" (apud KOSELLECK, 2006: 169). A partir de Chladenius, já começamos a assistir, cada vez mais, na Alemanha, à ocorrência de uma consciência progressivamente mais intensa acerca da relatividade dos pontos de vista históricos. Autores alemães da segunda metade do século XVIII – tais como Thomas Abbt (1766), Gatterer (1768), J.G. Büsch (1775) e mesmo o célebre filósofo Goethe – emitiram todos, em algum momento, comentários sobre a relatividade dos pontos de vista que se estabelecem sobre a história e a partir da História (cf. KOSELLECK, 2006: 286-287). Essa posição, que será a do paradigma historicista, será analisada no segundo volume desta obra. Com relação a Chladenius, poderão ser examinados os posicionamentos essenciais desse filólogo alemão setecentista, particularmente acerca da interpretação textual, em Chladenius, 2010 e 1988. Para um estudo, situando-o em uma longa tradição que se inicia, cf. Escudier, 2003.

passagem do século XVIII para o século XIX – que se estabelecerão efetivamente as condições epistemológicas para que sejam trazidas para o centro da discussão historiográfica as questões teóricas, ao lado das questões metodológicas.

Emerge nesse momento um campo que já se pode pensar efetivamente como uma Teoria da História, e surgem também aquelas primeiras correntes de pensamento que já poderemos qualificar não mais no âmbito das "filosofias da história" – em geral realizações individuais empreendidas por filósofos –, mas sim no âmbito das "teorias da história", espaços de reflexão coletiva que já mobilizam e dividem a comunidade de historiadores em torno de reflexões como as relacionadas ao tipo de conhecimento científico que a História estaria apta a produzir: se, por exemplo, um conhecimento relacionado a uma cientificidade ideográfica (voltada para o singular) ou nomotética (isto é, relativa ao estabelecimento de leis). Multiplicam-se as questões que indagam pelo tipo de relação que se pode estabelecer entre o sujeito de produção do conhecimento histórico e o seu objeto de estudo; surge a preocupação com a fixação de um vocabulário comum, ou mesmo de um novo âmbito conceitual – seja no que se refere à teoria da história no sentido mais amplo, como base de toda a matriz disciplinar da história, seja no âmbito mais localizado de cada Teoria da História em particular. Por fim, no interior dessa efervescente discussão teórico-metodológica, começam a se formar paradigmas historiográficos, a principiar pelo historicismo e pelo positivismo, logo seguidos pelo materialismo histórico. É nesse novo contexto que se tornará legítimo se falar, mais propriamente, em uma Teoria da História.

O caráter das teorias da história como espaços *coletivos* de reflexão acerca da História, acima citado, é, aliás, um aspecto importante. A "filosofia da história" de Kant é só de Kant, e aquela outra é a "filosofia da história" de Voltaire ou de Hegel – isto é, realizações pessoais desses filósofos. Não foram espaços coletivos de reflexão "fundados" por estes autores, e que depois passam a pertencer a amplos setores da comunidade de historiadores, tal como ocorrerá com as "teorias da história". A "filosofia da história" de um certo filósofo, via de regra, esgota-se nele mesmo. O mesmo não ocorre com as "teorias da história". O Historicismo não pertence a Ranke, e o Positivismo pode ter sido fundado por Comte ou por outro autor, mas, ato contínuo, torna-se espaço de reflexão que é partilhado por muitos que passam a se autodenominar ou a serem considerados, em sua própria época ou na posteridade, como positivistas e historicistas. Mesmo o Materialismo Histórico, fundado por Marx e Engels, não pertence a esses dois autores que lançam a proposta de seus fundamentos; ao contrário, será escrito a muitas e muitas mãos. As "teorias da história" são de fato espaços coletivos de reflexão[65].

---

65. Leopold von Ranke (1795-1886), a quem voltaremos outras vezes ao abordar o chamado "paradigma historicista" (vol. 2), foi o principal nome da historiografia alemã no século XIX, participando da fundação do historicismo com outros historiadores ligados à "Escola Alemã". Augusto Comte (1798-1857) é simultaneamente o fundador da Sociologia como campo de saber em bases científicas e, ao lado disso, do "paradigma positivista" para as ciências sociais e humanas (cf. nota 86), que logo produzirá também uma historiografia positivista. Karl Marx (1818-1883) e Friedrich Engels (1820-1895) são cofundadores do paradigma do Materialismo Histórico, que hoje afeta campos tão diversificados como a História, a Economia, a Sociologia, a Antropologia, a Geografia Humana, a Crítica Literária, a Filosofia e o Pensamento Político. A eles voltaremos com maior profundidade no cap. I do vol. 3 desta série.

Isso leva a um contraste entre a postura do "filósofo da história" e aquela que será a do historiador ou cientista social que se vincula a uma Teoria da História. Com o seu texto e o seu discurso, o Filósofo da História proclama: "esta é a minha concepção acerca da história"; nela vejo este sentido, e não aquele. Em contrapartida, a Teoria da História é ainda mais do que uma concepção pessoal de um homem de letras: o historiador ou pensador que a formula agrega ao seu pensamento, muito frequentemente, um certo programa de ação que oferece à comunidade de historiadores; ou, o que vem a ser análogo, ele adere a um programa de ação que já existe, eventualmente aperfeiçoando-o ou acertando as arestas de um paradigma. Em poucas palavras, o pensador que formula, adere ou acrescenta algo a uma Teoria da História, insere-se de imediato em uma comunidade de historiadores, notadamente em um certo setor dessa comunidade historiográfica, ou ao menos dialoga com essa comunidade constituída pelo conjunto de historiadores, no caso de não ser um historiador "profissional"[66].

---

66. A situação é distinta em relação aos filósofos da história, ao menos naquele período de maior projeção das "filosofias da história" que foi o Iluminismo. Analisando Voltaire, Marcos Antônio Lopes escreve estas palavras sobre o isolamento intelectual (e historiográfico) do filósofo francês: "Voltaire esteve só; não pertenceu a nada que se assemelhe a um "partido dos intelectuais" em nossa sociedade contemporânea (LOPES, 2001: 80). É também a opinião de Franco Venturi, também citado por Marcos Lopes, sobre os intelectuais iluministas de modo geral (VENTURI, 1971: 24-29).

É por isto que um filósofo como Paul Ricoeur[67], que escreve nas últimas décadas do século XX sobre a história e sobre o fazer historiográfico, não está mais elaborando com seus textos uma "filosofia da história" no sentido que a expressão tem desde os filósofos iluministas, e sim se inscrevendo em uma Teoria da História específica, no caso o novo historicismo. As suas reflexões no âmbito da História da Filosofia são de fato dedicadas à comunidade dos historiadores, pretendem afetar ou contribuir para as suas práticas, e é como uma contribuição teórica que são recebidas pelos historiadores. O teórico da história está sempre particularmente preocupado com a historiografia, com a escrita da História a ser levada a cabo pelos que a ela se dedicam, enquanto o "filósofo da história" muitas vezes está apenas ou principalmente preocupado de uma maneira muito específica com a história-processo: em decifrar o

---

67. Paul Ricoeur (1913-2005), filósofo francês, dedicou-se a uma significativa variedade de temas na Filosofia, mas a História e questões correlatas – tais como a memória e também a singularidade das Ciências Humanas face às Ciências da Natureza – sempre tiveram lugar especial no conjunto de suas reflexões filosóficas. Entre os livros dedicados mais diretamente à História contam-se *História e verdade* (1955), *Tempo e narrativa* (1982-1983), *História, memória e esquecimento* (1995), e ainda *Hermenêutica e Ciências Humanas* (1981). A centralidade da Hermenêutica em seu pensamento, seu posicionamento frente à singularidade das Ciências Humanas por oposição às Ciências da Natureza, e sua nova releitura do caráter narrativo da História, apelando nesse caso para uma ressignificação da noção de "evento narrativo", situam-no na fileira dos filósofos historicistas. Além de ter marcado posição contra o anti-historicismo de alguns historiadores dos *Annales* ligados à História Estrutural, Ricoeur também rechaça a postura de certos autores da historiografia pós-moderna, tais como Hayden White (1973), que buscam aproximar ou mesmo confundir História e ficção.

seu sentido ou, como Hegel[68], descobrir o propósito que se esconde por trás da história – ainda que Hegel, certamente por influência de um contexto no qual, por volta de 1830, já se mostrasse claramente estabelecida a nova comunidade dos historiadores profissionais, tenha se dedicado a discutir logo à saída de seu ensaio "os três modos de escrever a história" (HEGEL, 2001: 45-52)[69]. Outrossim, logo em seguida

---

68. Friedrich Hegel, filósofo alemão nascido em Stuttgart em 1770 e falecido em Berlim em 1831, constrói uma vasta obra filosófica que pode ser considerada o ponto alto do Idealismo alemão no século XIX. Leciona na Universidade de Jena entre 1801 e 1806, ano em que publica uma de suas principais obras – a *Fenomenologia do espírito*. Publica a *Ciência da Lógica* entre 1812 e 1816, ano em que ocupará uma cátedra na Universidade de Heidelberg. Em 1818 torna-se professor de filosofia da Universidade de Berlim, aí permanecendo até sua morte em 1831, sendo ao longo de todo esse período que publica a *Enciclopédia das Ciências Filosóficas* (1817-1830), além de *Elementos da Filosofia do Direito* (1817-1830). A influência do pensamento de Hegel no século XIX foi incontestável, à direita e à esquerda, e da chamada "esquerda hegeliana" sairiam mais tarde pensadores como Max Stirner, Feuerbach e Karl Marx. Algumas obras de Hegel – entre as quais as ligadas à "filosofia da história", que estarão nos interessando mais diretamente – foram publicadas postumamente. Sobre Hegel, cf. Pinkard, 2000; Rockmore, 1993; Marcuse, 2004.

69. Assim mesmo, Hegel não reconhece essa comunidade de historiadores que começa a normatizar o método crítico como o filão central do fazer histórico, apesar de considerar o seu predomínio na Alemanha de sua época. A "história refletida" no "modo crítico" é para ele apenas uma das diversas maneiras de fazer a história, e não a que ele mesmo postula (uma "história filosófica"): "O terceiro modo de história refletida é o crítico: ele deve ser mencionado porque é especialmente desse modo que a história é tratada na Alemanha atualmente. Não é a história em si, como abordamos aqui, mas uma história da história, um julgamento das narrativas históricas e uma investigação de sua verdade e credibilidade. O que essa empresa tem, e deve ter, de extraordinário, está não na coisa em si, mas na perspicácia com que o autor extrai algo dessas narrativas. Os franceses produziram inúmeras dessas obras, sólidas e refletidas. Entretanto, eles mesmos não quiseram apresentar tal método crítico como histórico, mas formularam seus juízos sob a forma de dissertações críticas. Na Alemanha, a chamada crítica superior apoderou-se da filologia em geral, bem como dos livros de história. Essa pretensa crítica superior acabou por conferir um caráter de vaidosa fantasia a todos os tipos de produtos sem valor histórico" (HEGEL, 2008: 15-16).

o filósofo alemão já revela os seus principais interesses e dedica-se a desdobrar, na "Introdução" de seu meticuloso ensaio, as suas reflexões sobre "a Razão como base da História" (p. 53ss.)[70].

O contraste entre o "pensar sobre a História" empreendido por Paul Ricoeur, e o "pensar sobre a história" levado a cabo por Kant ou Hegel, todos eles filósofos, mas com perspectivas e objetivos bem diferenciados, pode contribuir para trazer bastante esclarecimento às questões de que estamos tratando. O primeiro (Ricoeur) concentra o principal de suas atenções na História (forma específica de conhecimento produzido pelos historiadores), e os outros dois (Kant ou Hegel) deslocam o principal de suas reflexões para a história (processo vivido ou a ser vivido pelos homens em geral). Ricoeur, pode-se dizer, é um filósofo que está pensando "teoricamente" sobre a História, e no interior deste grande ramo da Filosofia que é a "Filosofia da História" (um ramo da Filosofia que é análogo a outros como a "Filosofia do Direito" ou à "Filosofia da Ciência")[71]. Mas Kant e Hegel são filósofos que estão pensando *filosoficamente* sobre a história (neste caso sobre o "objeto" história, e não sobre a disciplina "História"), e nesta operação estarão produzindo "filosofias

---

70. O texto que serve de "Introdução Geral" à *Filosofia da História* de Hegel ficou conhecido como "A Razão na História". Tem sido publicado também à parte, já contando com edição em português (HEGEL, 2001).

71. Entre autores vários que se dedicaram ao estudo específico da "Filosofia da História", nessa acepção mais ampla, podemos citar, para além de Paul Ricoeur (1982-1985; 2000) e de toda a escola hermenêutica do historicismo (Dilthey, Rickert e outros), também os nomes de Raymond Aron (1969) e W.H. Walsh (1968).

da história" específicas, que assinalam suas perspectivas ou expectativas pessoais acerca do sentido da história. Há que se entender a diferença radical entre a expressão "Filosofia da História", quando é utilizada para denominar um ramo específico da Filosofia e que também constitui uma disciplina universitária, e a "filosofia da história" substantiva, produzida especulativamente por este ou por aquele filósofo. Grafaremos a primeira modalidade – a "Filosofia da História" compreendida como um ramo da Filosofia, e comprometida com uma análise crítica do conhecimento histórico – com iniciais "maiúsculas"; e a segunda modalidade, que corresponde às realizações pessoais de filósofos que especularam sobre o sentido da história, com "letras minúsculas"[72].

A maneira como a comunidade de historiadores recebe uma obra de "filosofia da história" ou uma realização que contribui para a Teoria da História é também diferenciada. Paul Ricoeur, filósofo historicista que acima mencionamos, tem seus trabalhos discutidos e incorporados ao *metier* do historiador. De fato, não é possível nos dias de hoje falar

---

72. Um dos primeiros autores a refletir mais sistematicamente sobre tipos de sentido que podem ser atribuídos à expressão "filosofia da história" foi W.H. Walsh. Em sua *Introdução à Filosofia da História* (1951), Walsh discute dois modos distintos de "filosofar sobre a história": contrapõe a "filosofia substantiva da história" (especulativa em relação à história vivida ou a ser vivida pelos homens), e a "filosofia *crítica* da história", analítica e voltada para as formas de conhecimento que podem ser produzidas pela História (a historiografia). Júlio Aróstegui, que retoma essa discussão em *Pesquisa histórica* (2006: 88-89), irá lembrar, além do próprio Walsh, os autores que mais tarde Raymond Aron (1969) situou no âmbito da "filosofia crítica da história", particularmente a linha de filósofos e sociólogos ligados à vertente mais avançada do historicismo alemão de fins do século XIX: Dilthey, Rickert, Simmel e Weber (voltaremos a estes autores no vol. 2 desta série).

sobre a Escrita da História sem discuti-lo em algum nível, tamanha é a penetração que a obra de Ricoeur tem entre os historiadores profissionais. Isso ocorre porque a "comunidade dos historiadores" recebeu o conjunto de obras sobre a história produzido por Ricoeur como uma teoria da história, ou como uma contribuição à Teoria da História. Em contrapartida, quando Hegel escreveu em 1830 os textos que depois constituiriam as suas *Lições sobre a Filosofia da História Universal* e, particularmente, quando essa obra foi publicada postumamente em 1837 a partir de suas anotações de aula, a comunidade de historiadores recebeu a sua *História Universal*, de modo geral, como o meticuloso trabalho de um "filósofo da história", e não como uma realização historiográfica, apesar da sua erudição. Ainda que a obra tenha sido festejada e que tenha motivado o surgimento de um novo gênero que foi o das "histórias universais", ela não teve a mesma penetração que os paradigmas nascentes do Positivismo e do Historicismo. Não foi assimilada como teoria pelo conjunto maior da Teoria da História, por assim dizer, continuando de fato a ser vista pelos historiadores como um interessante trabalho de filosofia e de erudição, ainda que em alguns historiadores profissionais, inseridos nos paradigmas positivista e historicista, possa ser detectada esta ou aquela forte influência hegeliana. Serão Marx e Engels, por outro lado, que irão resgatar da filosofia de Hegel um aspecto muito específico para a constituição do novo paradigma teórico-historiográfico que estavam fundando: a dialética. Mas a essa questão voltaremos oportunamente (vol. 3, cap. I).

Outro aspecto extremamente interessante a respeito desta nova era historiográfica que trará sucessivamente à tona as "filosofias da história" e as "teorias da história", enquanto espaços diferenciados de reflexão sobre a história, evidencia-se quando comparamos com o saber historiográfico algumas das diversas novas disciplinas que vão surgindo a partir dos séculos XVIII e XIX, tais como a Economia, a Antropologia, a Sociologia, ou a Ciência Política. Essas disciplinas nascem já com o concomitante soerguimento de um novo espaço teórico para cada uma delas. A Economia Política já nasce com uma Teoria da Economia Política, e a Sociologia começa a surgir no século XIX já como um espaço teórico de reflexão sobre a sociedade. Quanto à História, campo de expressão já milenar, inúmeras práticas e gêneros historiográficos já vinham sendo experimentados por pensadores e pesquisadores diversos. Por isso, pode-se dizer que, para a Historiografia incorporar uma dimensão científica – isto é, para constituir-se a partir de um espaço teórico – "precisou ser refundada" (WEHLING, 2006: 181). Diferentemente das novas disciplinas em formação no período moderno, a História tinha uma longa história, já milenar, na qual se vinha mostrando como espaço multidiversificado de possibilidades discursivas e abrindo-se a contínuas variações e transformações relativas à natureza do fazer histórico.

Um contraste como esse que se estabelece entre as "filosofias da história" e as "teorias da história" torna-se por isto mesmo um fenômeno muito específico da historiografia, que praticamente não tem paralelo nas novas disciplinas acima citadas. Não há uma "filosofia da antropologia"[73], por oposição à Teoria da Antropologia[74]. Assim como a Economia já nasce como reflexão teórica, no contexto de uma cientificização dos saberes sociais, também a Antropologia já nasce como um novo âmbito teórico (como uma nova forma – "teórica" – de olhar para o mundo humano). Mas com a História – enquanto campo de expressão e espaço de produção de um conhecimento específico – ocorrerá essa singularidade que fará contrastar as "filosofias da

---

73. Deve-se considerar, todavia, a possibilidade de se expressar em termos de uma "Filosofia da Cultura", sendo este o título de livros como o de J. Mosterin, 1993, ainda que não fique clara a diferença entre isto e uma Teoria da Cultura, que é o título, entre outros autores, de uma obra de San Martín Sala, 1999.

74. Existe sim, é verdade, a possibilidade de se pensar um campo disciplinar abrangente que se pode definir como uma "Filosofia das Ciências Sociais". Mas este seria o equivalente da já mencionada significação de "Filosofia da História" como campo disciplinar, ou como modalidade da Filosofia (que, aliás, também apresenta como outras de suas modalidades a "Filosofia da Ciência", a "Filosofia do Direito", ou mesmo a "Filosofia da Economia"). Quanto à acepção mais restrita de "filosofias da história", já não haveria propriamente um paralelo para outras ciências humanas. Por outro lado, Hegel também escreveu os seus *Princípios de Filosofia do Direito* (1820), um pouco antes de ministrar o curso que iria dar origem a sua *Filosofia da História* (1830). Mas devemos lembrar que o Direito participa dessa mesma característica da História de ser, entre as ciências humanas, uma das poucas formas de conhecimento ou práticas que já eram milenares (podemos acrescentar ainda a Geografia) (cf. WEHLING, 2006: 81). Como a História, o Direito se apresentou de outras maneiras no decurso da história do pensamento ocidental, e precisou ser refundado na mesma época em que se passou a postular ou enfatizar uma cientificidade para as ciências humanas. Não foi criado já como "disciplina científica" – como a Sociologia ou a Economia – e, dessa forma, teve também as suas "filosofias", inclusive no sentido especulativo, e não apenas disciplinar, em momentos anteriores. Com relação a obras que instituem um campo de reflexão disciplinar que pode ser tido como uma "Filosofia das Ciências Sociais", cf. os ensaios de Rudner, 1978; Ryan, 1973; Marcondes, 1991; Hollis, 1994. Cada um deles com esse mesmo título que se propõe a fundar um campo de reflexão específico.

história" e as "teorias da história", sem esquecer ainda que já tinham existido inúmeras outras formas de produzir um certo conhecimento sobre a história desde a Antiguidade. A Teoria da História é uma novidade que refundará a História – campo de expressão e saber muito antigo –, mas que não nasce com esse mesmo campo de saber. A História é, na verdade, milenarmente mais antiga do que a Ciência; mas será mais tarde refundada por essa mesma Ciência. E a Teoria da História é a cunha que irá ajudar a esculpir essa fratura, essa cisão entre uma História e suas outras. Já a teoria sociológica nasce com a Sociologia, e vice-versa. Uma coisa é inseparável da outra.

Por ora, retornemos ao contraste entre essas duas formas de pensar a História que são já tipicamente modernas. As "filosofias da história", enfim, guardam sua distância em relação às "teorias da história", conforme logo discutiremos em maior detalhe. Diga-se de passagem, devemos notar que a "era das filosofias da história" não é substituída totalmente pela "era das teorias da história", como se uma cancelasse definitivamente a outra. Conforme veremos oportunamente, houve um período em que as "filosofias da história" em seu apogeu – bem representadas por Kant e Herder – conviveram com as "teorias da história" em seu estágio nascente, e outro no qual uma das últimas grandes realizações em termos de "filosofias da história", que foi a filosofia da história de Hegel, conviveu com o Positivismo e o Historicismo enquanto "teorias da história" em fase de forte e decisiva consolidação, já com todo um futuro pela frente. De igual maneira, também as "filosofias da história" e as "teorias da história" conviveram ainda, em certo momento, com as reminiscências de um outro modo de pensar a história, mais antigo, que tivera os seus princípios com Santo Agostinho (354-430) e o seu apogeu no século XVII com as "histórias teológicas", estas que, à maneira de Bossuet (1627-1704), enxergavam o desenvolvimento histórico em termos de processos e acontecimentos guiados pela Providência Divina[75]. Para além disso, mesmo as "filosofias da história" ainda retornariam casualmente, com obras como as de Spengler e Toynbee, em plena época de amplo predomínio do discurso de cientificidade da História, já na primeira metade do século XX e além; e, de todo modo, as histórias teológicas nunca desapareceram propriamente enquanto gênero historiográfico específico, embora certamente tenham sido excluídas, a partir de certo momento, do horizonte de perspectivas dos historiadores profissionais. Se quisermos representar ao longo de uma linha do tempo essa intrincada polifonia de modos de ver a história, poderemos propor algo como o esquema apresentado no Quadro 3. E certamente deixamos ainda de fora outras possibilidades importantes e recorrentes de conceber a história – entre as quais aquelas geradas pela história

---

75. Bossuet, seguindo o padrão das histórias teológicas, dividia em "épocas" a História Universal, todas edificadas ou em torno de um grande acontecimento ou assinaladas pelo nome de figuras ilustres (nas primeiras épocas bíblicas): Adão, Noé, Abraão, Moisés, a Conquista de Troia, Salomão, Rômulo, Ciro, Cipião (derrota de Cartago), nascimento de Jesus, Constantino, Carlos Magno (estabelecimento de um novo império). Na parte III (cap. 8) de seu *Discurso sobre a História Universal* (1681), ele faz seguir essa descrição das eras pela afirmação de que "tudo depende das ordens secretas da Divina Providência" (BOSSUET, 1681).

antiquária, pela história filosófica ou pela história tradicional em estilo cronístico – em relação às quais não seria o caso de nos determos neste momento.

Será importante, por outro lado, entendermos com maior clareza o que é uma "filosofia da história", por contraposição ao que poderemos já entender como uma teoria da história. Isso nos ajudará, certamente, a trazer maior precisão a este último termo. As "filosofias da história" podem ser entendidas, na sua definição mais irredutível, como um gênero filosófico que produz uma reflexão ou especulação sobre a história. Mas a "história filosófica" – este flanar sobre a história com vistas a produzir reflexões filosóficas sobre questões de toda a ordem – vai encontrar esse mesmo gênero a meio caminho, de modo que, no fundo, a "Filosofia da História" termina por constituir um gênero híbrido, difícil de ser definido a não ser pela sua própria história enquanto gênero filosófico e pelas temáticas a ele afeitas[76]. Tentemos entender, antes de mais nada, a história deste gênero específico.

É no século XVIII que as filosofias da história começam a surgir como um gênero específico, com autores como Voltaire,

---

76. As ambiguidades remetem à própria época das filosofias da história. Hegel via a sua obra, hoje denominada e considerada como uma *Filosofia da História* (2008), como pertencente à categoria da "história filosófica" (que, na própria Introdução de sua obra, ele opõe à "história" tradicional de Heródoto e Tucídides, e também às várias espécies de "História Reflexiva" por ele enumeradas. A sua modalidade de história ou de "filosofia da história", por ele chamada de História Filosófica, teria como traços principais o alcance universal (uma história do mundo) e a busca idealista do sentido da história, que ele via como ligado ao Espírito: "Como Mercúrio é o guia das almas, a *ideia*, na verdade, é que conduz os povos e o mundo, e é o espírito, sua vontade mais racional e mais necessária, que dirigiu e dirige os acontecimentos mundiais. Nosso objetivo aqui é conhecê-lo nessa função [...]" (HEGEL, 2008: 16).

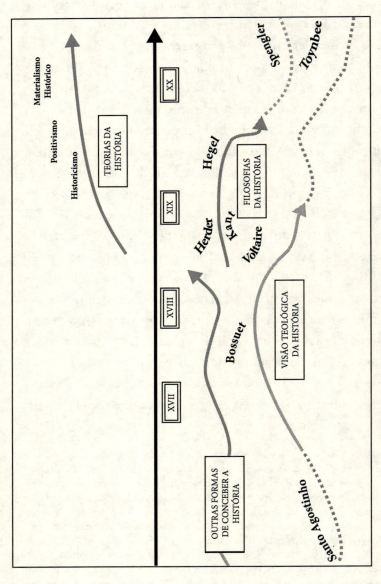

Quadro 3. A polifonia dos modos de conceber a História.
História teológica, filosofias da história e teorias da história.

Herder ou Kant[77], estendendo-se depois até Hegel. Posteriormente conhecem um certo declínio diante da emergência da historiografia científica e daquilo que já poderemos entender como "teorias da história". Mas nunca, propriamente, deixaram de existir, e no século XX teremos também novos exemplos. É importante deixar claro que estamos falando aqui de trabalhos que podem se classificar dentro do gênero literário "filosofias da história", e não da disciplina "Filosofia da História", que é um campo de pensamento específico da Filosofia. É análogo ao que ocorre com a Teoria da História – enquanto um campo específico no interior da historiografia – e com as teorias da história específicas, como o Positivismo, o Historicismo, o Materialismo Histórico e outras.

O que diferencia essencialmente as "filosofias da história" das "teorias da história", talvez como um traço mais proeminente, é a carga maior de especulação a que as primeiras se permitem, para além das suas preocupações temáticas bastante específicas, as quais já discutiremos. De algum modo, as duas

---

77. Há alguma polêmica a respeito de quando se iniciam as "filosofias da história", se no próprio século iluminista, com autores como Immanuel Kant, ou se bem antes, já com a concepção cristã de temporalidade que – ao propor um tempo linear e teleológico – rompe que a visão cíclica do tempo histórico que era trazida não apenas pela visão mítica como também por diversos autores antigos que acreditavam no desenvolvimento e retorno cíclico de formas de governo. Alguns autores remetem mesmo a Santo Agostinho (354-430), particularmente com a obra *A Cidade de Deus* (413-426), o ponto de partida das filosofias da História (cf. LÖWITH, 1958: 238). Outros situam o surgimento das filosofias da história como um acontecimento mesmo do século XVIII. Seguiremos essa perspectiva. De todo modo, a questão segue sendo polêmica, e podemos considerar os dizeres de W.H. Walsh: "O problema de quem terá inventado a filosofia da história é controverso: há argumentos que justificam a atribuição ao filósofo italiano Vico (1668-1744), embora sua obra tenha passado em grande parte despercebida em sua época, o que justifica remontar a um passado ainda mais distante, aos textos de Santo Agostinho, ou mesmo a certos trechos do Velho Testamento" (WALSH, 1978: 13).

coisas (temas e modo de especulação) estão ligadas. Filosofias da história como as dos filósofos alemães Kant e Hegel, ou como aquela que está implícita nas especulações sobre a história do matemático francês Condorcet (1743-1794)[78], mostravam-se todas profundamente preocupadas com a questão do "sentido da história", com a possibilidade de pensar o progresso humano no decurso da história, ou com a necessidade de entender a lógica imanente ao desenvolvimento histórico[79].

---

78. Condorcet viveu o período revolucionário francês, e a ele voltaremos posteriormente. Cf. Souza, 2001: 151-196. Quanto a Immanuel Kant, foi um dos mais importantes filósofos do período moderno, e viveu na cidade alemã de Königsberg, entre 1724 e 1804. Em 1781, aos 57 anos, publica a sua primeira obra-prima – a *Crítica da Razão Pura*. Daí se sucederão textos magistrais, como o artigo "O que é o Iluminismo" (1783), a *Crítica da Razão Prática* (1788), o tratado *Para a paz eterna* (1795), ou a *Antropologia do ponto de vista pragmático* (1798), entre outros tantos. A sua Filosofia da História, que estará nos interessando mais particularmente neste livro, aparece com *A ideia de uma história universal de um ponto de vista cosmopolita* (1784). Sobre Kant, cf. Martin, 1974; Lacroix, 1979. Para Hegel, cf. nota 68; cf. também Pinkard, 2000; Rockmore, 1993.

79. Isto distingue, por exemplo, as "filosofias da história" das concepções teológicas da história, que na Europa atingem seu auge no século XVII. Enquanto as "filosofias da história" buscam entender uma lógica subjacente ou imanente à própria história, as concepções teológicas concebem a história humana como interferida intermitentemente por Deus (ou pelos deuses). Na concepção teológica da história a Intervenção Divina, que não exclui os milagres, é o que, em última instância, dá um direcionamento à história, que se torna por isso "transcendente". Ao contrário, nas filosofias da história há sempre uma lógica imanente por trás do encaminhamento da história, mesmo que o filósofo atribua essa lógica a um propósito divino. É pensando nessa lógica imanente que Immanuel Kant, na 9ª Proposição de sua *Ideia de uma história universal de um ponto de vista cosmopolita*, assim se refere à Filosofia da História (*Weltgeschichte*): "[trata-se de] redigir uma história segundo uma ideia de como deveria ser o curso do mundo, se ele fosse adequado a certos fins racionais" (KANT, 2004: 19-22, 9ª proposição). É verdade que o filósofo alemão contra-argumenta que, a princípio, poderia parecer estranha a intenção de elaborar uma "história do mundo" segundo uma ideia de "como deveria ser o curso do mundo, se adequado a certos fins racionais". Contudo, afirma ser possível verificar que a Natureza tem procedido assim desde o início dos tempos, como se tivesse um plano e um propósito final, de modo que, decifrar esse plano e transformá-lo em fio condutor da narrativa histórica, a ele se mostra um projeto superior ao mero acúmulo historiográfico de fatos. É assim que Kant irá distinguir a "Filosofia da História", que equivale à "História do Mundo" (*Weltgeschichte*), da *Historie* tradicional.

Ao mesmo tempo em que eram filosoficamente especulativas, estas temáticas – o sentido da história, a sua lógica imanente, o progresso ou a decadência através da história – consistiam os focos essenciais para os quais costumavam se voltar as filosofias da história. Sobretudo, os filósofos da história não esgotavam seu trabalho, de modo algum, com os fenômenos históricos que tinham diante de si através dos registros e evidências que habitualmente dão suporte ao trabalho dos historiadores. O filósofo da história queria ir além, e enxergar mesmo o futuro, ou ao menos um determinado padrão necessário de evolução ou de desenvolvimento da história em direção ao futuro. Muitos especularam sobre o "fim da história". Haveria um estágio a ser atingido pela humanidade que mudaria totalmente o padrão de desenvolvimento humano, encerrando as grandes transformações e situando a humanidade no melhor dos mundos possíveis?[80] Haveria a possibilidade (ou a

---

80. Hegel chega a dar a perceber que o Estado Prussiano de 1820 seria este "melhor dos mundos possíveis" (para usar uma expressão de Leibniz) a que se teria chegado no decurso de uma série de transformações dialéticas, e de certo modo encara a sua própria realidade nacional sob a perspectiva de um "fim" [uma finalidade] da história (para uma discussão sobre o uso de termos "finalistas" em Hegel, cf. ANDERSON, 1992). Nessa tendência de concepção revelada por Hegel, desempenha um papel significativo a sua interpretação da Revolução Francesa. Conforme ressalta Herbert Marcuse, Hegel teria interpretado os desdobramentos da Revolução Francesa rumo ao Terror não como um acidente, mas como o resultado do fato de que o processo de emancipação do indivíduo naquele país havia sido conduzido "contra o Estado" e não "pelo" Estado. Para Hegel, "só o Estado pode emancipar" (cf. MARCUSE, 2004: 89). De todo modo, ao final de sua vida, Hegel já podia registrar sua opinião de que "estava agora estabelecida uma constituição em harmonia com a concepção de direito, na qual toda a futura legislação se basearia" (HEGEL. *Filosofia da História*). A respeito dessas passagens, cf. o ensaio de Perry Anderson: *O fim da História: de Hegel a Fukuyama* (1992: 36).

necessidade) de se atingir um dia uma condição humana "pós-história", na qual a regularidade aproximar-se-ia da "regularidade e da previsibilidade de um sistema natural", como pretendia o matemático e economista francês Antoine-Augustin Cournot (1801-1877) em sua originalíssima "Filosofia da História" (1861), na qual se confrontavam o "acaso" e a "necessidade"? (ANDERSON, 1992: 31 e 37). Outros, de um modo ou de outro, com menor ou maior dosagem de teleologia, queriam se ocupar de elaborar um discurso sobre o sentido necessário da história, o que segue sendo uma marca indelével das filosofias da história[81].

Apesar do amplo predomínio, nesse gênero textual, de filósofos ou de eruditos com maior amplitude de interesses temáticos, também historiadores desenvolveram eventualmente as suas próprias "filosofias da história". O que estaria fazendo o historiador inglês Arnold Toynbee (1889-1975) senão elaborar ele mesmo a sua própria "filosofia da história", ao introduzir nos seus estudos históricos profundamente eruditos uma forte especulação acerca de um pretenso padrão de desenvolvimento que afetaria todas as grandes civilizações sob a forma de um ciclo de "nascimento", "apogeu" e "declínio" comparável ao desenvolvimento dos seres

---

81. Vem dos próprios filósofos, aliás, essa distinção entre a História – enquanto disciplina ou âmbito de estudos voltado para o entendimento da história – e a *Weltgeschichte*, como a chamariam os alemães, aqui já se referindo a um "discurso sobre o sentido necessário da história". Kant já formula essa distinção na sua *Ideia de uma história universal de um ponto de vista cosmopolita* (1784). Hegel depois confirmaria essa distinção, ao escrever a sua própria *Introdução geral à Filosofia da História* (1831).

humanos individuais no que concerne às suas etapas de "infância", "maturidade" e "velhice"?[82]

Se as "filosofias da história" se permitem a este voo especulativo, ele acha-se muito mais limitado nas chamadas "teorias da história"[83]. Há aqui uma indelével marca que, desde princípios do século XIX, parece começar a firmar as fronteiras entre

---

82. Arnold Toynbee (1889-1975) desenvolve seu *Estudo de História* em doze volumes (1934-1961), reagindo tanto aos horrores das guerras mundiais como à historiografia nacionalista tradicional. Acreditava que teria sido esse sentimento nacionalista o principal responsável pelos massacres expressos pela Primeira Grande Guerra, e a isto contrapunha a ideia de que não seria possível compreender a história universal – a única que valeria realmente a pena – nos quadros estreitos dos estados-nações. Estes, para ele, não seriam mais do que membros de um corpo bem maior, a Civilização, de modo que seria extremamente perniciosa a sua particularização em histórias isoladas – contrapartida teórica do recíproco digladiamento de que fora testemunha a Grande Guerra. Assim, para Toynbee, seria preciso sempre partir do todo – a História das Civilizações – para somente depois atingir as suas partes, representadas pelas histórias dos povos e nações. Ao mesmo tempo em que acompanha a ideia de um "ciclo vital" de cada civilização, já proposta por Spengler (1880-1936), a "filosofia da história" de Toynbee, se pudermos chamá-la assim, flutua sobre o pessimismo e a esperança, de modo que também encontraremos entre os textos do historiador inglês as seguintes palavras: "Creio na iminência de um mundo único, e creio que no século XXI a vida humana vai ser novamente uma unidade, em todos os aspectos e atividades. Creio que no campo da religião, o sectarismo vai ser subordinado ao ecumenismo; que no campo da política o nacionalismo vai ficar subordinado ao governo mundial; e que no campo do estudo dos assuntos humanos a especialização vai ser subordinada a uma visão abrangente". Sobre Toynbee, cf. Gonçalves, 2003: 404-412.

83. A questão em torno da presença ou não de maior dosagem de especulação constitui um ponto de tensão entre os novos historiadores do século XIX e os filósofos da história. Hegel, sintomaticamente, procura se prevenir, na sua *Filosofia da História*, contra a crítica que se opõe à especulação filosófica: "Abordando a história, ela [a filosofia] a trata como material, não a deixando integralmente como é, mas preparando-a para o pensamento, constituindo-a, por isso, como se diz, *a priori*. A história deve apenas considerar o que é e o que foi, acontecimentos e ações. A história é tanto mais verídica quanto mais se ativer ao dado. Dessa forma, a história parece estar em contradição com a atividade da filosofia, devendo ser aqui esclarecidas e refutadas essa contradição e a consequente acusação de especulação [...] " (HEGEL, 2008: 16-17).

os territórios que serão doravante habitados pela "tribo dos filósofos" e pela "tribo dos historiadores". As reflexões em torno do sentido da história universal, que foram desenvolvidas em 1830 por Hegel – este que pode ser considerado o último dos grandes filósofos da história, no sentido iluminista da expressão – constituem um espaço discursivo privilegiado para a percepção desse confronto entre as duas tribos. São os novos historiadores da Escola Alemã – "historiadores profissionais", como ele mesmo já os designa – que Hegel tem em vista quando registra as seguintes assertivas:

> Portanto o estudo da história universal [isto é, a modalidade que ele mesmo, Hegel, produziu] resultou e deve resultar em que nela tudo aconteceu racionalmente, que ela foi a marcha racional e necessária do espírito universal; espírito cuja natureza é sempre idêntica e que a explicita na existência universal. Tal deve ser, como dissemos, o resultado do estudo da história. A história, porém, devemos considerá-la como ela é: devemos proceder de forma histórica, empírica; ademais, não podemos permitir que os historiadores profissionais nos seduzam, pois estes, principalmente os alemães, que gozam de grande autoridade, fazem aquilo de que acusam os filósofos, ou seja, invenções *a priori* da história (HEGEL, 2008: 18)[84].

---

84. Mais adiante, continua Hegel: "mesmo o historiador normal e mediano, que de certa forma pretende e acredita manter-se compreensível e submisso ao fato, não age de modo passivo no seu pensar, recorrendo às suas categorias e encarando por meio destas os fatos; especialmente em tudo o que é científico, a razão não pode adormecer, devendo-se utilizar da reflexão" (HEGEL, 2008: 18).

Bem entendido, e à parte a querela entre historiadores profissionais e filósofos da história no século XIX, deve-se aceitar que o livre jogo conceitual que é próprio da ciência também faz parte do *metier* do historiador, e cada vez mais à medida que adentramos o século XX. Mas os historiadores ligados ao Positivismo, ao Historicismo ou ao Materialismo Histórico, ou a outros âmbitos teóricos, costumam conter razoavelmente o seu ímpeto especulativo ao aceitarem os atuais padrões de cientificidade da História que são definidos pela necessidade de amparar seus trabalhos nas fontes e nas evidências históricas. Não que a História já não lide aqui com especulações e conjecturas, seja em relação ao passado ou mesmo em relação ao futuro, mas a verdade é que essas instâncias especulativas e conjecturais não ocupam de modo algum o centro do cenário na historiografia regida pelas "teorias da história".

A teoria, nas "teorias da história", volta-se para a tentativa de explicar os fatos, processos, estruturas e sociedades que podem ser percebidas através das fontes, isto é, através da realidade histórica que pode funcionar como um referente real pelo historiador. Isso distingue, sobretudo, os dois campos – o das "teorias da história" e o das "filosofias da história". "Para onde caminha o mundo" (e *como* caminha ou continuará caminhando no futuro) é a pergunta essencial que paira sobre as "filosofias da história"; mas para os historiadores ela não ocupa, definitivamente, o centro do seu palco de preocupações no momento em que eles trabalham sobre suas fontes e refletem sobre as sociedades que surgem diante de si a partir de seu laborioso trabalho de pesquisa. Como funciona o

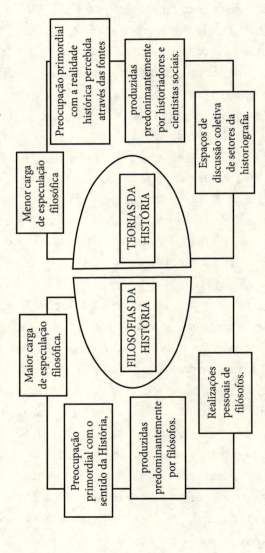

Figura 4. Contraste entre as filosofias da história e as teorias da história

mundo social, e como esse funcionamento se tem expressado na História através de uma realidade concreta que pode ser percebida através das fontes, esta sim seria a questão que logo se fortaleceria a partir da reflexão historiográfica já produzida sob o signo das "teorias da história".

Se o grau de densidade especulativa com que se trabalha pode funcionar como um bom índice para distinguir a Filosofia da História da "Teoria da História", isso não quer dizer que não possam surgir muitas ambiguidades quando se trata de definir se o trabalho de um determinado pensador está relacionado às "filosofias da história" ou às "teorias da história". Se pensarmos no magistral trabalho de pensamento sobre a história produzido por Karl Marx (1818-1883), por exemplo, poderemos nele perceber de alguma maneira tanto uma Teoria da História como uma Filosofia da História. Há um Marx "teórico da História" que elaborou um dos mais perfeitos sistemas para a compreensão da história – aquele que, sob a designação "Materialismo Histórico", busca entender a história simultaneamente sob a perspectiva da "luta de classes" e da sucessão dialética de modos de produção (ou de formações históricas), e que introduziu inúmeros conceitos que hoje constituem parte importantíssima do patrimônio teórico dos historiadores contemporâneos. Existe, é claro, o Marx "economista", que desenvolveu, em obras como *O Capital* (1867), alguns conceitos fundamentais para a compreensão do sistema capitalista, tal como o de "mais-valia" (e, para o Materialismo Histórico, ser "economista" implica ser concomitantemente "sociólogo" e historiador). Há ainda um Marx "historiador", no sentido mais específico do termo, que em algumas poucas obras como o *18 brumário* (1852) ou as *Lutas de classe na França* (1850), buscou aplicar os referenciais teóricos por ele coligidos, bem como a dupla perspectiva da "luta de classes" e dos "modos de produção", ao estudo de uma realidade histórica concreta, perceptível a partir de fontes de diversos tipos. Mas há também um Marx "filósofo da história" – embora o próprio Marx, em mais de uma oportunidade, tenha se referido pejorativamente aos "filósofos que interpretaram o mundo"[85]. Pois o que seria, senão uma "filosofia da história", as quase proféticas reflexões de Marx sobre a inexorável caminhada da humanidade rumo ao modo de produção socialista? Nesse momento de suas reflexões, Marx não está direcionando a teoria para a análise de uma realidade já conhecida, como o fez o Marx historiador, mas sim especulando sobre os rumos das sociedades humanas. O Marx "político", aliás, alia-se de alguma maneira ao Marx "filósofo da história" nesse projeto. Todas essas facetas do complexo pensamento de Marx (e de Engels) são de todo modo fascinantes. Posto isto, não há como não considerar o Materialismo Histórico, fundado por esses dois autores, como uma das mais importantes "teorias da história" já surgidas, conforme teremos oportunidade de verificar no vol. 3.

Exemplifiquemos agora com outra teoria da história – o Positivismo – que teremos oportunidade de examinar em maior detalhe no vol. 2. O Positivismo foi fundado no sé-

---

85. Nas *Teses sobre Feuerbach* (1845), iremos encontrar o notório dito de Karl Marx: "os filósofos interpretaram o mundo, cabe a nós transformá-lo".

culo XIX por Augusto Comte (1798-1857)[86], filósofo francês a cujo nome está associada a consolidação de toda uma nova maneira de enxergar as sociedades humanas e a história e, portanto, produzindo-se aqui uma Teoria da História muito específica, que logo foi abraçada por diversos historiadores profissionais[87]. Estes historiadores positivistas, tais como Henry Thomas Buckle (1821-1862), na sua ampla maioria estiveram voltados para a análise direta de fatos e processos históricos que podiam perceber através da documentação histórica, e aliás deram importantes contribuições à Metodologia da História no que concerne aos modos de trabalhar com

---

86. Augusto Comte nasceu em Montpellier, em 1798, e faleceu em Paris, em 1857. Além de ser tido por fundador da Sociologia como um campo específico de investigação e reflexão sobre as sociedades humanas, seu nome também está associado aos primeiros fundamentos do Positivismo, embora em uma versão muito específica, mas que não deixou de influenciar intelectuais ligados a vários campos de saber e, inclusive, a historiadores. O principal de seu pensamento está sistematizado no *Curso de Filosofia Positiva*, escrito entre 1830 e 1842, e no *Sistema de Política Positiva*, obra em quatro volumes que foi redigida entre 1851 e 1854. Seu conservadorismo social e político é explícito no *Apelo aos Conservadores* (1855). À sua formulação do Positivismo voltaremos no vol. 2. Sobre *Comte e sua Teoria Social*, cf. Kremer-Marietti, 1972. Para uma obra em que o próprio Comte tece suas reflexões sobre a História, cf. a "Sumária apreciação do conjunto do passado moderno", publicada com os *Opúsculos de Filosofia Social* (COMTE, 1820).

87. Comte, na verdade, inscreve sua visão teórica em um novo campo de estudos que chamou de "Sociologia", e por isso é indicado também como um dos fundadores desse novo campo disciplinar. Mas sua perspectiva teórica pode ser perfeitamente aplicada à história, como perceberam alguns historiadores já no século XIX. Vale lembrar que, por um caminho independente, Herbert Spencer acrescentaria à perspectiva do Positivismo o viés do "evolucionismo social", e isto mesmo dois anos antes de Darwin publicar a *Seleção natural das espécies* (1859). Em um artigo de 1857, intitulado "Progresso: sua lei e causa", Spencer indicaria a "evolução", referindo-se ao desenvolvimento do mais simples para o mais complexo, como a lei que regeria todos os fenômenos, fossem os fenômenos naturais ou sociais (SPENCER, 1857: 455).

essas fontes. Isso não impede, por outro lado, que o próprio Augusto Comte apresente em parte de seu sistema de reflexões o seu quinhão de "filosofia da história". Assim, se ele refletiu sistematicamente sobre a natureza das ciências humanas ou sobre a postura do sujeito de conhecimento diante do seu objeto de estudo – indagações eminentemente teóricas[88] –, por outro lado especulou também, quase profeticamente, sobre o desenvolvimento da humanidade, e também sobre a evolução dos campos de conhecimento, concebendo-os como que ligados a uma espécie de caminhada progressiva através de *três estágios*. Acreditava que o progresso dava-se de acordo com uma Grande Lei, exposta no seu *Curso de Filosofia Positiva* (1830-1842), segundo a qual "cada uma das nossas principais concepções e cada ramo dos nossos conhecimentos passam necessariamente por três estágios teóricos diferentes, o estado *teológico* ou fictício, o estado *metafísico* teórico ou abstrato e o estado científico ou positivo".

De acordo com a perspectiva comtiana, no "estágio teológico", os fenômenos seriam compreendidos como "produtos da ação direta e contínua de agentes sobrenaturais mais ou menos numerosos"; já no "estágio metafísico", passariam a ser explicados em função de "essências, ideias ou forças abstratas". Para retomar alguns exemplos de Comte, nessa modalidade de pensamento, os corpos se uniriam graças à "simpatia"; as plantas cresceriam em virtude da presença da "alma vegetativa", e o ópio, como ironizava Molière, seria capaz de produzir sono porque possuiria uma "virtu-

---

88. Veremos as respostas que o Positivismo dá a essas indagações no vol. 2, cap. I.

de soporífera". Mas seria somente no "estágio positivo", que Comte acreditava estar atingindo uma maior expressão precisamente a partir de seu próprio pensamento e da sociedade industrial na qual ele mesmo vivia, que "o espírito humano, reconhecendo a impossibilidade de obter conhecimentos absolutos, renuncia a perguntar-se qual é a sua origem, qual o destino do universo e quais as causas íntimas dos fenômenos, para procurar somente descobrir, com o uso bem combinado do raciocínio e da observação, as suas leis efetivas, isto é, as suas relações invariáveis de sucessão e semelhança". Chega a ser irônico, aliás, que Comte defina o estágio positivo como aquele que exclui totalmente a especulação em favor da prática científica e da observação da realidade observável, mas que rigorosamente falando não esteja mais do que, com a sua *Lei dos Três Estágios*, produzindo uma nova especulação sobre os destinos humanos e sobre o padrão de progresso da humanidade através da história. Comte, nesse momento, está produzindo uma "filosofia da história" como qualquer outra. Em contrapartida, e a despeito disto, o Positivismo (mas não a Teoria dos Três Estágios do Comte filósofo da história) pode ser certamente classificado como uma das teorias da história mais importantes entre aquelas que surgiram no século XIX, pois introduz uma certa maneira de "ver a história" que se mostra perfeitamente aplicável à "matriz disciplinar" (definiremos esse conceito mais adiante) que no século XIX passa a ser aceita pela comunidade dos historiadores profissionais.

É por causa desse tipo de ambiguidades e da razoável complexidade que constitui a obra de alguns dos grandes pensadores que refletiram sobre a História, que não raramente uns acabam por acusar os outros – mesmo que estes se proponham a realizar seus projetos estritamente no âmbito da Teoria da História – de serem no fundo filósofos da história. Devemos ainda considerar que, mesmo na época em que as "filosofias da história" ocuparam uma posição de destaque no âmbito do pensamento historiográfico ocidental, o que se deu na segunda metade do século XVIII, não faltam autores complexos e ambíguos no que se refere a suas concepções da história e às possibilidades de situá-los no quadro das alternativas vigentes. Voltaire, que cunhou a própria expressão "filosofia da história", constitui o exemplo maior de dificuldades nesse sentido. Ele oscila entre uma "filosofia da história" propriamente dita e um estilo pessoal de "história filosófica", no qual o erudito flana pelas sociedades e processos históricos, de modo a encetar suas reflexões gerais sobre o gênero humano e assuntos diversos, ou mesmo encaminhar uma crítica social em relação à sua própria época. Mas o ponto de ambiguidades que mais nos interessa em Voltaire é outro. Se as "filosofias da história" de Kant, Condorcet ou Hegel apresentam a característica comum de conceber o tempo como linear e progressivo – de resto uma maneira de conceber o tempo que é assimilável à ampla maioria das "filosofias da história" e que pode ser considerada uma novidade trazida pelo iluminismo setecentista (Figura 6) – já em algumas obras de Voltaire veremos a mescla desta temporalidade progressiva com um tempo cíclico que remete aos clássicos (Figura 5). Para Voltaire, o progresso da humanidade, embora de fato ocorra

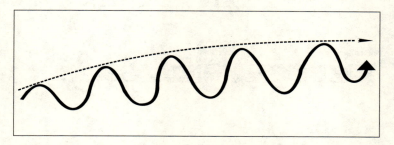

Figura 5. O tempo mesclado da Filosofia da História de Voltaire

em um arco mais abrangente, é entretecido por avanços e recuos – ou pela alternância entre épocas iluminadas e épocas de decadência – já que para o filósofo francês teriam ocorrido, até a sua época, apenas quatro grandes "épocas felizes" (a Grécia Clássica, o Império Romano, o Renascimento, e a França de Luís XIV). Esses magníficos períodos, em sua opinião, teriam sido sucedidos por épocas de profunda decadência e regressão, como que a perfazer um ciclo de nascimento, apogeu e morte. Mas, por outro lado, conforme assinala Goulemot em sua análise sobre a filosofia da história em Voltaire (1975: 464), cada época memorável não é apenas mero renascimento das outras épocas felizes que a precederam, como também "uma ultrapassagem", uma condução para um ponto mais alto:

Essa maneira de entender o tempo traz à filosofia da história de Voltaire uma singularidade que a contrapõe aos outros filósofos da história de sua época. Para estes, o tempo histórico afirma-se definitivamente como vetorial, contínuo, progressivo, passível de ser representado como uma seta que aponta para o futuro:

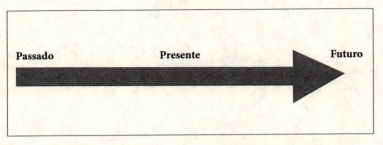

Figura 6. O tempo linear e progressivo das filosofias da história (de Kant a Hegel)

Ora. Eis aqui um importante aspecto em que a maior parte das "filosofias da história" do século XVIII irmana-se ao conjunto das "teorias da história" do século XIX. Em umas como nas outras, emerge vitoriosa esta nova concepção de tempo: vetorial, progressiva, voltada para o futuro[89], mais claramente delineadora destas instâncias temporais que são o Passado, o Presente e o Futuro, e mesmo de outros modos mais sofisticados de conceber a temporalidade histórica que hoje já são, de certo modo, tão

---

[89]. É importante ressaltar que, quando falamos em "tempo progressivo", não se impõe necessariamente a ideia de "progresso", ou pelo menos de progresso no sentido de "caminhada para o melhor". O progresso, ou o desenvolvimento progressivo, também pode ser entendido no sentido do "acumulativo". Se a ideia de "progresso" no sentido de desenvolvimento de condições humanas cada vez mais aprimoradas acompanha de fato o otimismo iluminista e seus desdobramentos no século XIX, iremos encontrar em um autor setecentista, Jean-Jacques Rousseau, a ideia de um tempo progressivo, mas que não leva necessariamente à melhoria geral. De fato, o tema de Rousseau é por excelência o "progresso da desigualdade". Ele antecipa, em um período banhado pelo otimismo neoclássico, o pessimismo de alguns setores do Romantismo oitocentista. Neste sentido, o *Discurso sobre a origem da desigualdade* (1750) é a sua construção mais lapidar. Sobre Rousseau, cf. Grimsley, 1977.

corriqueiros[90]. Desse novo modelo de tempo, ademais, pode-se dizer que ele não é mais, daqui por diante, algo que "acomoda" dentro de si a história (ou a imensa variedade de histórias locais e desconectadas); o tempo torna-se ele mesmo a própria história. Reinhart Koselleck (1923-2006), historiador dos conceitos que fez da própria história dos modos de apreender o tempo um de seus principais focos de estudo[91], sintetiza magistralmente esse novo momento da historiografia ocidental em que a história passa a ser entendida como uma "dimensão" da própria existência:

> Desde a segunda metade do século XVIII se acumulam indícios que apontam enfaticamente para o conceito de um novo tempo. O tempo passa a ser não apenas a forma em que todas as histórias se desenrolam, ele próprio adquire uma qualidade histórica. A história, então, passa a realizar-se não apenas no tempo,

---

90. Das arbitrárias divisões em "eras" definidas em torno de grandes acontecimentos ou indivíduos, tão comuns nas histórias teológicas (Bossuet e outros), passa-se a uma semântica temporal traspassada por novas unidades de sentido. Reinhart Koselleck chama atenção para a *Enciclopädie* de J.G. Büsch, que em 1775 "organizou a história, 'segundo o tempo', em história antiga, média e 'nova, até os nossos tempos, em cujo período ainda podemos distinguir a história contemporânea, compreendendo o tempo da última geração, ou deste século'". Assim, continua Koselleck, pode-se dizer que "a nova história não mais se referia apenas à história média ou antiga; ela adquiria uma independência temporal que veio a provocar diferenciações posteriores" (KOSELLECK, 2006: 280-281). A obra de J.G. Büsch mencionada por Koselleck é a *Enciclopédia das Ciências Históricas, Filosóficas e Matemáticas* (1775), que já traz em seu próprio título um interessante sintoma que anuncia a nova era das "teorias da história".

91. Reinhart Koselleck (1923-2006), historiador alemão ligado ao moderno Historicismo, escreve suas principais obras nas três últimas décadas do século XX, sendo o principal responsável pela consolidação de um novo campo histórico que foi o da "História dos Conceitos". O historiador alemão já havia despertado interesse na década de 1950 com sua tese de doutorado *Crítica e crise – um estudo acerca da patogênese do mundo burguês* (1954). Mas é com os trabalhos sobre história conceitual, que desenvolverá a partir das três últimas décadas do século XX – sobretudo os ensaios inseridos em *Futuro Passado: contribuição à semântica dos tempos históricos* (1979) –, que conquistará uma posição definitiva na história da historiografia recente. A ele voltaremos no vol. 4.

mas através do tempo. O tempo se dinamiza como uma força da própria história. Mas esta nova fórmula da experiência pressupõe também um novo conceito de história, a saber, a história como singular coletivo, que a partir de mais ou menos 1780 pode ser concebido como história em si, sem um objeto a ela coordenado ou um sujeito pré-ordenado (KOSELLECK, 2006: 283)[92].

---

92. Koselleck acrescenta que essa nova forma de sensibilidade com relação ao tempo faz-se acompanhar de "muitas outras expressões à disposição, expressões que conseguiram se impor nos decênios em torno de 1800, ou às quais estavam associados novos sentidos: revolução, progresso, desenvolvimento, crise, espírito do tempo – expressões que continham indicações temporais que, antes, nunca haviam existido dessa maneira" (KOSELLECK, 2006: 282). Por outro lado, convém considerar também o outro lado dessa nova moeda historiográfica. Podemos discutir uma nuance que faz contrastar o padrão de percepção histórica típico das "filosofias da história", dominante no século XVIII, e o padrão de percepção histórica que será predominante a partir do século XIX (embora sem eliminar o padrão anterior, que segue presente em algumas das "filosofias da história" mais tardias). A questão pode ser colocada nos termos que se seguem. (**1**) De um lado a História adquire, a partir do século XIX, a representação de um "singular coletivo", tal como indica Koselleck, e passa-se agora a se afirmar uma "História" em detrimento das antigas "histórias" desconectadas (em tempo, mesmo as histórias nacionais dos historicistas, ainda que dotadas de suas especificidades, fazem parte da História "singular-coletivo", estão a ela conectadas; pode-se lembrar como exemplo a contribuição de Ranke: se ele escreveu a sua *História da Prússia*, em 1849, havia antes escrito, em 1824, a sua *História dos povos latinos e teutônicos*). (**2**) De outro lado, ao mesmo tempo em que, no nível do discurso, desaparecem as "histórias" em favor da "História", esta "consciência de historicidade" que será tão típica a partir do século XIX – e que conduz ao entendimento de que "tudo é histórico" – abre a possibilidade de perceber um outro tipo de clivagem. Sob a aparência e o discurso do tempo único e da grande História, tudo também tem a sua temporalidade. Ainda é cedo para se pensar nas durações braudelianas e em outras formas de enxergar o mundo histórico como atravessado por diversas temporalidades. Mas a questão já começa a se colocar sutilmente. Michel Foucault fala sobre isto na parte final de *As palavras e as coisas* (1966): "Descobriu-se uma historicidade própria à natureza [...]; mais ainda, pôde-se mostrar que atividades tão singularmente humanas, como o trabalho ou a linguagem, detinham, em si mesmas, uma historicidade que não podia encontrar seu lugar na grande narrativa comum às coisas e aos homens" (FOUCAULT, 1999: 509). Tal como observa Foucault, já se percebe aqui uma "história da vida humana" (em cada um dos seus múltiplos aspectos), uma "história da linguagem", uma "história da economia" (desta última procurará dar conta a proposta de Marx, em meados do próprio século XIX). É ainda Foucault quem acrescentará em outro trecho de *As palavras e as coisas*: "Haveria pois, em um nível muito profundo, uma historicidade do homem que seria, por si mesma, sua própria história, mas também a dispersão radical que funda todas as outras" (FOUCAULT, 1999: 512).

Com relação ao novo formato do tempo, agora visto como fluxo contínuo, e não mais como compartimento que acomoda histórias, há mais a dizer. Se o tempo vetorial e progressivo não foi propriamente invenção das "filosofias da história" e das "teorias de história" – uma vez que as antigas concepções cristãs do tempo histórico já há muito se tinham contraposto ao "tempo cíclico" do mito e das concepções clássicas de alternância de épocas de grandeza e decadência – tratava-se agora de uma progressão não mais regida pelas instâncias divinas. As datas da Criação, da morte de Cristo e do juízo final já não serão mais, em umas como em outras, as grandes balizas da história e da progressão humana na direção do futuro. Ao passo dessa nova concepção acerca do tempo, diremos que, aqui como ali, seja com as "filosofias da história" do século XVIII ou com as "teorias da história" inauguradas no século XIX, pela primeira vez se vê a necessidade de formular mais claramente um forte compromisso em ligar diretamente o discurso histórico às reais condições de vida dos homens. Como estaremos distantes das crônicas medievais e das vidas de santos! De igual maneira, em que pese que sempre tenham existido historiadores de tipos diversos que se ocuparam efetivamente da realidade vivida ou produzida no mundo humano, a formulação desse compromisso, por uma coletividade de sábios – ou pelo que em breve já poderemos entender como uma "comunidade científica" dedicada a estudar as sociedades humanas – será a grande novidade.

A História, já com as "filosofias da história", mas principalmente com as "teorias da história", seculariza-se. Ao invés da perspectiva de transcendência que animara as histórias teológicas, doravante a História – uma única história, e não mais diversas e desconectadas "histórias" – deveria ser abordada sob a perspectiva da imanência. Vale dizer, o que ocorre aos homens é o que é produzido pelos próprios homens, mesmo que sujeitos às adversidades e às condições naturais. O movimento da história – condenado ao interminável exercício da criação e da liberdade – é agora de alçada e responsabilidade dos próprios seres humanos, ainda que muitos vejam nesse movimento uma lógica, ou mesmo leis que direcionam a ação humana sem que os próprios homens delas se apercebam[93]. Com tudo isso, a história adquire a possibilidade de ser pensada em uma direção que não mais reverte sobre si mesma: o tempo é seta que aponta para o futuro[94].

---

93. Essa possibilidade de enxergar ou não "leis" por trás das ações humanas, conforme veremos no vol. 2, abrirá espaço para uma disputa teórica entre positivistas e historicistas, já no contexto das "teorias da história".

94. Se esse tempo histórico que se impulsiona para a frente é ou não "teleológico" (isto é, destinado a atingir um fim que já se pode pensar de antemão) esta será uma segunda questão a ser discutida no interior da concepção do tempo que flui progressivamente. Muitas das "filosofias da história" extraem o essencial de si desta ideia de que a história caminha para um fim determinado. Kant, em *Conflito das faculdades* (1798), chega a discutir a possibilidade de uma "história *a priori*", capaz de ser escrita antes de acontecer, através do recurso a "juízos antecipatório-descritivos". Condorcet visualizava uma história em degraus, e estava convicto de que a sua própria época era já o penúltimo degrau. Já Voltaire, no *Ensaio sobre os costumes*, evitará conceber para a história um *telos* (fim) já pré-definido, embora não se furte ao interesse de decifrar o sentido da história. Por fim, Hegel chegará a conceber bem claramente a possibilidade de um "fim da história", uma vez que, para a sua *Filosofia da História*, "a história universal é o progresso na consciência da liberdade", e esse grau máximo de consciência da liberdade humana (portanto o "fim da história") estaria para ser atingido por um tipo especial de Estado, que lhe parecia se prenunciar com a própria monarquia prussiana de sua época (HEGEL, 2008: 25). Por outro lado, em clara contraposição a esse finalismo, já as "teorias da história" especulam em muito menor medida sobre esse *telos*, ou ao menos estará longe das pretensões de qualquer historiador escrever uma "história *a priori*". Assim mesmo, já vimos que o Materialismo Histórico (embora não necessariamente em todas as suas variações e encaminhamentos) pode comportar também a sua perspectiva teleológica, nos momentos em que pretende prefixar como ponto de chegada da história o "modo de produção socialista".

É verdade que, nas "filosofias da história", não está ainda inteiramente superada a ideia de forças transcendentes que, se não impulsionam ou intervêm aleatoriamente na história, ao menos orientam seus rumos. Na "filosofia da história" de Kant teremos um "plano secreto da Natureza", capaz de reaproveitar mesmo as ações mais egoístas dos indivíduos no seu projeto mais amplo destinado a impulsionar o caminho da humanidade na direção do "melhor" (KANT, 4ª proposição). Na de Hegel, ouviremos falar na "Astúcia da Razão". De qualquer maneira, em um como outro, assim como em Voltaire, o que teremos é mais um mecanismo lógico que se superpõe sobre a história humana do que um ente que a conduz arbitrariamente[95]. Para Hegel, por exemplo, "o Real é Racional, e o Racional é

---

95. A ideia de imanência da História não é incompatível com o deísmo. Pode-se dar o exemplo com Voltaire, que, ao contrário de alguns dos filósofos iluministas, era deísta (embora sempre um crítico contumaz em relação à corrupção da Igreja e à sua interferência no âmbito do conhecimento e da política laica). Mas o Deus de Voltaire não desce ao mundo para intervir na história, como vinha fazendo o de Bossuet (1627-1704) – teólogo francês que representa o ápice de uma história teológica que se inicia com Santo Agostinho. Para Voltaire, Deus criara o mundo, e o abandonara para se desenvolver conforme as leis do perfeito mecanismo que criara. Ele é responsável pelo "piparote inicial", conforme a metáfora empregada no *Dicionário Filosófico* (LOPES, 2001: 48). Conforme ressalta Marcos Antônio Lopes, "para Voltaire, não há relógio sem relojoeiro. Deus intervém claramente apenas uma vez, na figura de um artífice; a máquina em movimento andará com os artifícios de sua engrenagem. Deus é uma força transcendente segundo a ótica de Meaux, e está fora do mundo" (LOPES, 2001: 48). Conforme dirá Pomeau, o Deus de Voltaire é o mesmo deus de Newton, "manifestado pela harmonia das esferas" (1994: 42), mas, para o filósofo francês, não seria sequer possível ao homem "ler na sucessão dos eventos os desígnios providenciais" (1994: 62). Deus não desce ao mundo da história para interferir espetacularmente através de milagres, e nem mesmo se ocupa de dar a perceber os seus desígnios através da História. Sobre todas essas questões, cf. Lopes (2002: 45-48).

Real"[96]. A realidade não está separada da lógica que a conduz, e tampouco a lógica se separa da realidade que a produz[97].

De um modo ou outro, o advento de um novo quadro de concepções a respeito do "tempo" será decisivo para a gestação de uma nova era historiográfica que já mostra seus sinais desde meados do século XVIII. Com a perspectiva de um tempo vetorial – seta para o futuro – o historiador logo passará a encontrar uma das condições que o permitirão trazer o projeto de cientificidade para a própria História. A possibilidade de conceber a

---

96. A frase, cunhada por Hegel, aparece no prefácio da obra *Princípios da Filosofia do Direito* (1821). Aplicada à relação entre Natureza e Razão, encontraremos no segundo volume da *Enciclopédia das Ciências Filosóficas* (1830) um trecho igualmente significativo: "em cada degrau da própria natureza, a ideia está presente; alienada da ideia, a natureza é apenas o cadáver do entendimento" (HEGEL, 1997: 27). Por fim, também na Introdução à *Filosofia da História* veremos um trecho que esclarece ainda mais essa identidade entre Real e Razão, de acordo com a filosofia de Hegel: "A Razão é soberana do mundo [...] A história do mundo, portanto, apresenta-se a nós como um processo racional. [...] Tal razão – e este termo pode nos ser suficiente, sem investigar a relação sustentada pelo universo ao Ser Divino – é Substância, bem como Poder Infinito; sua própria infinitude material fundamenta toda vida material e espiritual que este origina, assim como a Forma Infinita, que estabelece a matéria em movimento. A razão é substância do universo". Conforme se vê, a identidade entre Razão e Realidade tem seu paralelo e desdobramento na identidade entre Espírito e História, tal como se pode ler nesta frase lapidar que também está na *Filosofia da História* (post, 1837): "E, como a semente carrega em si toda a natureza da árvore, o sabor e a forma dos frutos, assim os primeiros traços do espírito já contêm também, virtualmente, toda a história" (HEGEL, 2008: 24).

97. Os "filósofos da história" empenharam-se de diversos modos em explicar como as ações egoístas dos homens são incorporadas ao "plano da natureza", como diria Kant. Vale também lembrar que, com algum pioneirismo, já veremos em Giambattista Vico (1668-1744) a ideia de que as ações humanas – ainda que rudes, obscuras, egoístas – resultam em algo maior ou melhor. Há já aqui uma sutil transição do providencialismo típico das histórias teológicas para a lógica imanente ao conjunto das ações humanas. A "Providência Divina", em Vico, é o que assegura uma racionalidade ao arco mais amplo da história, estabelecendo conexões e encaminhando o conjunto das ações humanas para certas direções das quais os indivíduos não se apercebem. De alguma maneira, em Vico, a "Providência Divina" desempenha uma função análoga à da "Astúcia da Razão", em Hegel, ou à do "Plano da Natureza", em Kant. Para uma introdução a Vico, cf. Burke, 1997.

história não mais como algo que retorna sobre o mesmo, mas sim como algo que se abre para o novo, para a descoberta, para o que não se repete – e que, ainda que novo e irrepetível, pode ser estudado com teoria e método – é o primeiro indício de uma nova era historiográfica, de que algo havia mudado na face do mundo dos historiadores. O tempo progressivo – seja este linear ou multilinear, mas certamente não mais aquele "tempo redondo" e "redundante" da história cíclica – viria a constituir precisamente esse novo modelo de tempo que se adaptou tão bem aos novos interesses da história científica.

Esse tempo vetorial que aponta para o futuro, diga-se de passagem, não se identifica necessariamente com o tempo de "fluência uniforme" que propunha Newton (embora também inclua esta possibilidade). O tempo vetorial admite acelerações e desacelerações, bem como admite que, de dentro dele, surjam olhares e sensações distintas a respeito das três instâncias temporais (Passado, Presente e Futuro). Nos momentos mais dramáticos e decisivos do Iluminismo revolucionário do final do século XVIII não seria incomum a sensação de que já se estava prestes a viver no "futuro". Na primeira metade do século XIX, homens como Humboldt, Schlegel e Arndt já se surpreendem com esse tempo que parece ter se acelerado e que agora "avança a galope", para utilizar uma expressão proferida por Ernst Moritz Arndt (1769-1860) em seu ensaio "O Espírito do Tempo" (ARNDT, 1806: 55). Desse modo, a nova percepção do tempo como "vetorial" não implica obrigatoriamente sua identificação com um "fluir homogêneo" – com um ritmo constante e sempre o mesmo – do mesmo modo que a "sensibilidade vetorial do tempo" não impede a percepção da multiplicidade das durações.

Foi certamente decisiva, para a preparação do ambiente que ofereceria condições para uma completa refundação da História, a dimensão vetorial do novo padrão de representação do tempo – seja no caso em que essa dimensão vetorial se apresentou como mera expressão do "tempo linear" das filosofias da história, que arrastavam de roldão a humanidade e a natureza em um único movimento para o futuro, seja no caso de alguns setores da nova historiografia profissional, que já deixavam antever por debaixo dessa mesma aparência de linearidade, de resto sempre cultuada, e já em um nível arqueológico mais profundo, um novo tipo de descontinuidades que se referia à multiplicidade dos "tempos de cada coisa" – tais como o tempo de uma linguagem, de uma produção, de um modo de vida (ver FOUCAULT, 1999: 513).

Linear ou multilinear, mas sempre "vetorial", trata-se aqui, de fato, de um tempo que se impulsiona irreversivelmente em direção ao novo, e que, já liberto da tutela divina, permitiu que a História finalmente se liberasse de certas funções que antes pareciam aderir imperativamente ao principal de sua razão de ser. A História – a *necessidade* da História – já não poderia encontrar mais, entre as suas justificativas, aquelas tradicionais funções que antes eram evocadas como a própria razão de ser da produção do conhecimento histórico, a exemplo da antiga função de "mestra da vida", que era tão comum à concepção dos clássicos e renascentistas, ou a exemplo da função de registrar os desígnios de Deus no decurso da realidade vivida com vistas a uma preparação para o juízo final, tal como ocorria com a "história teológica". O novo historiador profissional, a partir do século XIX, já não se dispõe mais a ser um "auxiliar", nem para a educação política, nem para a preparação teológica. Se a Teoria pode ser entendida como uma forma de conhecer o mundo que institui o "saber pelo saber" e que tem por objeto "o ser das coisas" (KUJAWSKI, 2002: 101), também a História (historiografia), para se ressignificar como um tipo de conhecimento científico que incorpora uma dimensão teórica, deveria ter como centro de suas atenções a própria história, como um conhecimento digno de ser apreendido em virtude do seu próprio valor intrínseco (o "saber pelo saber") e tendo em vista a compreensão do que há de humano no mundo humano ("o ser das coisas")[98].

---

98. Em diversos dos autores anteriores, que tomaram a seu cargo a tarefa de escrever histórias, torna-se evidente este atrelamento da escrita da História a uma função que a torna essencialmente um material de apoio para objetivos externos. Maquiavel (1469-1527), que também concebia a história sob uma perspectiva cíclica, iria buscar no passado ensinamentos para a atuação política no seu mundo presente; ao escrever a sua *História de Florença* (1520) o faz, mais do que como historiador, como pensador político que lança mão dos fatos históricos para sustentar suas ideias (2003: 19), inclusive descurando, eventualmente, da precisão das referências, o que de todo modo não se colocava na época com a mesma exigência que a comprovação de informações teria na era das "teorias da história". O mito da "fundação de Roma", por exemplo, é incorporado em sua narrativa sem distinção em relação aos fatos históricos que podem ser comprovados (ESCOREL, 1979: 73). Ainda sobre a perspectiva de uma "mestra da vida", podemos continuar acompanhando os rumos posteriores da historiografia e chegar ao século XVII de historiadores como Bossuet, cuja perspectiva didática da História pode ser ilustrada pelos seguintes dizeres do padre Le Moyne: "A História é uma narração contínua das coisas verdadeiras, grandes e públicas, escrita com engenho, eloquência e discernimento, para instrução dos particulares e dos príncipes e para o bem da sociedade civil" (cf. HAZARD, 1971: 35). Ao lado disto, não desapareceria no mundo das "teorias da história" o uso político da História – o que é, aliás, um traço bastante característico do século XIX, através da assimilação dos historicistas aos interesses nacionais. Mas há certamente uma clara mudança no discurso sobre a História. Aliada à política ou aos interesses nacionais, ela não é mais "auxiliar" da Política. A História conflui para a Política como ciência independente. Entra em acordo com o mundo político, e desse mundo se beneficiam muitos historiadores profissionais sob a forma de salários e rendimentos. Mas em nenhum momento eles deixarão de se enxergar como uma comunidade científica específica, com as suas próprias regras, e devotada ao interesse de estudar a história pela história. Este, ao menos, será o seu discurso, e o que os aproxima das demais ciências.

O tempo vetorial, dotado de perpétua "fluência" e de incontornável "imanência", funcionou, portanto, como um sopro libertador que prepara o clima intelectual para o surgimento de uma Teoria da História. A princípio linear, mas também já admitindo implicitamente a "polifonia de temporalidades" que ficaria mais clara a partir das diversas modalidades históricas do século XX, esse tempo vetorial e fluente ainda poderia adquirir novas formas no futuro, mas sem nunca perder a sua natureza vetorial, a sua irrefreável fluência e o seu caráter imanente. Poderia esse tempo adquirir novos formatos, se apresentar sob a forma de ondas ou se espiralar na direção do futuro. Tempos viriam em que também a repetição passaria a constituir um novo foco de estudos para a história científica – possibilidade que seria bem representada por certos setores do movimento dos *Annales* no século XX –, mas neste momento em que se gesta a Teoria da História no início do século XIX, a ideia de irreversibilidade do tempo será simultaneamente uma conquista e um desafio para o novo tipo de historiografia[99].

---

99. Há outra nuance importante, é preciso notar, entre as concepções progressivas de tempo das "filosofias da história" iluministas e as das "teorias da história" que se consolidam após o Período da Restauração. No breve momento de otimismo revolucionário dos iluministas e da Revolução Francesa, muitos se viram já no "futuro", ou às suas portas. No século XIX das "teorias da história", passa a predominar uma nova atitude com relação ao "futuro", agora visto como uma permanente surpresa. Reinhart Koselleck, que estudou esse novo padrão de sensibilidade e também uma nova sensação de "aceleração do tempo" que desde então é recorrente em eruditos e historiadores, anota textos diversos que, desde o princípio do século XIX, começam a falar recorrentemente da "surpresa do futuro" e da "aceleração do tempo". Wilhelm von Humboldt, Arndt (1807), Schlegel (1828), Gervinus (1853), são apenas alguns dos maiores nomes que expressaram essa sensação do tempo como eterna transição, cada vez mais acelerada e sempre prenhe do novo e do imprevisível (KOSELLECK, 2006: 288-290). Como se vê, a sensação de progressiva aceleração do tempo não se inaugura no século XX, conforme frequentemente se pensa, mas no próprio século XIX. Desde então, a especulação sobre o futuro como algo que pode ser previsto sai da pauta para os historiadores, e já não será característica das "teorias da história".

Significativo indício de que estavam finalmente se gestando as condições para uma história científica, já o dissemos, é a própria emergência do historiador profissional, e isto já permite que se realize a transição das "filosofias da história" do século XVIII para as "teorias da história" do século XIX. Se as "filosofias da história" eram frequentemente elaboradas por sábios e eruditos iluministas, as "teorias da história" já pertencerão aos historiadores profissionais, preocupados em se especializar em um novo tipo de conhecimento – uma História refundada a partir de um novo padrão de cientificidade. O historiador profissional, especialista, começa concomitantemente a formar a sua própria comunidade científica – como a dos físicos, químicos, botânicos ou qualquer outro tipo de especialista. Esse aspecto, veremos mais adiante, será fundamental para a constituição de uma "matriz disciplinar" específica da História e para o surgimento dos primeiros paradigmas historiográficos.

Outro indício particularmente importante desse novo momento, no século XIX, em que os historiadores passam a se ver como uma comunidade específica, e também como grupo de especialistas que se posicionam em diálogos recíprocos prontos a se agrupar em determinadas redes conforme seus posicionamentos teórico-metodológicos, é a emergência do gênero "historiográfico" por excelência: obras nas quais os historiadores discorrem sobre a própria historiografia e sobre as correntes históricas de sua época. Esse "olhar sobre si mesmo", que apenas conhecera exemplos isolados nos séculos anteriores (Luciano de Samósata, 165 d.C.; Voss, 1623; Mably, 1775 e 1783), é condição fundamental para a consolidação da Teoria da História como um subcampo disciplinar da História, e associa-se também à ideia de que qualquer obra historiográfica deve ser submetida à crítica da própria "comunidade dos historiadores". Com esse gênero, a História entra em sintonia com uma modernidade na qual a autocrítica deveria ser entendida como um dos traços necessários da cientificidade, com vistas a gerar o aperfeiçoamento de cada disciplina, no caso o aprimoramento da Teoria da História. Seguia-se, aqui, a sinalização de Immanuel Kant na *Crítica da razão pura* (1781), para quem "nossa época é a época da crítica, à qual tudo deve se submeter".

É um atento olhar sobre si o que começará a ser sistematicamente exercido pelos historiadores da era das "teorias da história". Um prenúncio desses "olhares sobre a História" – a saber, sobre a história dos historiadores – já havia sido assinalado nas últimas décadas do século XVIII por uma certa variedade de verbetes de *Enciclopédias* que se puseram a discutir a História e os modos de dividir o tempo, todos eles atentamente examinados por Reinhart Koselleck (2006: 280-296). Mas é com a prática historicista que esse "olhar sobre si" assume a forma de ensaios mais alentados, realizados pelos próprios historiadores. Gervinus escreverá em 1837 o ensaio *As grandes linhas da história*; Sybel escreverá em 1856 um estudo intitulado *Sobre o estado da moderna historiografia alemã*; Droysen escreverá entre 1858 e 1883 o seu *Historik*. Enquanto isto, na França, também a Escola Metódica produzirá seu próprio "olhar sobre a história", bem consubstanciado no texto-manifesto dos metódicos que será escrito por Gabriel Monod (1876) e publicado com o primeiro número da *Revue Histo-*

rique, em 1876. Treze anos depois, o mesmo Gabriel Monod acrescentaria um novo olhar pormenorizado sobre os *Estudos Históricos na França* (1889), ao passo em que Thierry já havia escrito, a essa altura, seu ensaio sobre *As Diferentes maneiras de se escrever a História* (1884). Ao lado de toda essa produção dos historiadores sobre a própria historiografia, existirão também as obras produzidas pelos filósofos historicistas, tal como o célebre ensaio de Wilhelm Dilthey escrito em 1883 com vistas a uma *Introdução ao estudo das Ciências do espírito*[100]. De igual maneira, a par do diálogo que já se começa a estabelecer em torno de questões historiográficas e de ordem teórica, já aparecem nos prólogos das primeiras grandes obras de historiadores historicistas as reflexões metodológicas sobre o "fazer historiográfico", procurando estabelecer um modelo direcionado às questões de método e crítica documental, tal como ocorre com Ranke e sua *História das nações latinas e teutônicas* (1824). Eis aqui o duplo alicerce da Teoria e do Método a estabelecer, definitivamente, um novo campo disciplinar. Desde então, e até os dias de hoje, a Teoria da História estabeleceu-se como um horizonte obrigatório para todo historiador que aprende e desenvolve o seu ofício.

---

100. Wilhelm Dilthey (1833-1911) foi um dos filósofos mais influentes ligados ao paradigma historicista. Abordaremos sua contribuição no vol. 2, na parte sobre o Historicismo. Um bom estudo brasileiro sobre as relações entre esse filósofo e a História pode ser encontrado em Reis, 2003; isto, para além do clássico capítulo de Hans-Georg Gadamer, em *Verdade e Método* (1960), sobre Dilthey (II.1.2). Com relação a Johann Gustav Droysen (1808-1884), este, ao lado de Ranke (1795-1886), foi um dos mais importantes historiadores da "Escola Alemã" do século XIX. Para um bom estudo brasileiro sobre Droysen, cf. Caldas, 2004. Quanto a Georg Gottfried Gervinus (1805-1871) e Heinrich von Sybel (1817-1895), estes também tiveram importância relevante para o historicismo alemão.

As reflexões sobre o "fazer historiográfico" e os registros de um "olhar sobre si" apresentam-se, atualmente, como importantes partes constitutivas de qualquer trabalho historiográfico. Michel de Certeau, em um texto intitulado "Fazer História" (1982), discorre acerca dessa prática que se tornou tão comum a partir do século XX. Teremos a partir daqui, constantemente realizados nas obras historiográficas as mais diversas, e frequentemente à maneira de um paradigma de escrita que vai sendo seguido, esses "prefácios nos quais o historiador conta o percurso de uma pesquisa" (CERTEAU, 1982: 48):

> O livro, feito de duas metades desiguais, mas simbólicas, acrescenta, à história de um passado, o itinerário de um pensamento. Já Lucien Febvre havia inaugurado a apresentação de *Lutero* pelo exame de sua própria situação de historiador na série de estudos consagrados ao seu objeto (1928). Ele inscreveu-se na evolução de uma história presente, ao mesmo tempo em que colocou Lutero em uma série análoga, mais antiga. A partir daí não é mais, apenas, o lugar de onde fala que o historiador particulariza, mas o movimento que fez, ou o trabalho que se operou nos seus métodos e nas suas questões (CERTEAU, 1982: 48).

Essa tradição de escrita da História, na qual o historiador também fala de si, e não apenas de seu objeto de estudo, é nos dias de hoje uma característica ao mesmo tempo marcante e sintomática dos textos historiográficos. A dimensão teórica da História, expressa também por esse "olhar sobre si", que um dia fora uma das principais condições para a sua emergência, explicita-se dessa forma no próprio texto do historiador. Completemos, assim, o último traço a mencionar a respeito desta confluência de fatores que conspiram para a emergência de uma Teoria da História. Na página seguinte, um esquema final sintetizará o conjunto de condições históricas que teria regido a emergência da Teoria da História nos quadros de uma historiografia já científica:

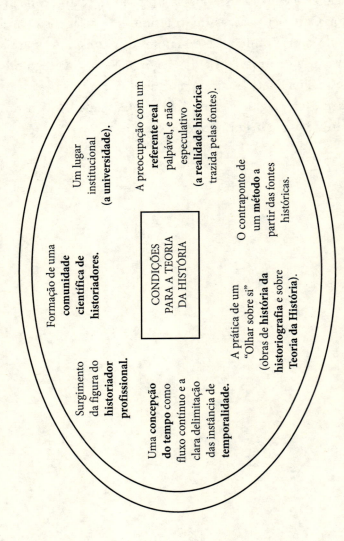

Quadro 4. As condições para emergência da Teoria da História

III | Alguns conceitos fundamentais

1 Conceitos basilares para o estudo da Teoria da História

Vimos já, a esta altura, alguns conceitos basilares para iniciar o estudo de uma Teoria da História (ou de uma "Teoria Geral da História"). A própria noção de Teoria da História, conforme já foi destacado, constitui expressão polissêmica, que acompanha a mesma diversidade de sentidos que poderemos encontrar para a palavra "Teoria". Na acepção mais geral, vimos que "teoria" se relaciona ao modo científico de se produzir conhecimento, e corresponde a uma "forma específica de conceber e abordar o mundo" (por oposição ao "pensamento religioso", ao "pensamento mítico", à "magia", e assim por diante, que também constituem outras formas igualmente legítimas de se relacionar com o mundo).

Essa acepção mais geral, como já se ressaltou, também pode ser trazida para o âmbito da reflexão historiográfica e, a partir dela, teremos na Teoria da História um modo específico de abordar a história que teria surgido na mesma época em que começaram a se consolidar as propostas de assegurar uma cientificidade para a História (o que teria ocorrido, conforme discorremos, a partir da passagem do século XVIII para o século XIX). Essa acepção mais geral de Teoria da História também gera, no interior da própria História (aqui entendida como disciplina e forma de conhecimento), um âmbito específico de estudos historiográficos que é o da Teoria da História como disciplina curricular e como espaço de reflexão no interior da própria história. Poderíamos falar aqui, se quiséssemos matizar o termo, de uma "Teoria Geral da História", ou de um vasto universo habitado pelas inúmeras maneiras de se compreender a história como "conhecimento científico", como "conhecimento cientificamente conduzido", ou ao menos como uma "forma específica de se produzir conhecimento histórico" nesta nossa época contemporânea – esta época que situa a Ciência como um interlocutor incontornável. Assim, ainda que um determinado historiador ou filósofo não conceda à História o estatuto de cientificidade, não se pode negar que os modos de se fazer profissionalmente a História nesta "era da Ciência" são outros que não os da "história teológica" do século XVII ou da narratividade histórica típica da Idade Média, apenas para citar dois exemplos.

Neste livro, grafaremos com iniciais maiúsculas a Teoria da História sempre que estivermos nos referindo a esse amplo universo de reflexão que abrange dentro de si os vários paradigmas historiográficos, as suas subcorrentes internas, os inúmeros conceitos que são instrumentalizados pelos historiadores profissionais, ou os diversificados sistemas construídos pelos historiadores para compreender processos históricos específicos como a "Revolução Francesa", "O Nazismo", a "Descolonização", a "Industrialização" e tantos outros fenômenos ("teorias da história" sobre questões históricas específicas). Sobretudo, estarão inclusos no interior da Teoria da História os vários olhares que os próprios historiadores constroem sobre o seu próprio ofício[101].

A Teoria da História, como esclarecemos no início deste capítulo, corresponderá aqui a todo o instrumental reflexivo de que os historiadores lançam mão para "pensar" a história, da mesma maneira que a "Metodologia da História", na sua acepção mais geral, corresponderá a todo o instrumental de que lançam mão os historiadores profissionais para "fazer" a História, coletar e organizar as suas informações, para realizar a sua pesquisa sistemática a partir das fontes, para extrair informações e depoimentos de seus entrevistados quando se trata deste campo histórico mais específico que é o da História Oral, para analisar metodicamente os resultados, e assim por diante. Por isso, é oportuno dizer que a Teoria da História e a Metodologia da História – duas disciplinas que devem

---

101. Quando intitulamos o presente livro como Teoria da História, é este sentido mais geral que temos em vista, correspondendo ao mesmo sentido que é empregado nos currículos de Graduação em História para a denominação de uma disciplina específica como Teoria da História. Para isto, retornar à discussão já encetada no início deste capítulo. Se a disciplina Teoria da História procurará lançar luz sobre os modos como se concebe a História, habituando o historiador em formação a lidar com "conceitos", com "hipóteses", ou com questões como as relações da História com o "tempo", o "espaço" e a "memória", já a disciplina "Metodologia da História" deve se ater principalmente a aspectos pertinentes ao "fazer da História", sobretudo os que se referem à pesquisa histórica propriamente dita e à interação do historiador com as suas fontes.

fazer parte da formação curricular dos historiadores – constituem os alicerces fundamentais de uma História que integra o "ver" e o "fazer" de modo a produzir a "historiografia" (conjunto total do trabalho produzido pelos historiadores de todos os tempos).

De outra parte, vimos também que há mais duas acepções para a expressão "Teoria da História", que agora grafaremos com iniciais minúsculas. São "teorias da história" (2) essas visões paradigmáticas da história que enxergam o mundo histórico e o ofício do historiador de uma determinada maneira, que se posicionam de certa forma perante problemas como o da "objetividade histórica" ou o do tipo de ciência que seria a História, ou mesmo que fazem certas "perguntas" à história, e não outras. Aqui, o conceito de Teoria da História irá se aproximar do conceito de paradigma historiográfico, que logo adiante discutiremos, passando a se referir a sistemas de compreensão da História que podem ser exemplificados com o Positivismo, o Historicismo ou o Materialismo Histórico, a serem discutidos nos próximos capítulos.

Para além disto, tal como veremos mais adiante, "paradigmas" potencialmente complexos como o do Materialismo Histórico, ou como os dois outros que foram citados, acabam com o tempo se desdobrando em variações internas, de tal modo que poderemos reservar a designação de "paradigma" para um certo ambiente teórico que abrange várias teorias da história. O Materialismo Histórico, por exemplo, deu origem a correntes teóricas mais específicas, como a da "Teoria Crítica" (relacionada à chamada Escola de Frankfurt) ou a do modelo mais específico de Materialismo Histórico que foi proposto pela chamada Escola Inglesa (Thompson, Hobsbawm, Christopher Hill, e outros). Inúmeros outros exemplos poderiam ser citados, como o *open marxism* dos anos 1990, ou como o "marxismo estruturalista" inaugurado por Althusser nos anos 1960. Mas há também teorias que se estabelecem não no interior, mas "entre" os paradigmas, ou mesmo na conexão de experiências teóricas que transcendem os pensadores mais tradicionais que se relacionam à História. Assim, a já citada "Teoria Crítica", rigorosamente falando, estabelece-se não propriamente no interior do paradigma do Materialismo Histórico, mas sim na conexão de uma certa forma de Materialismo Histórico com a Psicanálise de origem freudiana, sendo que o referencial teórico oriundo do Materialismo Histórico é a base utilizada pelos frankfurtianos para explicar o funcionamento da sociedade e a formação das classes sociais, ao passo em que a Teoria Psicanalítica é a base que se agrega para dar escopo a uma análise mais sofisticada sobre a "formação do indivíduo"[102]. Nesse caso, podemos dizer, ainda, que estamos diante de uma teoria "interdisciplinar" – isto é, que se produz na conexão entre dois campos de saber, que são a História (e, por extensão,

---

102. O texto-manifesto que inaugura formalmente a Teoria Crítica foi escrito por Max Horkheimer em 1937, intitulando-se "Teoria Tradicional e Teoria Crítica". Depois disto, seguem-se textos importantes de Adorno, Marcuse, Walter Benjamim, Habermas e outros filósofos ligados à Escola de Frankfurt. A *Dialética do Esclarecimento* (1944), escrita conjuntamente por Adorno e Horkheimer, é talvez o texto mais representativo das propostas da Teoria Crítica.

a Sociologia) e a Psicanálise[103]. Para dar outro exemplo de teoria que se produz entre dois paradigmas, pode-se igualmente dar o exemplo da corrente althusseriana do Materialismo Histórico, esta que combina este último paradigma com o "estruturalismo" francês, dos anos 1960[104]. A essas questões voltaremos oportunamente.

Ainda neste nível de significação a ser atribuído à palavra "teoria", iremos mesmo encontrar aquelas "teorias" que se situam de forma independente em relação aos paradigmas, pairando de maneira mais ou menos livre em relação às órbitas paradigmáticas. Michel Foucault (1926-1984), filósofo-historiador que durante a sua vida frequentemente reinventou a si mesmo e à sua contribuição teórica, produziu "teorias" diversas sobre temáticas várias, que nem sempre seriam situáveis no interior de um único paradigma ou mesmo entre eles[105].

---

103. Entre as obras produzidas pelos frankfurtianos que combinam mais audaciosamente o Marxismo e a Psicanálise, iremos encontrar em *Eros e civilização* (1955), de Herbert Marcuse (1898-1979), um marco significativo.

104. A referência para os fundamentos dessa corrente são os textos de Louis Althusser reunidos na coletânea *Pour Marx* (1965).

105. Se bem que, como uma influência constante, o pensamento de Foucault remete à crítica do conhecimento e da racionalidade ocidental solitariamente inaugurada no século XIX por Friedrich Nietzsche (1844-1900). Seria possível pensar um paradigma crítico a partir de Nietzsche, que depois irá ser adotado por alguns autores do século XX, para além do próprio Michel Foucault, tais como Gilles Deleuze (1925-1995), Félix Guattari (1930-1992) e Jacques Derrida (1930-2004). Entre os historiadores, o paradigma de crítica ao racionalismo ocidental, que se estabelece com Nietzsche, irá influenciar – principalmente através da obra de Michel Foucault – nomes como o de Hayden White (n.1928), Paul Veyne (n. 1930) e Michelle Perrot (n. 1928). Alguns situam Foucault também na linha de influência do Pós-Modernismo. Mas é ainda nebulosa a possibilidade de se falar em um Paradigma Pós-Moderno, uma vez que o Pós-modernismo Historiográfico parece englobar um certo número de tendências que eventualmente podem ser conflitantes umas em relação a outras.

As "teorias da história", neste sentido mais intermediário que as aproxima dos paradigmas ou as situa em relação a eles, podem também ser contrastadas, conforme vimos no último item, às "filosofias da história", um conceito que também foi ali definido. Mas existem, por fim, conforme também mencionamos no princípio deste capítulo, as "teorias da história" (3) no sentido mais restrito, que se referem aos sistemas teóricos construídos pelos historiadores para a tentativa de compreensão de fenômenos ou processos históricos específicos como o da "emergência dos totalitarismos na primeira metade do século XX" ou o da "eclosão das revoluções burguesas" nos dois séculos anteriores, ou ainda como as teorias que são construídas para produzir um entendimento sobre temas diversos como a "Conquista da América", a "emergência e consolidação do Cristianismo no Ocidente", o fim do "Império Romano", e tantos outros objetos de estudo[106]. Seria possível dar como exemplo de "teoria", nesse terceiro sentido, a teoria de Max Weber sobre as relações entre a *Ética protestante e o espírito do capitalismo* (1904-1905). Ou ainda a teoria de Wilhelm Reich sobre a *Psicologia de Massas do Fascismo* (1933), teoria que, avançando para além de outras teorias

---

106. Essas "teorias" mais específicas que se referem a processos particulares que ocorreram na história devem ser abordadas, no quadro curricular do Ensino de Graduação em História, nas diversas disciplinas de conteúdo (História Antiga, História Medieval, História Moderna, História da América, História da África, e assim por diante). Desse modo, a Teoria da História, para efeito de organização curricular de cursos de Graduação, deve se concentrar principalmente neste "olhar sobre si" que deve ser exercido constantemente pelos historiadores (o que não impede que temas específicos possam ser tomados para mostrar como os historiadores costumam estender uma infinidade de olhares diferenciados sobre os mesmos conjuntos de acontecimentos).

sobre o Nazismo que consideram apenas o contexto econômico-social e político, busca relacionar as causas da projeção do Nazismo na Alemanha das terceira e quarta décadas do século XX à estrutura familiar da baixa classe média alemã, incorporando a uma visão histórica pautada no Materialismo Histórico os conceitos da Psicologia[107]. Ou, para o caso da *Conquista da América*, poderíamos dar como exemplo de "teoria" a que foi desenvolvida por Todorov (n.1939)[108], que considera a "alteridade" e o "choque cultural" como aspectos principais para explicar adequadamente como se deu a rápida sujeição dos astecas pelos conquistadores espanhóis no início do século XVI[109]. Estes são apenas exemplos. Uma enorme quantidade de teorias, nesse sentido mais restrito da expressão, tem sido produzida em torno de temas como a Expansão Islâmica, a Revolução Francesa, o Nazismo, a Derrocada do Socialismo Real em fins do século XX, e inúmeros outros conjuntos de acontecimentos ou processos históricos específicos.

---

107. Para um quadro de teorias interpretativas clássicas sobre o Fascismo, cf. De Felice, 1976.

108. Tzvetan Todorov (n. 1939), filósofo e linguista búlgaro, tem utilizado a perspectiva Semiótica para examinar temáticas diversas, sempre orientadas para a questão da "alteridade" (isto é, questões relacionadas ao "outro" e ao confronto entre culturas radicalmente distintas). A sua própria situação como migrante búlgaro radicado na França desde 1963 o coloca no centro de uma visão de mundo preocupada com a alteridade e com a intolerância contra o outro, o que explica contextualmente alguns de seus interesses teóricos, tal como os expressos no seu ensaio *Sobre a diversidade humana* (1993). Alguns de seus livros, em especial *A conquista da América* (1982), tornaram-se clássicos nos meios historiográficos.

109. Voltaremos a esse exemplo quando falarmos sobre as "Hipóteses na História", no volume VI.

Em um nível ainda específico, mas de todo modo mais abrangente que os já citados estudos acerca de processos historicamente localizados (a "Revolução Francesa" ou o "Nazismo"), estão as teorias que se referem a aspectos mais generalizados e abstratos. São por exemplo as teorias sobre as "Revoluções" como um todo (e não sobre a "Revolução Francesa", especificamente), ou sobre o "Totalitarismo" como um tipo mais amplo de ocorrência no mundo político (e não sobre o "Nazismo Alemão" ou o "Fascismo Italiano" em particular).

Assim, por exemplo, existem inúmeras teorias, elaboradas por historiadores, sociólogos ou filósofos, sobre as "Formas de Governo", nas quais se procura estabelecer um sistema para a compreensão acerca de como estas se estabelecem, como se desenvolvem, e como se legitimam. Podemos ir desde os tempos da Antiguidade Clássica aos mais recentes períodos nos quais emergiram novas teorias no âmbito das ciências políticas, para ter uma ideia de como teorias distintas sobre as formas de governo e, eventualmente, sobre a sua sucessão histórica, competem entre si e se oferecem aos pesquisadores de todos os tempos como recursos teóricos para enxergar o mundo político. Apenas para exemplificar, o filósofo Aristóteles (384-322 a.C.), já na Antiguidade, construiu a sua teoria sobre as formas de governo e sobre os tipos de exercício dos poderes em termos de uma tipologia que identificava como "boas formas políticas" as modalidades básicas e exemplares da "Monarquia", "Aristocracia" e "Democracia". A esse modelo, o historiador grego Políbio (203-120 a.C.), que viveu no século II a.C., já na época da expansão romana, contrapõe a sua própria teoria, segundo a qual seria recorrente um ciclo de seis formas de governo que se sucedem umas às outras, sendo possível considerar ainda uma "forma mista" que seria a da própria constituição romana. Já Maquiavel (1469-1527), escrevendo da Florença do século XVI, irá reconhecer apenas duas formas políticas essenciais: o Principado e a República (*O príncipe*, 1513)[110].

Na primeira metade do século XX, partindo de uma visão de mundo bem distinta – e, portanto, de uma nova teoria por ele construída – o sociólogo alemão Max Weber (1864-1920) procurou fazer uma nova pergunta em torno das formas políticas, deslocando o ponto de partida centrado no tipo de governo concretizado para uma questão primordial centrada na forma de poder exercido[111]. Desse modo, sua Teoria indaga sobre o modo como as formas de governo ou os poderes se legitimam, o que permitiu a Weber chegar a um sistema no qual, entre outros pressupostos, desenvolve-se a ideia de que a "dominação" pode se legitimar pela "tradição", pelo "carisma", ou pela "lei" (WEBER, 1999: 187-580). Essas quatro leituras distintas sobre as "formas de governo" – a de Aristóteles, a de Políbio, a de Nicolau Maquiavel, e a de Max

---

110. Na Teoria Política de Maquiavel, o principado corresponde ao Reino; mas a República abarca tanto a aristocracia como a democracia, que na Teoria Política de Aristóteles apareciam como formas políticas separadas. Esse exemplo é interessante para mostrar como diferentes teorias podem agrupar de modos diversos os mesmos objetos, produzindo visões de mundo – no caso do mundo político – inteiramente diferenciadas.

111. Sobre *Max Weber e a História*, cf. Diehl, 2004; Colliot-Thélène, 1995. Para um perfil intelectual de Weber, cf. Bendix, 1985. Para a Teoria Política de Weber, cf. Beetham, 1974.

Weber – e diversas outras que poderiam ser citadas, desde as teorias políticas de Jean Bodin (1530-1596), Giambattista Vico (1668-1744)[112] e Montesquieu (1689-1755)[113] até a Teoria das Formas Políticas de Norberto Bobbio (1909-2004), constituem cada qual uma "teoria" específica sobre o poder e sobre as formas de governo.

Uma teoria ou outra abre ao pesquisador e analista da sociedade, inclusive ao historiador, determinados horizontes, ao mesmo tempo em que fecha outros caminhos. Weber, por exemplo, pretende abrir um novo horizonte de leituras do político ao mobilizar em sua construção teórica novos conceitos, como o de "tradição" e o de "carisma". É este sistema que ele

---

112. Giambattista Vico (1668-1744), por exemplo, ainda que reconhecendo as três formas políticas clássicas previstas por Aristóteles, acrescenta a sua própria contribuição teórica ao distinguir três tipos de autoridade – Monástica, Econômica e Civil – que explicariam o desenvolvimento das sociedades humanas desde o seu estado primitivo. A esta Teoria das Formas Políticas Vico acrescenta a sua própria visão da história: um desenvolvimento ao mesmo tempo cíclico e progressivo, no sentido de que, apesar das eventuais repetições, em um arco mais amplo o destino do homem poderia ser visto como a gradual elevação de um estado bestial até a melhor forma de governo. Uma teoria política como esta, enfim, introduz uma certa visão da história, distinta de outras possíveis. Para uma introdução ao pensamento de Vico, cf. Burke, 1997.

113. Montesquieu (1689-1755), já escrevendo no período da crítica iluminista (*O espírito das leis*, 1748), irá propor uma leitura do mundo político em termos de três governos: "republicano", "monárquico" e "despótico". De maneira análoga ao que ocorre na teoria política de Maquiavel, a "aristocracia" e a "democracia" são apontadas como subdivisões de uma única forma política, no caso a "república". Mas a sua ênfase está na necessidade de chamar atenção para o governo despótico, aquele em que um só tirano arrasta todo o mundo político a partir de sua vontade e de seus caprichos. Hegel, na sua "filosofia da história", irá retomar as mesmas formas políticas propostas por Montesquieu e dar a elas a sua própria ordenação histórica, cumprindo notar que esse filósofo alemão enxerga na monarquia prussiana uma situação ideal. Assim, o Despotismo será associado ao mundo oriental, a República ao mundo antigo, e a Monarquia ao mundo moderno.

chamará de Teoria da Dominação, e a sua proposta é a de que tal sistema poderia ser empregado para a análise de diversas situações históricas que já tenham ocorrido, ou que ainda poderão ocorrer um dia. Existem de fato novas aberturas que se tornam possíveis a partir do deslocamento do tradicional olhar sobre os modos como os poderes se institucionalizam, de modo a dar origem a formas estatais específicas, para um novo olhar que se volta para as maneiras como os poderes são exercidos e se legitimam. Muito habitualmente, fenômenos diversos passam a ser iluminados com maior propriedade e eficácia a partir de conceitos produzidos por um novo olhar teórico, sem que mesmo o sistema original precise ser apropriado integralmente. Realidades como o "mandonismo" ou o "coronelismo", no Brasil, podem se tornar mais visíveis a partir de um simples deslocamento do olhar teórico, ou a partir da proposição de uma nova pergunta – ponta de lança de uma nova visão de mundo.

Este tipo de teorias, que acima exemplificamos com a diversidade possível de teorias acerca das "formas políticas", corresponde precisamente àqueles constructos teóricos que depois podem ser aplicados a estudos mais específicos (situações ou processos historicamente localizados), fornecendo-lhes materiais conceituais. Assim, torna-se possível analisar um e outro processos históricos específicos à luz da teoria weberiana sobre os tipos de dominação. De maneira algo similar, de uma teoria mais ampla sobre as formas de "totalitarismo" ou de "regimes autoritários" (dois conceitos que cumpre distinguir) parte-se para a construção de uma teoria mais específica sobre um sistema fascista específico, historicamente

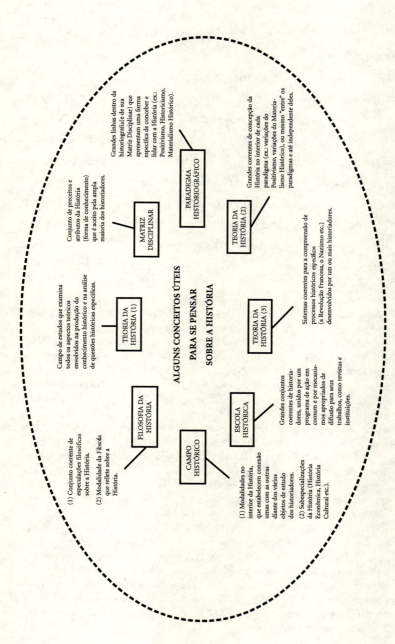

Quadro 5. Conceitos basilares para o estudo da Teoria da História

localizado, tal como a ditadura franquista na Espanha, por exemplo[114].

Avançaremos, a seguir, por novos conceitos que consideramos basilares para uma reflexão sobre a Teoria da História: "matriz disciplinar", "paradigma", "escola histórica", "campo histórico". Essas noções nos ajudarão a entender a História como campo específico de produção de conhecimento. O Quadro 5 apresenta, visualmente, esse conjunto de conceitos. No topo teremos a já discutida noção de Teoria da História (1) naquele sentido mais abrangente, que é aquele que a tudo abarca, em termos de instrumentos teóricos e de modos de "ver", a História e o mundo histórico. Em se-

---

114. Há nuances teóricas que devem ser firmadas entre os conceitos de Ditadura, contraposto ao conceito de Democracia, e de Totalitarismo. As ideias de "democracia" e de "ditadura" relacionam-se à ocorrência de consentimento (ou não) entre os governados e seus governantes (o que se pode dar de maneira independente em relação à aparência de democracia que pode ser forjada, para o caso de ditaduras como a exercida por Saddam Hussein entre 1979 e 2003). Quanto à ideia de "totalitarismo", esta se refere não apenas ao fato de que o consentimento se acha rompido entre o governo e grande parte dos governados (o que nem sempre ocorre), mas sobretudo à amplitude da esfera de interferência do governo totalitário na vida de cada um de seus governados. Podemos iluminar o contraste entre as três formas a partir da questão da "restrição da liberdade em regimes autoritários, a abolição da liberdade política em tiranias e ditaduras, e a total eliminação da própria espontaneidade, isto é, da mais geral e elementar manifestação de liberdade humana, à qual somente visam os regimes totalitários, por intermédio de seus diversos métodos de condicionamento" (ARENDT, 2009: 133). É assim que, na ditadura comunista da Coreia do Norte da segunda metade do século XX, passam a ser estabelecidos regulamentos que prescrevem até mesmo o estilo adequado de cortes de cabelo, e na Alemanha de Hitler, quando se torna explícito o Totalitarismo, a suástica do partido nazista termina por se transformar, sintomaticamente, na própria bandeira da Alemanha. Podemos também recorrer à imaginação literária para encontrar modelos de totalitarismo, como aquele que é trazido pelo governo do "Grande Irmão", no livro *1984* de George Orwell (1948). Para uma análise sobre as *Origens do Totalitarismo*, cf. Arendt, 1989.

guida, no sentido horário, descemos a um nível menor de abrangência quando pensamos em uma "matriz disciplinar da História" – que corresponderá aos elementos e pressupostos mínimos que constituem a História (historiografia) em uma determinada época, de acordo com o consenso de todos (ou de quase todos) os historiadores de um mesmo período (o conceito será discutido mais adiante). Uma "matriz disciplinar" pode abarcar, em seguida, ao que estaremos conceituando como "paradigmas historiográficos" (conceito também discutido a seguir). No interior dos paradigmas, ou mesmo entre eles, por outro lado, surgem inúmeras "teorias da história" (2) no sentido mais restrito (o Materialismo Histórico que se subdivide em uma certa variedade de modelos marxistas, por exemplo), e também podem surgir "teorias históricas" (3) que se referem a fenômenos ou processos históricos específicos. Por fim, as "escolas históricas" e os "campos históricos", que também serão discutidos conceitualmente, completam o conjunto de noções fundamentais para que nos movimentemos mais confortavelmente no universo mais amplo da Teoria da História.

2 Três outras definições importantes: Escola Histórica, Paradigma, Matriz Disciplinar

As teorias da história, bem como as diversificadas metodologias empregadas pelos historiadores na sua prática profissional, têm-se propagado de diversos modos na história da historiografia. Para melhor compreendermos as formas de propagação da Teoria da História no mundo dos historiadores, será útil refletirmos aqui sobre dois conceitos importantes – o de "escola historiográfica", e o de "paradigma científico".

Uma "Escola" – fora a noção mais vulgar que se refere a instituições de ensino – pode ser entendida no sentido de uma "corrente de pensamento", sempre que ocorre um padrão ou programa mínimo perceptível no trabalho de um grupo formado por um número significativo de praticantes de determinada atividade ou de produtores de certo tipo de conhecimento. É ainda importante que haja uma certa intercomunicação entre esses praticantes e a constituição de uma identidade em comum, frequentemente também ocorrendo a consolidação de meios para a difusão das ideias do grupo, como é o caso de revistas especializadas controladas por seus membros ou programas veiculados em mídias diversas. Será importante entender ainda que as "escolas" podem apresentar uma referência sincrônica – relacionada a autores ou praticantes de uma mesma época – e uma referência diacrônica, no sentido de que a "Escola" pode se estender no tempo e abarcar sucessivas gerações, ou ser por elas reivindicada.

A Historiografia, no decorrer de sua própria história, conheceu muitas escolas históricas (BOURDÈ & MARTIN, 2000). Algumas eram entendidas como "escolas" pelos seus próprios praticantes, outras foram classificadas como escolas independentemente de seus componentes. Uma boa parte das "escolas históricas" até hoje conhecidas relacionaram-se a espacialidades específicas, não raro se referindo a países a que pertenciam os historiadores que nelas se viram incluídos. É assim que, no século XVIII, conhecemos a "Escola Escocesa", que se referia a eruditos iluministas atuantes na Escócia, tais como Adam Fergusson, John Millar ou David Hume, e que estavam unidos por uma certa concepção naturalista da história. No século XIX, podemos lembrar a "Escola Alemã", que reunia historiadores alemães ligados ao paradigma historicista, e, no século XX, podemos falar em uma "Escola Marxista Inglesa", que reunia historiadores marxistas do Reino Unido que se vinculavam à Revista *Past and Present* e que propunham certas renovações no corpo teórico-prático do Materialismo Histórico. A base comum de uma escola histórica em torno de uma revista, aliás, foi bastante comum na história da historiografia. Podemos lembrar o movimento que ficou conhecido como Escola dos *Annales*, congregando historiadores franceses do século XX que tiveram como principal instrumento de divulgação de seu trabalho a revista de mesmo nome, ou, ainda, a Escola Metódica, que reunia historiadores também franceses através da *Revue Historique*[115]. Muitos também enxergam como

---

115. A *Revue Hsitorique*, que se tornou o principal instrumento difusor de ideias da Escola Metódica, fora fundada por historiadores franceses de duas gerações: a de antigos positivistas como Taine e Renan, e a dos novos metódicos, que já combinavam a influência positivista a certos elementos historicistas, sendo possível citar entre seus componentes mais destacados Monod, Lavisse e Seignobos. A Escola Metódica, através de sua *Revue Historique*, privilegiava ideias republicanas e, conforme Carbonell e Livet (1983: 135), combatia os monarquistas, católicos e aristocratas, que se agrupavam por sua vez em uma outra revista da época, a *Revue des Questions historiques*. Sobre a Escola Metódica, cf. Reis, 1996.

uma escola os historiadores ligados à micro-história italiana, que apresenta uma base nos *Quaderni Storici*, embora neste caso os próprios historiadores envolvidos não se vejam desse modo[116].

Para que se tenha uma escola histórica é preciso, desta maneira, que haja certo padrão ou linguagem comum entre seus participantes, ou outro elemento qualquer que seja forte o suficiente para estabelecer uma unidade – o que pode se dar através do Método, de uma determinada perspectiva teórica, de uma certa maneira de entender a História, ou do pertencimento a determinado paradigma historiográfico. Pode-se falar ainda, para caracterizar uma Escola, em um "programa" em comum, para utilizar uma expressão de Andrés Burguière em um artigo de 1979 sobre "O nascimento dos *Annales*".

Nem sempre é fácil encontrar elementos em comum quando se discute o trabalho de um grupo de historiadores vinculados a uma Revista ou Instituição: discute-se, por exemplo, se a chamada "Escola dos *Annales*" era mesmo uma escola (BURKE, 1990), se constituía um "movimento historiográfico", se chegou a apresentar algo que poderia ser entendido como um "novo paradigma historiográfico" (STOIANOVICH, 1976), ou se na verdade abrigava dois ou mais paradigmas (IGGERS, 1988: 31). Há mesmo os que rejeitam a ideia de que a Escola dos *Annales* teria produzido o tão propalado corte na historiografia francesa, como é o caso de Jean Glénisson, que, em um ensaio de 1965 sobre a

---

116. Sobre *A micro-história italiana*, cf. o livro de Espada Lima, 2006.

Historiografia Francesa Contemporânea, chega a falar de uma "tranquila evolução" da historiografia francesa "desde cem anos" (p. X-XI).

De todo modo, apesar das habituais dificuldades classificatórias, o espírito de grupo que determinados historiadores terminam por constituir, trabalhando para uma finalidade comum, frequentemente é forte o suficiente para que se crie a ideia de uma Escola. Marc Bloch e Lucien Febvre, à parte certos pontos em comum que se referiam às críticas contra a historiografia francesa tradicional representada pelos metódicos, apresentavam influências e estilos historiográficos distintos, mas isto não impediu que erigissem um dos movimentos mais bem-sucedidos da historiografia contemporânea. Sua unidade – além de estratégias bem calculadas para a conquista de um espaço institucional – foi assegurada por um programa mínimo, em torno da ideia da "interdisciplinaridade", da multiplicação de interesses historiográficos para além do "político", e da necessidade de opor radicalmente uma "História-Problema" a uma historiografia que consideravam factual. Mas a verdade é que, no interior desses parâmetros, os historiadores dos *Annales* desenvolveram diversificadas formas de trabalho.

Outro aspecto importante a ressaltar é que, face ao sucesso ou projeção de certo grupo que se tenha constituído ou se tornado conhecido como uma Escola, não raramente surgem os herdeiros, os que se postulam como continuadores da escola em questão, mesmo que já tenham se distanciado dos aspectos que unificavam a escola historiográfica na sua origem. Não raro se estabelecem polêmicas acerca da continuidade ou descontinuidade de um determinado grupo de historiadores em relação a outro grupo anterior que seja evocado como elemento identitário importante. Podemos dar o exemplo da notória polêmica sobre a continuidade ou descontinuidade entre o arco que abrange as duas primeiras gerações da chamada Escola dos *Annales* (1930-1968), e a chamada *Nouvelle Histoire*, que reúne novos historiadores franceses em torno da mesma *Revista dos Annales* que um dia fora fundada por Marc Bloch e Lucien Febvre. Os historiadores ligados à *Nouvelle Histoire* seriam mesmo legítimos herdeiros dos *Annales* – tal como propõe Peter Burke em seu livro *A Escola dos Annales – Revolução Francesa da Historiografia* (1990) – ou, tal como propõe François Dosse, há muito mais uma ruptura entre a Escola dos *Annales* e esta outra corrente que, a partir das últimas décadas do século XX, tende a desenvolver o que foi por muitos chamado de *Uma história em migalhas* (DOSSE, 1987)? Se a polêmica existe, o que se percebe é que o gesto de se autoinscrever em uma Escola Histórica também está frequentemente relacionado a mecanismos formadores de identidade, à imagem que determinado grupo pretende projetar de si mesmo. Os próprios historiadores da *Nouvelle Histoire* tendem a reforçar esse vínculo com as gerações de Marc Bloch e de Braudel (NORA & LE GOFF, 1974). Eis aqui um exemplo de que o pertencimento a uma escola é também uma construção da qual podem participar os próprios sujeitos envolvidos.

Outro conceito importante para contrapor ao de "Escola" é o de "Paradigma". Em um ensaio de 1962 sobre a *Estrutura das Revoluções Científicas*, que alcançou extraordinário sucesso, o físico e historiador da ciência Thomas Kuhn (1922-1996) define o que seria um "paradigma" na História das Ciências. À parte o sentido filosófico, que se refere a um modelo de tratamento com relação a determinado aspecto ou questão singularizados, Kuhn define o paradigma – no sentido sociológico, que é o que estará mais interessando aqui – como "conjunto de crenças, valores e técnicas comuns a um grupo que pratica um mesmo tipo de conhecimento". É verdade que Kuhn priorizava em sua análise as ciências exatas e naturais e, por vezes, refere-se ao paradigma como uma espécie de macroteoria, marco ou perspectiva que se aceita de forma geral por toda a "comunidade científica" relacionada a determinado campo de saber (por exemplo, a Física, a Química, ou a Astronomia). A análise funciona particularmente bem para o caso de boa parte da história da Física – que apresentou um grande paradigma dominante desde Newton e até a emergência de novos paradigmas no século XX – ou para a Astronomia, a Química, e outros campos.

Para Kuhn, um paradigma sempre apresenta o interesse de criar e reproduzir condições para ampliar o conhecimento, respondendo aos problemas que são colocados pela sua época. Na verdade, as próprias definições dos problemas ou dos tipos de problemas que a ciência deve resolver fariam parte do paradigma. De todo modo, até certo momento de seu desenvolvimento, o paradigma vigente parece se mostrar apto a resolver todos os problemas que são considerados pertinentes e dignos de atenção pela comunidade científica. A certa altura, contudo, o paradigma depara-se com seus próprios limites, e começa a se apresentar como inadequado.

Quando o paradigma não é mais capaz de resolver todos os problemas, que podem persistir ao longo de anos ou mesmo séculos, ele é gradualmente posto em xeque, porque se começa a questionar se ele constitui mesmo o "marco" mais adequado para a resolução de problemas ou se deveria ser abandonado. O paradigma, naturalmente, tende a resistir ferrenhamente, ancorado em suas pretensões monopolistas, antes de se resignar a um solene retiro para o cemitério das ideias mortas. Mas isto cedo ou tarde ocorrerá com o paradigma que já não responde às perguntas de seu tempo, as mesmas que se acumulam sobre o seu céu conceitual como pesadas nuvens de uma tempestade que se anuncia[117]. Nesses momentos, em que se estabelece uma "crise paradigmática", ocorreria a proliferação de novos paradigmas que competiriam entre si até que um conseguiria se impor como o enfoque mais adequado, produzindo-se então uma Revolução Científica. Desde já, é importante salientar que Thomas Kuhn mostra-se ciente da não homogeneidade dos campos de saberes, uma vez que se expressa em termos de que seria impingida,

---

117. Edgar Morin, não tanto refletindo sobre os "paradigmas" no sentido proposto por Kuhn, mas se referindo ao que denominou "sistemas de ideias", assim se expressa: "Com a força do caráter autoritário e da pretensão monopolista, uma teoria, mesmo científica, tende sempre a recusar um desmentido dos fatos, uma experiência que lhe seja contrária, uma teoria mais bem argumentada. Por isso é raro que seja suficiente, para a desintegração de uma teoria, uma experiência decisiva ou um argumento "imbatível". É necessária uma longa série de provas acumuladas das suas carências e insuficiências e também o aparecimento de uma nova teoria mostrando uma grande pertinência. Assim, na história das ciências, as teorias resistem dogmaticamente como doutrinas, mas, finalmente, a regra do jogo competitivo e crítico leva-as a emendarem-se, depois a retirar-se para o grande cemitério das ideias mortas" (MORIN, 1998: 166).

ao praticante que adentra o seio da comunidade científica, uma certa formação que se constrói em torno de "uma *falsa* ideia de linearidade da evolução de seu respectivo campo especializado"[118].

Na História e nas Ciências Humanas, há necessidade de maior ajuste ou adaptação desses vários conceitos, em

---

118. No capítulo "A invisibilidade das revoluções", do livro *A estrutura das revoluções científicas* (1962), Kuhn discorre sobre o papel dos manuais científicos na difusão desta ideia de continuidade atrelada a uma longa tradição científica, mais povoada por sucessivas acumulações do que por rupturas: "Sendo os manuais veículos pedagógicos destinados a perpetuar a ciência normal, devem ser parcial ou totalmente reescritos toda vez que a linguagem, a estrutura dos problemas ou as normas da ciência normal se modifique. Em suma, precisam ser reescritos imediatamente após cada revolução científica e, uma vez reescritos, dissimulam inevitavelmente não só o papel desempenhado, mas também a própria existência das revoluções que os produziram". Mais adiante, prossegue Kuhn: "Deste modo, os manuais começam truncando a compreensão do cientista a respeito da história de sua própria disciplina e em seguida fornecem um substituto para aquilo que eliminaram" (KUHN, 2007: 177). A história da historiografia nos oferece uma interessante situação inversa. Os principais artífices do movimento dos *Annales*, na primeira metade do século XX – Marc Bloch, Lucien Febvre e Fernando Braudel – bem como os historiadores que reivindicam sua herança na *Nouvelle Histoire*, sempre se empenharam em colocar em relevo o caráter revolucionário dos *Annales*, e até em exagerar sua ruptura em relação a correntes historiográficas anteriores. Construiu-se mesmo certa mística em relação a esse caráter revolucionário dos *Annales*, cultuada em ensaios de historiadores ligados ao grupo (cf. BRAUDEL, 1972: 467 e também os diversos artigos em FEBVRE, 1953). Outro exemplo clássico é a leitura do movimento dos *Annales* proposta por Pierre Chaunu em seu livro *História, Ciência Social*. Para ele, a História – a verdadeira História – nasce apenas em 1929, e "o que é anterior tem [somente] valor de documento" (CHAUNU, 1974: 101). Com relação à não progressividade da história das ciências naturais, inclusive considerando a ideia de ruptura que seria depois retomada por Thomas Kuhn, esta também já havia sido bem analisada por Gastón Bachelard em meados do século XX. Sobre isto, cf. o ensaio *Le materialisme rationnel* (1953: 209-217). De igual maneira, há outras contribuições importantes de Bachelard a serem consideradas neste e em outros ensaios, tal como por exemplo a referência, em *Formação do Espírito Científico*, aos "obstáculos epistemológicos" que vão surgindo no próprio ato de conhecer (1938).

primeiro lugar porque, como já ressaltamos no início deste ensaio, as diversas teorias tendem aqui a ser essencialmente concorrentes, bem como a se mostrar disponíveis para a comunidade historiográfica ou sociológica sem que se possa dizer que, em algum momento, haja predomínio de uma só perspectiva[119]. Fica mais difícil, para o caso das ciências sociais e humanas, falar em uma "revolução científica" que estabeleça uma hegemonia, ou que produza a substituição de um novo e único paradigma pelo tradicional, como se houvesse uma única sucessão de paradigmas, no sentido sociológico da expressão. A situação é distinta daquela que atrás vimos relativamente às teorias na Física, uma vez que estas, quando não romperam definitivamente com suas predecessoras em situação de irreparável ruptura, frequentemente foram progressivamente englobantes no seu desenvolvimento histórico, ao menos até fins do século XIX. A história da Física nos mostra inúmeros exemplos nos quais uma teoria mais completa incorporou a outra, superando-a, e ao mesmo tempo se

---

119. O próprio Thomas Kuhn, em um artigo posterior intitulado "As ciências naturais e as ciências sociais", dá mostras de ter se tornado consciente dessa diferença. O ensaio foi incluído na coletânea de textos intitulada *O caminho desde a estrutura* (2006: 265-273), e contrasta com as posições de Kuhn por ocasião da publicação de seu famoso livro *A estrutura das revoluções científicas* (1962). Uma passagem dessa obra, em particular, ilustra o posicionamento de Thomas Kuhn. Depois de mostrar como os vários campos de saber e âmbitos de estudos relacionados às ciências exatas e naturais vão passando à fase mais amadurecida marcada pela tendência ao predomínio de um paradigma único, Kuhn assim se refere às ciências sociais "Permanece em aberto a questão a respeito de que áreas da ciência social já adquiriram tais paradigmas. A história sugere que a estrada para um consenso estável na pesquisa é extraordinariamente árdua" (KUHN, 2007: 35).

mostrando capaz de resolver também novos problemas. Nesses casos, se há uma ruptura, de alguma maneira o novo paradigma se nutre constantemente de conquistas anteriores, redimensionando-as[120]. De outra parte, a história da Física mostra ainda inúmeras situações em que novas teorias surgiram em radical ruptura com o que até o momento se tinha por certo, e, nessas ocasiões, através daquilo que Thomas Kuhn chamou de "revoluções científicas", terminava-se por ocorrer a instalação de um novo paradigma, por substituição ao paradigma anterior. A história das ciências naturais, no Ocidente, foi alternadamente a história de englobamentos e aperfeiçoamentos do paradigma (o que Kuhn chama de "desenvolvimentos da Ciência Normal") e de rupturas, que estabelecem a "Ciência Revolucionária".

---

120. Quando não efetiva, essa ideia de englobamento é frequentemente estimulada pelos manuais científicos como tábua de leitura da própria história de seu campo de conhecimento. Nesse sentido, Thomas Kuhn considera que alguns fatores que afetam a comunidade científica tendem a consolidar, nos candidatos a pesquisadores de certa especialidade, uma "falsa ideia de linearidade" na evolução de seu campo de estudos, de modo que se estabelece um fundo de operações menos flexível que lhes impinge certas certezas acerca do tipo de conhecimento mais correto. Vai se formando então a crença em um certo modo de pensar que seria o correto, em determinados valores verdadeiros, o que termina por favorecer nos praticantes uma certa resistência às mudanças que, apesar disto, terminarão por ocorrer. Quando as explicações para os fenômenos que se apresentam começam a ser contraditadas pelas novas realidades, ou quando outras explicações concorrentes são apresentadas em eventos científicos e começam a encorpar as tendências a serem aceitas por um número cada vez mais significativo de cientistas, quando a maior parte das práticas começa a aderir às teorias mais recentes e adotam novos procedimentos metodológicos, que antes não eram aceitos, logrando alcançar resultados científicos mais satisfatórios, percebe-se que está praticamente instalado um novo paradigma.

Com as ciências humanas não é preciso insistir no fato de que é muito mais comum identificarmos, ao longo de toda a sua história, o eterno padrão dos "paradigmas concorrentes" que se dão ao mesmo tempo, em recíproca descontinuidade. Aqui, se cada teoria permite de fato colocar e resolver novos problemas, não se pode dizer que um paradigma supere o outro, em absoluto. É assim que, desde há muito, historiadores e sociólogos se acostumaram a conviver com uma expressiva diversidade de paradigmas relativos aos seus campos de saber, e também de teorias concorrentes concernentes aos seus mais diversos objetos de estudos. Deve-se ressaltar, inclusive, que os próprios problemas levantados por um determinado paradigma, nas ciências humanas (como também nas ciências naturais), não são os mesmos que chamarão a atenção dos historiadores e cientistas sociais ligados a outro âmbito teórico. Perguntas radicalmente diferentes são formuladas pelas diversas formas de Positivismo, pelo Historicismo e pelo Materialismo Histórico, apenas para citar os três primeiros grandes paradigmas historiográficos que surgiram assim que a História se tornou científica, e também são problemas basicamente distintos daqueles que são evocados pelos desenvolvimentos teóricos propostos por pensadores mais ou menos independentes como Max Weber, Norbert Elias ou Michel Foucault.

Assim, se os materialistas históricos empenham-se desde sempre em apreender na história a "luta de classes", e costumam indagar pelas relações que existiriam entre os aspectos econômicos e culturais, já algumas das correntes relacionadas ao Positivismo pretendem enxergar a realidade social sob o prisma da "conciliação de classes", e formular questões que relacionem "ordem" e "progresso" sob essa mesma perspectiva. De igual maneira, se os praticantes de uma "história universal" buscavam apreender a história da humanidade como um único movimento, tal como se pode ver na historiografia idealista inspirada em Hegel a partir dos anos 1830, já os historicistas daquela mesma primeira metade do século XIX costumavam se perguntar como seria possível captar a singularidade de cada povo ou nação, de modo a construir uma história genuinamente nacional.

Os exemplos poderiam ser multiplicados *ad nauseam*. O importante é dar a perceber que os historiadores e cientistas sociais desde há muito convivem com essa multiplicidade de maneiras de indagar a realidade e de ver as coisas, e que já a partir dos primeiros momentos de seu treinamento aprendem a conviver com as diversas alternativas teóricas que terão à sua disposição em cada um desses campos de saber, sem acreditar que uma delas trará a solução definitiva. Ou, ainda, mesmo que um historiador ou sociólogo acredite que o seu paradigma específico é o mais correto, a própria história do seu campo de saber lhe mostra que os vários paradigmas aqui coabitam sem que um possa superar o outro. O mesmo não se dá, certamente, com os diversos campos de saber relacionados às ciências da natureza e, em alguns deles, é especialmente intensa a ideia de que a comunidade científica deve entrar em acordo com relação a certas questões paradigmáticas. A ausência desse acordo, para alguns cientistas da natureza, chega a ser mesmo perturbadora[121].

Poderíamos mesmo ir além, e adotar uma metáfora que é empregada pelo próprio Thomas Kuhn na sua análise dos paradigmas relacionados às ciências naturais e exatas. Os contingentes de cientistas sociais e humanos associados aos diversos paradigmas – sejam historiadores, antropólogos, sociólogos, geógrafos, psicólogos, economistas ou outros – "habitam mundos diferentes". Um determinado historiador vive em um mundo no qual se embatem as "classes sociais", outro habita um mundo povoado por "espíritos nacionais", um terceiro vive em um planeta social que é produzido pelo somatório de indivíduos, e aquele outro perambula descompromissadamente por um universo descontínuo. Neste historiador das relações de gênero, a "sexualidade" (o conjunto de fatores que determinam o

---

121. No capítulo "Resposta à crise" de seu ensaio, Thomas Kuhn (2007: 115) chega a mostrar como é perturbador para os físicos e químicos o período de crise paradigmática, no qual concorrem vários paradigmas na sua disputa pela hegemonia teórica de um campo científico. Em suas "notas autobiográficas", Einstein assim se refere ao período que precede a maturação da Teoria do Campo Eletromagnético de Maxwell, e depois o desenvolvimento dos princípios de Heisenberg, que permitiriam à Física sair da confusão paradigmática de fins do século XIX: "Foi mesmo como se o solo debaixo de nossos pés tivesse sido retirado, sem que nenhum fundamento firme, sobre o qual se pudesse construir, estivesse à vista" (EINSTEIN, 1949: 45). Muito antes dele, vivendo a crise paradigmática de sua própria época, Copérnico havia comparado o campo disciplinar da Astronomia do século XVI a um "monstro" montado com partes incoerentes entre si (KUHN, 1957: 138). Já entre historiadores, e cientistas humanos e sociais, de modo geral, a "confusão paradigmática" é absolutamente o estado normal das coisas, e todo historiador, sociólogo ou antropólogo já aprende desde cedo a respirar confortavelmente no redemoinho no qual se embatem as diversas teorias e modelos.

"masculino" e o "feminino") constitui um pacote de dados que se impõe pela própria natureza; mas, para aquele outro, não é apenas o "gênero" que é histórico, mas até mesmo o sexo, em última instância, é uma construção social. Há ainda os que habitam mundos povoados por "raças" de homens, e aqueles que, no limite, caminham por paisagens nas quais é possível vislumbrar em cada átomo individual a diversidade humana.

Essa propriedade dos cientistas de "viverem em mundos diferentes", conforme as visões teóricas que conformam suas maneiras de pensar, não é apanágio das ciências sociais e humanas, e é também atributo dos cientistas da natureza e dos saberes exatos[122]. O cerne da questão, todavia, encontra-se no modo como uns e outros encaram essa mesma situação. Além de serem muito mais acentuados nas ciências humanas e sociais esta convivência e o intenso trânsito entre diversificadas teorias, o fato é que os cientistas sociais já se habituaram há muito a esse "viver entre mundos". Os cientistas sociais, habitantes de uma diversificada federação de planetas teóricos, tornaram-se excelentes tradutores uns dos outros, e

---

122. Assim discorre Thomas Kuhn sobre a questão, referindo-se aos campos da Física e da Química: "Em um sentido que sou incapaz de explicar melhor, os proponentes de paradigmas competidores praticam seus ofícios em mundos diferentes. Um [o mundo físico dos aristotélicos] contém corpos que caem lentamente; o outro [o mundo físico de Galileu], pêndulos que repetem seus movimentos sem cessar. Em um caso, [já se referindo à Química] as soluções são compostos; no outro, misturas. Um encontra-se inserido numa matriz de espaço plana [o cientista associado ao paradigma newtoniano]; o outro, em uma matriz curva [os cientistas relativistas que adotam o ponto de vista de Einstein]. Por exercerem sua profissão em mundos diferentes, os dois grupos de cientistas veem coisas diferentes quando olham de um mesmo ponto para a mesma direção" (2007: 192).

exercem desde há muito uma sofisticada diplomacia teórico-metodológica[123].

O universo das ciências sociais e humanas, enfim, oferece desde cedo aos seus praticantes uma complexa rede de paradigmas e posicionamentos teóricos que devem ser escolhidos, caso a caso, para a prática da produção de conhecimento em cada um dos campos de saber. Não é com a sucessão de paradigmas que suplantam uns aos outros, e que fazem a ciência avançar a partir de rupturas irreversíveis, que lidam os cientistas sociais e humanos, mas sim com a possibilidade de estabelecerem uma comunicação entre mundos distintos. A "tradução" é uma prática mais firmemente estabelecida entre os cientistas sociais do que as operações de "conversão", que de resto precisam ocorrer mais amiúde entre os cientistas exatos. No universo das ciências sociais e humanas, as conversões de pesquisadores que decidiram migrar para um novo paradigma, em que pese não deixem de ocorrer, são decisões sempre individuais, e não necessidades da comunidade científica. A comunidade de historiadores jamais se

---

123. Com perdão da metáfora, poderíamos imaginar um campo disciplinar associado ao universo das ciências sociais e humanas como um sistema solar no qual, em torno da matriz disciplinar fixa, gravitam os grandes planetas paradigmáticos. Mas seria preciso imaginar que haveria também aqueles que habitam "ilhas espaciais" situadas entre dois planetas, e que tomam emprestadas características de dois ou mais mundos, e outros mais que preferem viver solitariamente em pequenos meteoros errantes. E há ainda os que não possuem pouso fixo, e que vivem em trânsito. De todo modo, seja para viver em um dos planetas paradigmáticos, ou entre eles, ou em nenhum deles, todos os habitantes desse universo metafórico estariam habituados a este "viver entre mundos". Aqui, não seria possível fazer boa carreira sem falar certo número de idiomas teóricos, ou sem dominar uma "arte da tradução" que possibilite efetivamente a comunicação entre os pares e planetas teóricos.

pronuncia em bloco a favor da adoção de um único paradigma, mesmo ao cabo de algumas gerações, tal como ocorreu com a maior parte da comunidade dos físicos ao aderir ao paradigma newtoniano, e ao considerá-lo mais tarde superado pela Teoria da Relatividade[124].

Ao lado disto, ainda que um materialista histórico consiga convencer um positivista a abandonar o seu planeta teórico, ele sabe perfeitamente que não poderá converter maciçamente *todo* o "planeta dos positivistas". Assim também, ainda que possa atrair para o seu centro de gravidade um filósofo errante, a paisagem espacial das ciências humanas sempre será percorrida por meteoritos e cometas autônomos, ao lado da viagem orbital mais perene dos grandes planetas paradigmáticos. Obrigar o universo a se curvar a um único paradigma, ou, mais ainda, a uma única corrente teórica no interior de um paradigma, é o mesmo que resolver questões teóricas e empíricas a golpes de foice e martelo, como fez Stalin com relação à imposição teórica de determinadas soluções historiográficas no interior do marxismo-leninismo russo, no período de seu governo autoritário na União Soviética[125].

---

124. Nas ciências exatas, a conversão da comunidade científica ao novo paradigma dá-se, comumente, não através do somatório das adesões de cada cientista. Geralmente a comunidade científica vai aderindo ao novo paradigma através da sucessão de duas ou mais gerações. Thomas Kuhn registra o seguinte depoimento de Max Planck: "uma nova verdade científica não triunfa convencendo seus oponentes e fazendo com que vejam a luz, mas porque seus oponentes finalmente morrem e uma nova geração cresce familiarizada com ela" (PLANCK, 1949: 33-34; KUHN, 2007: 193). Da questão da "conversão", Kuhn trata no cap. 11 de seu livro.

125. Esclareceremos esse ponto no penúltimo item do presente capítulo.

O eficaz aparato conceitual proposto por Thomas Kuhn para compreender a História da Ciência veio a ocupar um lugar de inegável destaque no âmbito dos estudos sobre a história dos diversos campos disciplinares. O conceito de paradigma, todavia, clama por algumas adaptações conforme o apliquemos a um ou outro campo de conhecimento, em especial quando temos em vista as ciências sociais e humanas. É oportuno lembrar que, em outro momento de suas reflexões, ao procurar aparar arestas de seu quadro conceitual, Thomas Kuhn chegou a falar em uma "matriz disciplinar" – noção que poderia se mostrar mais eficaz no que se refere ao universo mais amplo de valores que afetam cada comunidade científica em questão[126]. Este segundo conceito pode ser particularmente interessante para a comunidade historiadora, no sentido de que existem certos princípios mais gerais que realmente são aceitos pela ampla maioria dos historiadores – tais como a necessidade de uma base empírica nas fontes ou como a consideração da perspectiva do tempo – e que desse modo poderiam corresponder a uma

---

126. Esta solução conceitual – utilizada para evitar dois usos distintos que haviam sido empregados no livro *A estrutura das revoluções científicas* (1962) – é introduzida por Thomas Kuhn no "Posfácio" de 1969, que o autor acrescentou a esse mesmo livro (KUHN, 2006: 228). Nesse Posfácio, Thomas Kuhn justifica a escolha do termo: "'Disciplinar' porque se refere a uma posse comum dos praticantes de uma disciplina particular. 'Matriz' porque é composta de elementos ordenados de várias espécies, cada um deles exigindo uma determinação mais pormenorizada" (KUHN, 2006: 228-229). Segundo Kuhn, a "Matriz Disciplinar" é uma espécie de patrimônio ou repertório de recursos partilhados por todos os praticantes de um determinado campo disciplinar, e se constitui de alguns tipos de componentes, os principais dos quais seriam: (1) as "generalizações simbólicas" (na verdade postulados ou expressões empregados pelos praticantes do campo sem discussão ou dissensão; (2) crenças; (3) valores e (4) exemplares (modelos que instruem os aprendizes de uma ciência).

"matriz disciplinar", sendo que esta, por sua vez, poderia abrigar dentro de si certo número de paradigmas concorrentes. A matriz disciplinar, para o caso da História, corresponderia em boa parte ao que Michel de Certeau se referiu como a rede de pressões que vem da comunidade de historiadores e que interfere no "lugar de produção" de uma *Operação historiográfica* (1974). Jörn Rüsen adaptou o conceito de "matriz disciplinar" em seu livro *Razão histórica, Teoria da História: fundamentos da ciência histórica* (1983)[127]. Também Michel Foucault, em *A ordem do discurso* (1970), embora sem utilizar o mesmo vocabulário, refere-se a esse conjunto de imposições disciplinares que incidem sobre os praticantes de cada um dos vários campos de conhecimento. Ainda para Thomas Kuhn, seria sempre preciso considerar certo patamar básico de conhecimentos e pressupostos que existiriam como necessários, aos olhos da comunidade científica, de modo a dar suporte à concepção e à recepção das questões científicas em determinado campo de conhecimento. É aqui que a noção de "matriz disciplinar" torna-se operante.

---

127. Jörn Rüsen (n. 1938), historiador e teórico ligado ao moderno Historicismo alemão, a cujas obras voltaremos algumas vezes em vista da acuidade de suas reflexões teóricas sobre a História, dedicou-se amplamente ao estudo de diversos dos campos que aqui nos interessam: a Teoria da História, a Metodologia da História, a Historiografia, e o Ensino de História. Sua primeira obra significativa foi sua tese de doutorado, defendida em 1966, na qual estudou aspectos teóricos relacionados à obra do historiador oitocentista Johan Gustav Droysen. No Brasil, suas obras mais conhecidas são aquelas que constituem a sua famosa trilogia dedicada à *Teoria da História*: *razão histórica* (1983); *Reconstrução do passado* (1986) e *História viva: formas e funções do conhecimento histórico* (1989). A reflexão sobre o Ensino de História desenvolvida por Rüsen encontra seu ponto alto em *O ensino de História: fundamentos e paradigmas* (1994). Da mesma forma, as reflexões de Rüsen sobre historiografia, além de *Estudos de Meta-história* (1993), renderam uma obra igualmente notória em parceria com Friedrich Jaeger, intitulada *História do historicismo: uma introdução* (1992).

As adaptações desses vários conceitos podem se mostrar relevantes para a historiografia, desde que sempre tenhamos em vista as especificidades da História. O que ocorre com a Historiografia e com outras ciências humanas é que, conforme já reiteramos algumas vezes, nelas não se impõe ao seu praticante em formação essa ilusão de uma evolução linear de seu campo de conhecimento. Desde cedo, o historiador em formação toma conhecimento de que existem diversos paradigmas concorrentes, diversas teorias que se complementam ou que se confrontam, conceitos flexíveis a serem operacionalizados. Conscientizado de que trabalhará com escolhas, o historiador percebe ao longo da sua formação que a situação habitual é mesmo a da proliferação de paradigmas concorrentes, e dificilmente se poderia dizer que tenha ocorrido alguma vez a imposição de um paradigma único. Seria útil pensar na imposição, sim, de certa "matriz disciplinar", aliás em contínua mas lenta transformação através do devir histórico, no interior da qual se afirmam paradigmas diversificados ao sabor do dinâmico jogo de interações e transformações mais ou menos rápidas estabelecidas pelas variadas realizações historiográficas.

Pensadas em um quadro de historicidade e de adequação às ciências humanas, as noções de "matriz disciplinar" e de "paradigma" podem se adaptar particularmente bem ao estudo da Teoria da História. Em nossa estrutura conceitual, a "Matriz Disciplinar" corresponderá, antes de mais nada, a um universo mais amplo de valores que dificilmente seriam colocados em questionamento pela ampla maioria dos historiadores – tais como a necessidade de uma referência à base documental (fontes históricas) ou a consideração das mudanças no tempo – aspectos sem os quais a própria disciplina perderia a sua identidade nos moldes como hoje a concebemos. Estas e outras "singularidades" – que, para cada caso, correspondem àquele conjunto irredutível de dimensões, princípios e postulados aceitos por todos ou quase todos os praticantes de um determinado campo disciplinar, e que, de certo modo, é o que marca a identidade do campo em relação a outras áreas de saber – constituem, por assim dizer, o "núcleo duro" de uma "matriz disciplinar". Esse núcleo duro pode mudar, mas, se isso ocorre, ou é muito lentamente, ou é como resultado de alguma mudança revolucionária nos aspectos essenciais de um campo disciplinar.

Na História, por exemplo, veremos depois que a consciência de que o historiador trabalha com a dimensão do "Tempo" foi se instalando gradual e decisivamente na História (pois ainda não estava presente com toda a clareza na historiografia de Heródoto, para quem a História era sobretudo um "inquérito" ou uma "investigação"). Hoje, historiador algum questionaria o fato de que a História opera essencialmente com a dimensão do "Tempo". Pode se dar mesmo que haja mudanças menos ou mais perceptíveis na forma como se pensa essa dimensão temporal da História – e podemos lembrar que os historiadores um dia tenderam a pensar a História como "estudo do passado humano", enquanto a partir de Marc Bloch tem-se como uma definição mais precisa a de que "a história é o estudo do homem no tempo" (BLOCH, 1949). Mas de todo modo é inconteste para qualquer historiador que a História traz essa noção de "temporalidade" para a centralidade de suas operações.

A noção de "fonte histórica" tem integrado, da mesma maneira, o "núcleo duro" da "matriz disciplinar" da História. Desde Heródoto e Tucídides, já havia a consulta historiográfica de fontes escritas ou materiais, ainda que esses historiadores da Grécia Antiga tendessem a considerar como possuindo maior grau de confiabilidade os depoimentos orais ou mesmo aquilo que o historiador pode presenciar ele mesmo. Tal tendência foi se revertendo, e a "fonte histórica" foi ocupando cada vez mais uma centralidade. Desde o princípio do século XIX, quando começa a se constituir para a História uma "matriz disciplinar" já propriamente científica, a noção de fonte histórica – ou de "documento histórico" – beneficia-se mesmo de uma revolução que agrega ao trabalho com as fontes históricas uma preocupação metodológica bastante rigorosa, a começar pela chamada "crítica documental" instituída pelos historicistas da Escola Histórica Alemã. Essa centralidade da "fonte histórica", e também os cuidados metodológicos na sua operacionalização, não abandonariam mais, desde então, o "núcleo duro" da "matriz disciplinar da História". Podem-se discutir as metodologias, ou mesmo as relações que essas fontes poderão estabelecer com a possibilidade de se alcançar em algum nível uma "verdade histórica" (um questionamento encaminhado, por exemplo, por setores do pós-modernismo historiográfico). Mas os historiadores não colocam em dúvida o papel central da "fonte histórica" no seu trabalho. Isso faz parte da sua "matriz disciplinar".

Pode-se ainda acompanhar a proposição de Thomas Kuhn de que os chamados "exemplares" também fazem parte de uma "matriz disciplinar". Postularemos que os exemplares não fazem parte do "núcleo duro" de uma matriz disciplinar, mas que de todo modo a habitam, como um repertório de modelos disponíveis para todos os praticantes de uma disciplina científica, inclusive para aqueles que estão aprendendo o seu ofício e ainda se instruindo com vistas a serem aceitos na "comunidade científica". Para Kuhn, os "exemplares" constituem, antes de mais nada, "as soluções concretas de problemas que os estudantes encontram desde o início de sua educação científica, seja nos laboratórios, exames, ou nos capítulos dos manuais científicos" (KUHN, 2007: 234). Tais soluções, prossegue Kuhn, indicam, através de exemplos, como os praticantes do campo devem realizar o seu trabalho. "A prática da ciência normal depende da habilidade, adquirida através dos exemplares, para agrupar objetos e situações em conjuntos semelhantes" (KUHN, 2007: 234, 235). Na História, iremos encontrar muitos exemplares através do repertório de métodos e técnicas que se coloca à disposição dos historiadores para a abordagem dos diversos tipos de fontes. Através de um exemplar – não importa a que corrente teórica ou a que paradigma o historiador se associe – pode-se encontrar uma operação metodológica aplicável a uma situação análoga. É possível também encontrar "exemplares" no nível teórico, mas, para os historiadores, é especialmente no âmbito metodológico que os exemplares se oferecem em maior quantidade, uma vez que as escolhas teóricas e conceituais, em boa parte dos casos, já começam a fazer parte do universo mais específico das correntes teóricas e paradigmas historiográficos, compreendidos como subconjuntos que se encaixam no interior da "matriz disciplinar", mas que formam territórios específicos, por vezes concorrentes, no interior dessa matriz. Isto nos leva, aliás, ao próximo aspecto a ser discutido.

A "Matriz Disciplinar", poderemos deixar por estabelecido, é esse universo mais amplo no qual se incluem, ou com o qual concordam, todos os praticantes do campo. Ela tem o seu "núcleo duro", formado pelos aspectos incontestes do campo, e também uma certa constelação habitada por exemplares e elementos disponíveis para todos os praticantes, independente de suas filiações teóricas mais específicas[128]. Quanto aos paradigmas, e já consideraremos aqui o caso da História, estes expressam posicionamentos distintos sobre questões fulcrais que redefinem a prática historiográfica, situação que podemos exemplificar com a contraposição entre o paradigma Positivista e o paradigma Historicista no século XIX, apenas para dar um exemplo (cap. II, vol. 2). O paradigma, contudo, habitualmente não se impõe contra certos aspectos que constituem o núcleo fundamental da matriz disciplinar, e podemos lembrar aqui as reflexões do micro-historiador italiano Carlos Ginzburg sobre as "Raízes de um Paradigma Indiciário" (1986), em um artigo no qual ele historia a emergência, nas ciências humanas, de um novo modelo epistemológico relacionado a

---

128. No cap. I do vol. 2 delimitaremos o conjunto de fatores mínimos que correspondem, nos dias de hoje, ao núcleo duro da "Matriz disciplinar da história", tal como esta veio se constituindo desde o século XIX.

uma inovadora abordagem dos indícios. Apesar de propor a consideração de um novo paradigma, em nenhum momento Ginzburg coloca em xeque a necessidade da referência a "bases de fontes históricas", o que já constitui uma dimensão inerente ao "núcleo duro" da própria matriz disciplinar da História atualmente em vigor, conforme vimos acima. O mesmo Carlo Ginzburg vem, aliás, em defesa dessa matriz em outro artigo, de 1979, intitulado "Provas e Possibilidades", no qual polemiza contra certas posições sustentadas por Hayden White que estariam ameaçando aproximar perigosamente a Historiografia dos trabalhos de ficção literária (1973). O exemplo mostra que afirmar ou sustentar certo paradigma, na História, não implica afrontar elementos fundamentais da sua matriz disciplinar. Conforme postulamos antes, a História, já desde há muito, trabalha com paradigmas concorrentes, e não com a sucessão de paradigmas únicos. Mas isto não impede que haja uma determinada "matriz disciplinar" reconhecida pela ampla maioria de historiadores.

Para além dos paradigmas, entre eles, e no interior deles, podemos ter inúmeras correntes teóricas, conforme já discorremos antes, e não mais nos deteremos nesse ponto. Seria o caso, apenas para lembrar um exemplo, de pensar nas numerosas correntes teóricas que povoam o paradigma do Materialismo Histórico ou o paradigma Historicista, por vezes algumas dessas correntes confrontando-se umas com as outras na sua discordância com relação ao uso de determinados conceitos, abordagens, ou mesmo no que se refere à interpretação ou possibilidades de aplicação de certos princípios que constituem o paradigma. Pode ocorrer inclusive o confronto de dialetos no interior da linguagem mais ampla que é típica do paradigma (por vezes, é possível reconhecer no interior do paradigma do Materialismo Histórico, através do seu dialeto, os partidários da "Teoria Crítica" inspirada na Escola de Frankfurt, os historiadores marxistas influenciados pela Escola Inglesa do Marxismo, ou os historiadores que incorporaram o dialeto estruturalista de influência althusseriana).

A questão das "linguagens" e "dialetos", aliás, constitui um último ponto a discorrer. Os historiadores, por exemplo, costumam lidar com um entremeado muito rico de linguagens e elementos expressivos, oriundos de âmbitos diversos. Tais como os demais cientistas humanos, muito habitualmente os historiadores trabalham com palavras e expressões de uso comum, de maneira que a sua linguagem é de modo geral facilmente comunicável ao grande público. É mais fácil ao público não especializado compreender um historiador do que compreender um economista ou um profissional ligado ao Direito (a não ser que estes se empenhem na tradução dos seus termos mais complexos), e será ainda mais difícil se aproximar da linguagem dos Físicos e dos Matemáticos no momento em que estes estiverem utilizando fórmulas matemáticas e um sistema conceitual de base para cuja compreensão é necessário determinado treinamento prévio. Todavia, mesmo os historiadores têm também a sua linguagem, transversal aos diversos níveis que se estabelecem a partir do âmbito mais englobante, que é o da Matriz Disciplinar.

Existem expressões e conceitos que são amplamente conhecidos de todos aqueles que são familiares a determinado campo de saber, e que conhecem bem a sua Matriz Disciplinar. Não raro, existem expressões e conceitos que foram fixados no campo disciplinar através de determinados "exemplares", e que são cedo aprendidos pelos praticantes de um campo, desde o seu período de formação; existem também expressões que ficaram associadas ao uso que delas fez certo autor[129]. A expressão "processo civilizador", por exemplo, ficou muito associada ao sentido a ela atribuído por Norbert Elias no livro que leva esse nome (1939). Há também conceitos que se territorializam. O conceito de "dialética negativa" tornou-se praticamente marca registrada dos desenvolvimentos derivados da "Teoria Crítica" e de outras propostas da Escola de Frankfurt – uma escola filosófica ligada ao Materialismo Histórico com características muito específicas[130]. Mas existe grande quantidade de conceitos utilizados pelos historiadores que são polissêmicos. Terry Eagleton registra, em seu livro *Ideologia*, nada menos do que dezesseis sentidos de uso mais comum para esse conceito na atualidade (EA-

---

129. Thomas Kuhn se refere a alguns casos como este, no momento em que discute os problemas de linguagem e tradução que estão envolvidos na comunicação entre os membros de certas comunidades científicas: "Uma vez que as palavras em torno das quais se cristalizam as dificuldades foram parcialmente apreendidas a partir da aplicação direta de exemplares, os que participam de uma interrupção da comunicação não podem dizer: 'utilizei a palavra 'elemento' (ou 'mistura', 'planeta', ou 'movimento livre') na forma estabelecida pelos seguintes critérios" (KUHN, 2007: 250).

130. O ensaio *Dialética negativa* foi escrito em 1966 por Adorno (1903-1969), um dos representantes da Escola de Frankfurt. Sobre o uso do conceito de Dialética Negativa no pensamento dos vários frankfurtianos, que buscam trabalhar com uma dialética da "não identidade", bem como respeitar o diferente, o dissonante, e mesmo o "inexpressável", cf. Buck-Morss, 1982.

131. Sobre um panorama crítico para várias possibilidades de sentidos modernamente atribuídos ao conceito de "ideologia", o autor remete a Naess et al., 1956: 143ss.

GLETON, 1997: 15)[131]. A questão da polissemia conceitual, e também a dos dialetos que se referem a setores no interior de uma mesma comunidade científica, requerem por vezes o recurso à "tradução"[132]. Um enunciado, perfeitamente transparente para determinado setor teórico de um campo disciplinar, pode parecer opaco para outro setor da mesma comunidade científica.

Estes e outros, enfim, são os aspectos que se devem relacionar com vistas à aplicabilidade, para a Teoria da História, dos conceitos de "Matriz Disciplinar", "Paradigma", "Corrente Historiográfica", "Escola Histórica". É preciso dizer ainda que as escolas históricas, definíveis pelos diversos aspectos que asseguram a unidade de um grupo e também por questões identitárias que se estabelecem entre seus componentes, podem se inserir no interior de um paradigma ou não, e pode mesmo ocorrer que historiadores de uma mesma escola estejam vinculados a paradigmas distintos[133]. O paradigma pode também abarcar, em alguns casos, diversas escolas, e podemos lembrar o caso do Historicismo, que encontrou

---

132. Essa questão é também tangenciada por Thomas Kuhn no "Posfácio" de 1969 para o ensaio *Estrutura das revoluções científicas*: "Em suma, o que resta aos interlocutores que não se compreendem mutuamente é reconhecerem-se uns aos outros como membros de diferentes comunidades de linguagem e a partir daí tornarem-se tradutores" (KUHN, 2007: 251). Clássicos para as questões que envolvem a tradução são os livros *Mundo e objeto* (1965), e *Teorias e coisas* (1960), de W.O. Quine.

133. Discussão notória sobre isto, empreendida por historiadores diversos, é que indaga se a chamada Escola dos *Annales* introduziu na historiografia ocidental um novo paradigma (GEMELLI, 1987; STOIANOVITCH, 1976), ou mesmo vários novos paradigmas (REVEL, 1979). Também José Carlos Reis é favorável à ideia de que os *Annales* introduzem um novo paradigma, no caso relacionado a uma nova forma de tratamento do tempo (REIS, 2000: 15). A essas questões voltaremos no quinto volume.

difusão não apenas na Escola Alemã, como também entre inúmeros outros historiadores, que por vezes se viram agrupados em diversas escolas historicistas nacionais.

3 Campos históricos

Uma última noção a ser operacionalizada antes de iniciar o estudo mais amplo da Teoria da História é a de "campo histórico". Um campo histórico – que também pode ser entendido como uma "modalidade histórica" ou uma subespecialidade da História enquanto âmbito disciplinar – corresponde àquelas subdivisões que começaram a ser idealizadas ou percebidas no interior da História-Disciplina, à medida que a historiografia foi se tornando cada vez mais complexa. Já desenvolvemos um estudo mais exaustivo sobre *O Campo da História* (BARROS, 2004), de modo que aqui apenas pontuaremos algumas questões, e remeteremos a essa obra para um estudo mais aprofundado.

A partir do momento em que a historiografia foi se tornando mais complexa, do século XX em diante, e à medida que o próprio conhecimento científico foi produzindo "especialidades" nas várias esferas de conhecimento, também foi ocorrendo o mesmo fenômeno de multiplicação de espaços intradisciplinares no interior da História. Ao exercer esse "olhar sobre si" que é, aliás, uma das precondições para o surgimento de uma Teoria da História, os historiadores precisaram pensar cada vez mais o seu próprio campo de estudos em termos de modalidades internas. Era preciso, por assim dizer, organizar e tornar mais inteligível esse enorme espaço de saberes historiográficos que foi sendo gerado pela expansão da noção de "fonte histórica", pela multiplicação dos interesses temáticos dos historiadores, pela proliferação de diálogos interdisciplinares, pelo acúmulo de novas metodologias e aportes teóricos, e pela crescente complexidade do estudo da história, enfim.

A partir do século XX, começamos a ouvir falar cada vez mais em História Cultural, em História das Mentalidades, em História do Imaginário, em Micro-História, em História Serial, em História Quantitativa, apenas para mencionar uma quantidade muito pequena das expressões a partir das quais os historiadores começaram a pensar o tipo de trabalho que realizavam dentro da História. O que define cada um destes e de outros campos pode corresponder desde a um campo específico de fenômenos e processos que são examinados em primeiro plano pelo historiador, até um tipo de fonte a ser trabalhada pelo historiador, uma abordagem que conduzirá necessariamente o trabalho historiográfico, ou um eixo temático fundamental. A multiplicação de critérios a partir dos quais podem ser propostas as subdivisões da História – e nem mencionaremos aqui os já tradicionais critérios de temporalidade que criam divisões como a História Antiga, a História Medieval ou a História Moderna – parece mergulhar o ofício do historiador em um complexo oceano de especialidades ou especializações possíveis. Refletir sobre essa miríade de modalidades que fragmentam o campo de ação do historiador, ou que, sob outra perspectiva, o enriquecem, tem sido tarefa de historiadores que, nas últimas décadas, têm se imposto a tarefa de refletir sobre o seu próprio ofício, sobre os limites e liberdades da disciplina em que seus trabalhos se inscrevem. A percepção da História a partir de uma dinâmica de modalidades internas é certamente parte do estudo da Teoria da História, e não é por acaso que nos últimos tempos têm surgido muitas coletâneas de livros inventariando as conquistas historiográficas no interior de cada uma destas modalidades[134].

A chave para compreender esses vários campos da História, conforme argumentação que desenvolveremos a seguir, estará em distinguir muito claramente as divisões que se referem a *dimensões* (enfoques), as divisões que se referem a *abordagens* (ou modos de fazer a História), e as divisões intermináveis que se referem aos *domínios* (áreas de concentração em torno de certas temáticas e objetos possíveis).

---

134. Os historiadores franceses ligados à "História Nova", por exemplo, organizaram algumas coletâneas de ensaios sobre as diversas modalidades da História, sendo dois dos mais conhecidos a coletânea *La nouvelle Histoire* (1978), organizada por Jacques Le Goff, e a coletânea *Faire de l'Histoire* (1974), organizada por Pierre Nora e Le Goff. Essas coletâneas constituem, hoje, fontes importantes para a própria história da historiografia, já que refletem um contexto específico que é o da passagem da era dos grandes paradigmas historiográficos para um novo momento na história da historiografia, trazido pelas últimas décadas do século XX. Procurando abarcar um circuito historiográfico para além da França, o historiador inglês Peter Burke fez algo similar com a coletânea *A escrita da História* (1992). Há ainda coletâneas de ensaios sobre uma única modalidade, como a História Cultural ou a História Política. Foi o caso, e aqui damos apenas dois dos muitos exemplos, do livro organizado por Lynn Hunt sob o título *A nova História Cultural* (1992), ou da coletânea *Por uma nova História Política*, organizada por René Remond (1988). No Brasil temos na coletânea *Domínios da História* (1997), organizada por Ciro Flamarion Cardoso e Ronaldo Vainfas, um bom exemplo do interesse pelo estudo das modalidades da história. De nossa parte, abordamos o tema em *O campo da História* (2009, 7ª edição).

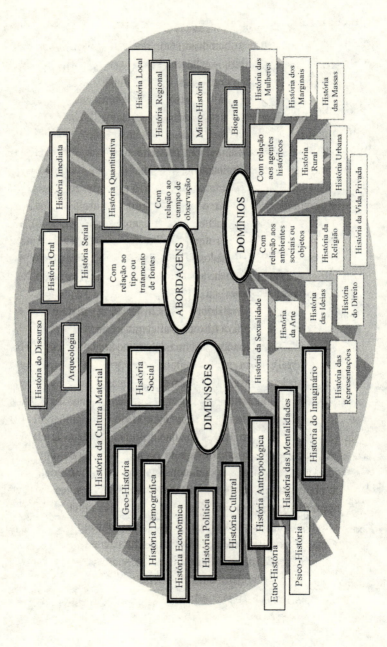

Quadro 6. Campos históricos [Quadro já apresentado no livro *O campo da História* (2004)]

O Quadro 6 procura registrar essa complexidade pertinente aos inúmeros campos históricos, e ao mesmo tempo fornecer uma base mais organizada para a sua compreensão.

O primeiro critério gerador de divisões da História em modalidades mais específicas refere-se ao que chamaremos de *dimensões*, correspondendo àquilo que o historiador traz para primeiro plano em seu exame de determinada sociedade: a Política, a Cultura, a Economia, a Demografia, assim por diante (Quadro 6, lado esquerdo). Deste modo, teríamos na História Econômica, na História Política, ou na História das Mentalidades, campos do saber histórico relativos às dimensões ou aos enfoques priorizados pelo historiador. Um historiador cultural, por exemplo, constitui em primeiro plano a noção de cultura, na mesma medida em que um historiador político estuda o poder nas suas múltiplas formas e um historiador demográfico orienta seu trabalho em torno da noção de "população". Desta maneira, essas modalidades, ao enfatizarem certa perspectiva da vida social, devem ser mais adequadamente localizadas no campo das *dimensões* historiográficas.

Um segundo grupo de critérios para estabelecer divisões no saber histórico é aquele que chamamos de *abordagens*, referindo-se aos métodos e modos de fazer a História, aos tipos de fontes e também às formas de tratamento de fontes com os quais lida o historiador. São divisões da História relativas a *abordagens* a História Oral, a História Serial, a Micro-História e tantas outras (Quadro 6, parte superior direita). A História Oral, por exemplo, lida com fontes orais e depende de técnicas como a das entrevistas; a História Serial trabalha com fontes seriadas – documentação que apresente um certo tipo de homogeneidade e que possa ser analisada sistematicamente pelo historiador. A Micro-História refere-se a abordagens que reduzem a escala de observação do historiador, procurando captar em uma sociedade aquilo que habitualmente escapa aos historiadores que trabalham com um ponto de vista mais panorâmico, mais generalista ou mais distanciado. Também a História Regional poderia ser classificada como modalidade historiográfica ligada a uma abordagem, no sentido de que elege um campo de observação específico para a construção da sua reflexão ao construir ou encontrar historiograficamente uma "região". Examinando um espaço de atuação no qual os homens desenvolvem suas relações sociais, políticas e culturais, a História Regional viabiliza, através de sua abordagem, um tipo de saber historiográfico que permite estudar uma ou mais dimensões nessa região que pode ser analisada tanto no que concerne a desenvolvimentos internos, como no que se refere à inserção em universos mais amplos.

Para além das modalidades relacionadas a *dimensões* e *abordagens*, podemos pensar finalmente nas divisões da História que chamaremos de *domínios*, e que se referem a campos temáticos privilegiados pelos historiadores (Quadro 6, parte inferior direita). Vários domínios da História têm surgido e mesmo desaparecido no horizonte de saber dessa complexa disciplina que é a História. Estaremos falando de domínios quando nos referimos a uma História da Mulher, a uma História do Direito, a uma História de Sexualidade, a uma História Rural. Os *domínios* da História são, na verdade, de número indefinido. Alguns domínios podem se referir aos "agentes históricos" que eventualmente são examinados (a mulher, o marginal, o jovem, o trabalhador, as massas anônimas); outros, aos "ambientes sociais" (rural, urbano, vida privada); outros, aos "âmbitos de estudo" (arte, direito, religiosidade, sexualidade), e a outras tantas possibilidades. Os exemplos sugeridos são apenas indicativos de uma quantidade de campos que não teria fim, e qualquer um poderá começar a pensar por conta própria as inúmeras possibilidades.

Alguns domínios surgem e desaparecem um pouco ao sabor das modas historiográficas – motivados por eventos sociais e políticos, ou mesmo por ditames editoriais e tendências de mercado. Outros surgem quando para eles se mostra preparada a sociedade na qual se insere a comunidade de historiadores (por exemplo, uma "História da Sexualidade" dificilmente poderia ter surgido na Inglaterra puritana, e uma "História da Mulher" não poderia surgir senão quando, no século XX, a mulher começa a conquistar o mercado de trabalho e se organizam os movimentos feministas e de valorização social da mulher). Outros domínios, por fim, são quase tão antigos quanto a própria História – como é o caso da História Religiosa e da História Militar – e tendem a ser perenes na sua durabilidade.

Tal como dissemos, os critérios de classificação que estabelecem domínios da História referem-se primordialmente às temáticas (ou campos temáticos) escolhidas pelos historiadores. São já áreas de estudo mais específicas, dentro das quais se inscreverá o objeto de investigação e a problemática constituídos pelo historiador. A maioria dos *domínios* históricos presta-se a historiadores que trabalham com diferentes *dimensões* históricas, e certamente abre-se às várias *abordagens*. Mas existem domínios que têm mais afinidade com uma determinada dimensão, dada a natureza dos temas por eles abarcados. Assim, a História da Arte ou a História da Literatura podem ser eventualmente consideradas subespecialidades da História Cultural (embora se deva chamar atenção para uma História Social da Arte, ou uma História Social da Literatura, que não deixam de ser possibilidades dentro da História Social).

De modo análogo, um domínio como o da História das Imagens (entendida como história das imagens visuais obtidas a partir de fontes iconográficas, fotográficas etc.) mostra-se não raro como um desdobramento da História do Imaginário. Mas, bem entendido, uma série de imagens visuais tomadas como fontes históricas sempre poderá dar a perceber qualquer das dimensões que discutimos atrás, como a História Econômica, a História Política, a Geo-história ou a História da Cultura Material. Pense-se em uma iluminura de *Livro de horas*, da qual o historiador lança mão para perceber aspectos da economia rural no ocidente medieval, suas representações políticas, as relações do homem medieval com seu meio natural ou traços da cultura material; ou pense-se em uma pintura impressionista utilizada para captar aspectos da História Social na *Belle Époque*; ou ainda nas cerâmicas gregas utilizadas para levantar aspectos da História Política da Atenas da Antiguidade Clássica. Mas de um modo ou outro, em todos esses casos sempre estará ocorrendo um diálogo da História do Imaginário com uma dessas outras dimensões.

Também a História das Representações, por motivos análogos, sempre terá intimidade com o campo definido como História do Imaginário, embora também se abra a uma História das Mentalidades e certamente à História Cultural. Já a História do Cotidiano, ou a História da Vida Privada, abrem-se a inúmeros campos de enfoques para além da História das Mentalidades, como a História da Cultura Material, a História Social a História Econômica ou a História Política (neste último caso, focando a questão dos micropoderes). Raciocínio análogo pode ser encaminhado para outros domínios igualmente abertos, como a História das Religiões ou a História da Sexualidade.

Conforme vemos, os domínios tendem a ser englobados por uma dimensão (são poucos os casos) ou então partilhados preferencialmente por duas ou mais dimensões. Mas é possível ainda que algum campo que hoje esteja sendo tratado como "domínio", mas que possua uma abrangência em potencial, possa vir a transformar-se futuramente em uma "dimensão". A História da Sexualidade tem sido pouco estudada em relação à importância da sexualidade para a vida humana na concretude diária, e é talvez isto o que lhe dá um *status* de domínio. Mas seguramente esta poderia ser vista como uma dimensão historiográfica tão basilar e fundamental como a Economia, a Política ou as Mentalidades. O que ocorre é que estas não apenas são dimensões significativas que definem a vida humana, elas constituem na verdade "macrocampos", ou tornaram-se "macrocampos" devido à atenção que lhes prestaram os historiadores e outros pensadores.

Vale lembrar ainda que, quando falamos em uma dimensão historiográfica, teremos sempre em conta aquilo que, de modo irredutível, é intrínseco da vida humana, inseparável e não casual em nenhuma instância. Ao nascer, um ser humano já se encontra automaticamente inscrito em uma determinada relação com a sociedade. Poderá modificar suas relações sociais com o passar do tempo, menos ou mais rapidamente. Mas, para o seu próprio existir em uma coletividade, sempre deverá desenvolver relações sociais. Isto significa que, queira ou não queira, qualquer ser humano, com a exceção do eremita que habita uma ilha deserta, estará mergulhado até à medula nesta dimensão que é a História Social. E, mesmo quanto ao Eremita, pode-se dar que – a não ser que tenha nascido na ilha deserta – esteja mergulhado em uma História Social através de suas lembranças acerca de quando vivia em sociedade, e pode mesmo se dar que a sua decisão pessoal de se ter tornado eremita tenha sido resultado de relações sociais específicas contra as quais reagiu um dia. Do mesmo modo, ao se relacionar com outros homens, qualquer ser humano irá afetar e ser afetado por poderes de todos os tipos. A Política, em sentido amplo, será sempre inseparável do seu existir e, portanto, uma História Política, quer ele deseje ou não, termina também por constituí-lo. Esse mesmo ser humano também estará sempre produzindo Cultura em suas relações com os homens e com a natureza. Ele não pode apagar isso de sua existência: ao iniciar um simples movimento ou a produzir um simples gesto estará automaticamente produzindo cultura. A História Cultural, essa dimensão incontornável, inscreve-se indelevelmente nos seus menores gestos.

Por outro lado, em que pese que boa parte dos seres humanos possua alguma forma de religião – a verdade é que, no limite, pode-se imaginar perfeitamente um homem, ou até uma humanidade, sem religião. A religião é uma contingência da vida humana, embora uma contingência perene, duradoura, e que pode mesmo se eternizar – mas não é propriamente intrínseca à natureza humana, e é esta uma das razões pelas quais podemos classificar a História da Religião como um domínio, e não como uma dimensão. Do mesmo modo, em que pese que metade dos seres humanos seja do sexo feminino, e que uma boa parte da humanidade seja constituída de jovens, não será adequado classificar a História das Mulheres ou a História dos Jovens senão como domínios, e um raciocínio similar poderia ser formulado para a História Rural ou para a História Urbana, apenas para mencionar alguns dos domínios mais abrangentes, já que para os domínios mais específicos o seu nível de restrição e contingência torna-se ainda mais evidente (por exemplo, a História da Loucura, a História do Direito, a História da Arte, a História dos Marginais, a História do Vestuário, e inúmeros outros imagináveis). De igual maneira, uma História da Doença não pode ser senão um *domínio* historiográfico, e não uma *dimensão*, uma vez que estamos aqui falando em uma circunstância da vida humana ("estar doente" ou "ter saúde" são circunstâncias que se alternam na vida individual de qualquer ser humano).

As fronteiras entre as modalidades historiográficas produzidas a partir dos três critérios – *dimensões, abordagens* e *domínios* – são por vezes ambíguas e interpenetrantes, mas de todo modo constituem um problema teórico bastante interessante. Por outro lado, apesar da vertiginosa multiplicação contemporânea de modalidades internas ao saber historiográfico, é preciso neste momento tocar em uma questão de máxima importância para a historiografia de nossos dias, considerando que esta presentemente luta contra crises provocadas por fragmentações diversas em relação ao tipo de conhecimento que é produzido pelos historiadores. Na verdade, os "campos históricos", ou as modalidades da história, não devem ser vistos como compartimentos nos quais se situariam os historiadores, ou mesmo seus trabalhos mais específicos. Para utilizar uma imagem emprestada à Física, diremos que os "campos históricos" são como campos de força que se interconectam em função de uma pesquisa ou reflexão historiográfica que está sendo produzida por determinado historiador em um momento específico. Os "campos históricos", ou aquilo que se produz na interconexão entre eles, são espaços de interatividade, dimensões nas quais se operam os diálogos historiográficos. Nada mais danoso para o conhecimento histórico do que a hiperespecialização de um historiador, que passe a trabalhar ou a se definir em termos de um único campo histórico.

Em confronto contra essa prática, o fato é que os diversos trabalhos e pesquisas historiográficos não se realizam no interior de um só campo da história, como a História Econômica ou a História Cultural. Os temas historiográficos examinados pelos historiadores, e também os modos de ver e de tratar metodologicamente com esses temas, chamam para si uma certa conexão de "campos históricos". Digamos, por exemplo, que um determinado historiador esteja estudando as "canções de protesto no período da Ditadura Militar no Brasil (1965-1985)". Um tema como este – ao tratar de Música, de Poesia e de Cultura Popular – parece inscrever-se de imediato no âmbito da História Cultural. Contudo, se pretendemos investigar o papel das canções de protesto na crítica do Regime Militar, não podemos deixar de pensar também na História Política. Duas dimensões, a História Cultural e a História Política, são chamadas aqui a uma interconexão, sem contar o domínio da História da Música, que também deve ser evocado. Contudo, se a pesquisa pretende ser desenvolvida principalmente a partir de entrevistas com agentes históricos que vivenciaram aquele período (os músicos, os censores, o público, os diversos profissionais da indústria cultural, os críticos musicais), estaremos necessariamente chamando para o nosso estudo um outro campo histórico, que é a "abordagem" da História Oral – uma modalidade da história que pode ser definida pelo trabalho específico com a "memória" dos agentes históricos que vivenciaram determinados processos histórico-sociais, e pela utilização de metodologias específicas, como a das entrevistas.

Qualquer exercício de imaginar que "campos históricos" estariam sendo evocados por determinado trabalho historiográfico que está sendo realizado, ou que está em vias de começar a ser realizado, pode conduzir-nos a raciocínios análogos. Os "campos históricos" não são prisões para os historiadores, mas meios para que possam ser estabelecidos certos diálogos – diálogos no interior da história, quando são colocados em conexão dois ou mais "campos históricos", ou diálogos "interdisciplinares", que são aqueles produzidos pelas relações da História com outras modalidades de saber como a Antropologia, a Economia, a Psicologia, a Linguística, a Geografia, e inúmeros outros âmbitos de conhecimento.

Conhecer mais a fundo um determinado "campo histórico" deve ser visto, na verdade, como uma oportunidade de evocar toda uma historiografia já realizada em diálogo com aquele campo. Os campos históricos não devem ser tratados como compartimentos, como "lotes" nos quais se divide a história. Devem ser compreendidos como dimensões, abordagens e domínios que se interpenetram. O que possibilita a conexão de certos campos históricos, em um momento específico que é o da realização da pesquisa e da reflexão historiográfica, é o objeto de estudo constituído pelo historiador. É esse objeto de estudo que chamará a si certas possibilidades de conexões entre os campos históricos.

A noção de "campo", de modo a ser explorada em toda a sua riqueza no que concerne às possibilidades de seu emprego com vistas a uma reflexão sobre as modalidades internas da História, pode dialogar diretamente com seus dois sentidos possíveis. "Campo" pode remeter a "espaço físico", a um lugar no qual se organiza algo ou dentro do qual se dão determinados embates e alinhamentos; mas, de outra parte, a mesma palavra "campo" também pode reenviar ao sentido quântico, ao "campo de forças".

O uso metafórico de "campo" como "espaço físico" pode ser antes de mais nada evocado, tal como o fez Pierre Bourdieu (1930-2002)[135], para se referir a uma disciplina específica como o campo dos estudos e da produção literária[136] – ou também, em nosso caso, a História, aqui entendida como lugar de produção de uma forma específica de conhecimento que é levada a cabo pelos historiadores. Existe, neste sentido mais amplo, um "Campo da História" que se apresenta como espaço disciplinar no qual se movimentam intelectualmente

---

135. Pierre Bourdieu (1930-2002) é considerado o maior sociólogo francês das últimas décadas do século XX, tendo-se dedicado a campos diversificados de estudo, que vão desde a vida rural, nas primeiras obras, até dimensões fundamentais da vida contemporânea, tais como as relações de gênero (*A dominação masculina*, 1990). Suas contribuições conceituais aos estudos da Cultura e da Política, em obras como *O poder simbólico* (1990), entraram definitivamente para o repertório teórico de estudos sociológicos, antropológicos e historiográficos, fornecendo conceitos como o de "habitus", "capital cultural", "poder simbólico", "violência simbólica", ou como o próprio conceito de "campo", aqui evocado. O estudo das relações do Capitalismo com o Ensino, uma temática privilegiada por Bourdieu, foi encontrar em diversas obras a parceria de Jean-Claude Passeron, a começar pelo notório estudo intitulado *A reprodução – Elementos para uma Teoria do Sistema do Ensino* (1970). As relações do "simbólico" com aspectos como o poder, a violência, a revolução artística, os campos científicos de conhecimento, constituíram outro nítido campo de interesses.

136. A proposta de uma "teoria geral dos campos" é encaminhada por Pierre Bourdieu no ensaio *O Campo Científico* (1976) e mais particularmente no livro *As regras da arte – gênese e estrutura do campo literário* (1992). O sociólogo francês retorna ao tema de maneira particularmente esclarecedora na conferência publicada com o título *Os usos sociais da ciência – por uma sociologia clínica do campo científico* (1997). Nesta última obra encontraremos a seguinte passagem, particularmente expressiva: "Todo campo, o campo científico, por exemplo, é um campo de forças e um campo de lutas para conservar esse campo de forças. Pode-se, num primeiro momento, descrever um espaço científico ou um espaço religioso como um mundo físico, comportando as relações de força, as relações de dominação" (BOURDIEU, 2003: 22-23). Em outra passagem, Bourdieu esclarece: "A noção de campo está aí para designar esse espaço relativamente autônomo, esse microcosmo dotado de suas leis próprias" (2003: 21).

os historiadores através de suas obras, e no interior do qual se estabelece a "Matriz Disciplinar da História" ditando suas regras mínimas e aquelas práticas consensuais que unificam todos os historiadores[137]. É assim que, como qualquer outro "campo disciplinar", o Campo da História pode ser visto metaforicamente como uma complexa Arena no interior da qual se alinham e se enfrentam virtualmente os diversos historiadores, com suas múltiplas e cambiantes posições relacionadas às várias temáticas pertinentes ao seu universo de estudos, e também com seus modos específicos de considerar o seu próprio ofício de historiadores.

De igual maneira, nesse espaço "físico", que é o Campo da História, são produzidos os vários paradigmas e correntes teóricas (o Positivismo, o Historicismo, este ou aquele Materialismo Histórico, esta ou aquela leitura sobre as possibilidades de aplicar o modelo de Max Weber ao estudo da história), ao mesmo tempo em que também são gerados os inúmeros "campos históricos" que correspondem às modalidades internas da História – a História Política, a História Cultural, a História Oral, a História da Música, e tantas quantas se possa imaginar. Mas aqui – quando estivermos nos referindo não mais a um "Campo da História", e sim aos diversos "campos históricos" – o conceito de "campo" já estará sendo mais bem empregado no sentido de "campo de força", porque então poderemos

---

137. Discutiremos essa matriz disciplinar específica no vol. 2. Mas desde já pode ser consultada a "Figura X", que expõe visualmente aqueles aspectos que são inerentes ao trabalho de todo historiador, independente de suas escolhas paradigmáticas e de suas alternativas teóricas.

compreender que na verdade vários "campos históricos" confluem para favorecer a visibilidade ou, mais propriamente, a constituição de um determinado objeto historiográfico – a "História das canções de protesto no período da Ditadura Militar de meados dos anos 1960 aos meados dos anos 1980", por exemplo[138].

Podemos encontrar na conferência de Pierre Bourdieu sobre *Os usos sociais da Ciência* (1997) uma genial passagem na qual o sociólogo francês reenvia a Einstein uma metáfora sobre o "espaço físico" que um dia foi concretizada pelo célebre cientista:

> Os agentes [que se estabelecem ou circulam no interior de um campo] – por exemplo, as empresas no caso do campo econômico – criam o espaço, e o espaço só existe (de alguma maneira) pelos agentes e pelas relações objetivas entre os agentes que aí se encontram. Uma grande empresa deforma todo o espaço econômico conferindo-lhe uma certa estrutura. No campo científico, Einstein, tal como uma grande empresa, deformou todo o espaço em

---

138. A metáfora do "campo" pode reenviar, como vimos, àquele espaço no qual se estabelece um jogo com regras definidas (um "campo de futebol", por exemplo). Mas a essa metáfora do "campo" como canteiro podemos contrapor outra, que é a do "campo eletromagnético", naquele mesmo sentido em que a representaram os físicos modernos. O "campo" existe quando existe uma corrente; e é uma espécie de depósito de energia (EINSTEIN & INFELD, 1938: 123). Metaforicamente, um campo histórico existe quando os historiadores trabalham continuamente com certos objetos, abordagens ou outros aspectos a ele pertinentes. Não é algo que existe isoladamente como um canteiro geográfico que possa ser visitado de vez em quando. Mais ainda, os campos interagem entre si, e é na sua confluência que os objetos historiográficos se constituem.

torno de si. Essa metáfora "einsteiniana" a propósito do próprio Einstein significa que não há físico, pequeno ou grande, em Brioude ou em Harvard que (independentemente de qualquer contato direto, de qualquer interação) não tenha sido tocado, perturbado, marginalizado pela intervenção de Einstein, tanto quanto um grande estabelecimento que, ao baixar seus preços, lança fora do espaço econômico toda uma população de pequenos empresários (BOURDIEU, 2003: 23).

Iremos ainda mais longe, emprestando talvez uma certa tonalidade foucaultiana a essas considerações de Bourdieu, para sugerir que não apenas um grande físico modifica a Física com sua genial contribuição, mas que, na verdade, qualquer praticante de um determinado campo de conhecimento já o modifica de alguma maneira, mesmo que de forma indelével, no momento em que adentra o campo disciplinar. Assim, o mais humilde dos estudantes-pesquisadores de Iniciação Científica já está modificando a História no momento mesmo em que se introduz no seu estudo, e isto ocorre porque a História é um campo disciplinar produzido coletivamente, pela integração de todas as contribuições que nela se inscrevem. Interferem no "Campo da História" mesmo os leitores de História – pois o fato é que é muito diversificada a população de interessados no conhecimento ou nos discursos produzidos pelos historiadores. O mundo dos leitores, conforme ressaltou certa vez Paul Ricoeur (1982), reconfigura a própria História. No limite, podemos dizer que, sempre que alguém abre um livro de história, já está interferindo, ainda que de maneira indelével e imperceptível, no próprio campo disciplinar da História[139].

Afora a noção mais ampliada de "Campo da História", que coincide com o próprio universo dessa disciplina frequentada pelos historiadores e cujos resultados podem ser apreendidos por todos os tipos de leitores, interessa-nos em maior detalhe a noção mais restrita de "campo histórico". O "Campo da História" produz no seu interior inúmeros "campos históricos", uns em conexão com outros. A configuração dos "campos históricos", no interior da disciplina História, está em perpétua mutação. O que hoje se mostra uma conexão possível entre determinados "campos históricos", com vistas a abordar determinado objeto de estudo ou a percorrer certa temática, pode não ter sido, em outro momento da história da historiografia, uma conexão possível. Esta ou aquela modalidade historiográfica que hoje é tão visitada pelos historiadores, e que desperta tanto interesse da parte dos leitores, pode ter sido marcada em outro momento por um interesse secundário, inexistente, ou ter sido mesmo proibida. Um certo "campo histórico" pode não ter feito parte da imaginação possível dos historiadores de determinada época. Quem imaginaria uma "História das Mulheres" no século XVI, ou mesmo até o século XIX?

---

139. No limite, conforme argumentam Gilles Deleuze e Félix Guattari, pode-se pensar um livro para muito além da sua autoria, até um ponto em que podemos dissolvê-la de modo a enxergar o livro de uma nova maneira: "Um livro não tem objeto nem sujeito, é feito de matérias diferentemente formadas, de datas e velocidades muito diferentes. Desde que se atribui um livro a um sujeito, negligencia-se esse trabalho das matérias e a exterioridade de suas correlações" (DELEUZE & GUATTARI, 1995: 11 [original: 1980]).

O Campo da História – assim como qualquer outro campo científico ou artístico – é reconfigurado por dentro e por fora. Pierre Bourdieu, em sua teoria geral dos campos, define o "campo" como um espaço relativamente autônomo – "um microcosmo dotado de suas próprias leis" (BOURDIEU, 2003: 20). Mas, ao mesmo tempo, ressalta que é preciso guardar distância de certa tradição analítica que "descreve o processo de perpetuação da ciência como uma espécie de *partenogênese*: a ciência engendrando-se a si própria, fora de qualquer intervenção do mundo social" (BOURDIEU, 2003: 20). Michel de Certeau (1973) já demonstrou brilhantemente que a História está inscrita em um "lugar de produção". A comunidade dos historiadores, suas instituições, suas demandas, sua escrita, interferem diuturnamente na reconfiguração do Campo da História. Mas também as demandas externas têm o seu lugar. A "História Demográfica", como novo "campo histórico" que se afirma mais intensamente nos anos 1950, não o faz senão em um contexto assinalado pelo preocupante crescimento populacional que se torna a marca do século XX. A emergência da "História Comparada", proposta como abordagem por Marc Bloch nos anos 1920, acompanha a decepção de certos setores da intelectualidade europeia frente aos nacionalismos exacerbados que haviam levado o mundo à Primeira Grande Guerra: romper as amarras das histórias nacionais, voltadas para o estudo de um único país, parece ter se mostrado ao historiador francês como um caminho que poderia ser experimentado por aquele novo "campo histórico" que pretendia comparar dois recortes historiográficos distintos, duas sociedades, duas realidades em iluminação recíproca[140]. Motivações similares diante dos horrores das Guerras Mundiais também teriam levado Spengler (1918) e Arnold Toynbee (1934-1961) a retomar o "campo histórico" da "História das Civilizações", que estava um pouco esquecido desde fins do século XIX. E o próprio crescimento da "História Local" também constitui uma nova alternativa às antigas "histórias nacionais", recortando no espaço uma "região" que pode ou não se situar inteiramente dentro de uma realidade nacional específica[141]. Os "campos históricos", enfim, redefinem-se a partir desta complexa dialética que se instaura entre o interior e o exterior do *Campo da História*[142].

Para além dos "campos históricos" atrás definidos em termos de "dimensões", "abordagens" e "domínios", e ao lado da

---

140. Em 1928, Marc Bloch publicaria, na *Revue de Synthèse Historique*, um artigo intitulado "Pour une histoire comparée des sociétés européenes" (BLOCH, 1928: 15-50). Mas antes disto já havia realizado o seu primeiro grande estudo de História Comparada com a obra *Os reis taumaturgos* (1924), que examina um fenômeno específico relacionado ao imaginário da realeza através da comparação entre as sociedades medievais da França e da Inglaterra. Existe ainda outro texto pertinente de Bloch acerca da "Comparação" em História (1930). Sobre Mark Bloch, cf. Fink, 1995.

141. Para além da consideração relativa às pressões externas que afetam um campo, é importante também ter em vista o outro polo da questão, para o qual Pierre Bourdieu chama atenção em suas reflexões sobre uma "teoria geral dos campos", sintetizadas em *Os usos sociais da Ciência* (1997): "Este capital [o "capital científico", que é possuído pelos integrantes mais notórios de determinado campo de saber], pertencente a um tipo inteiramente particular, repousa, por sua vez, sobre o reconhecimento de uma competência que, para além dos efeitos que ela produz e em parte mediante esses efeitos, proporciona autoridade e contribui para definir não somente as regras do jogo, mas também suas regularidades, as leis segundo as quais vão se distribuir os lucros nesse jogo, as leis que fazem que seja ou não importante escrever sobre tal tema, que é brilhante ou ultrapassado" (BOURDIEU, 2003: 27).

142. Para um estudo mais acurado sobre este tema, cf. Barros, 2004.

intrincada rede de conexões que estes estabelecem, é importante lembrar, ainda, que a História tem sido também dividida, tradicionalmente, de acordo com "espacialidades" e "temporalidades". O critério das Temporalidades gera modalidades como a História Antiga, História Medieval, História Moderna, História Contemporânea. O critério das Espacialidades gera modalidades como a História Europeia, a História da América, a História da África, a História do Brasil, ou as inúmeras histórias de realidades nacionais específicas. Uma ampliação da escala de observação espacial, em direção ao supranacional, pode gerar a História das Civilizações (se incorporarmos o conceito de "civilização"), ou, se pensarmos apenas em termos de um agregado planetário, um âmbito mais vasto denominado "História Universal". Outras divisões relacionadas à espacialidade também podem ser pensadas, como a "História do Ocidente" ou "História do Oriente" (conceitos que sempre precisam ser problematizados, pois bem que poderia ser pensada uma "História do Hemisfério Sul" por oposição a uma "História do Hemisfério Norte", se olhássemos para o planeta de acordo com uma outra leitura geopolítica). Por fim, é possível combinar "temporalidades" e "espacialidades" para gerar denominações específicas de modalidades históricas, como a "História da América Antiga", a "História do Brasil Império", ou a "História do Brasil República" (Quadro 7).

Naturalmente que a combinação dos critérios da Espacialidade e da Temporalidade gera dilemas e problemas teóricos interessantes, nem sempre fáceis de resolver. Como situar a História do Império Romano, se este, em sua fase de maior expansão, abrangeu vastas regiões da Europa, Ásia e África?

De igual maneira, o domínio grego, no período do apogeu militar das ligas Ateniense e Espartana, estendeu-se pela Europa e pela Ásia Menor, o que também inspira dilemas análogos[143]. Há ainda outras questões teóricas interessantes: embora a História Europeia possa gerar as tradicionais divisões da História Antiga, da História Medieval, da História Moderna e da História Contemporânea, a História da América não se adéqua bem a esta tábua de leitura, uma vez que não há uma diferença plausível entre uma América Antiga e outra América Medieval que faça qualquer sentido para as sociedades que existiam no período pré-colombiano. De modo geral, denomina-se como "História da América Antiga" a todo o período da História da América que precede a colonização europeia a partir da chegada dos espanhóis, dos portugueses, e depois dos ingleses. A série de "Histórias do Brasil", em contrapartida, também tem as suas especificidades. Prefere-se dividi-la de acordo com sua situação no quadro político externo e interno: um "Brasil-Colônia", um "Brasil Império" já independente, e um "Brasil República". Polêmicas conceituais também podem ocorrer quando estendemos para trás o olhar acerca de uma determinada realidade nacional. O Brasil do período colonial era já "Brasil", ou seria melhor chamá-lo de "América Portuguesa"?[144]

---

143. Convocar a Civilização Greco-romana para a História do Ocidente, aliás, constitui já um ponto de vista teórico, e também ideológico. Há uma certa maneira de ver as coisas que permite escolher o mundo Greco-romano como uma das bases civilizacionais do Ocidente Cristão.

144. *América Portuguesa*, por exemplo, foi o nome que um historiador no século XVIII – Rocha Pitta – preferiu para designar, em 1730, essa vasta extensão sob o domínio português que, mais tarde, daria origem ao Brasil independente (1976).

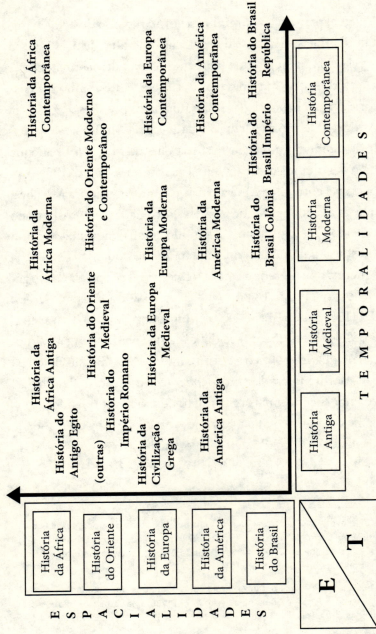

Quadro 7. Modalidades da História por espacialidade e temporalidade: alguns exemplos

Deve-se entender, antes de tudo, que os diversos critérios de divisão temporal, que hoje nos são tão familiares e corriqueiros a ponto de os discutirmos muito pouco, são eles mesmos *históricos*. Mais ainda, nem sempre foram tão gloriosos os começos de todos os "conceitos" que ocupam lugar de honra na Teoria da História. A "Idade Média", por exemplo – uma modalidade temporal da História que tem sido universo de dedicação de alguns dos mais renomados historiadores, tais como Marc Bloch, Georges Duby e Jacques Le Goff – traz na sua designação uma história à qual não faltaram as imposições depreciativas. Houve uma época em que a expressão "tempos médios" era empregada pela História Teológica para designar um momento da história mundana que já se demorava na sua função de preceder os "finais dos tempos", estes nos quais um novo mundo se abriria definitivamente para os seres humanos considerados dignos da salvação, ao passo em que outros tantos mergulhariam na danação eterna. Mas depois, com o Humanismo que começa a emergir na Itália da época de Petrarca (1304-1374), os "tempos médios" vão designar esse longo período "bárbaro" e "sombrio" que parecia se interpor de maneira incômoda entre o glorioso modelo da Antiguidade Clássica e os novos tempos humanistas que o queriam recuperar no *trecento* italiano[145]. Mas rigorosamente falando, tal como assinala Reinhart Koselleck (2006: 271), parece ter sido Christoph Cellarius (1639-1707), em um manual escrito em 1685, um dos primeiros a já consolidar o uso da

---

145. Sobre os primórdios da noção de uma "idade média sombria", nos escritos de Petrarca, um estudo de referência é o de T.E. Mommsen, 1942: 226-242.

expressão "idade média" como designativo de uma das divisões da *História Universal* (1696), em uma obra que teve tanta repercussão que em 1753 já tinha atingido a sua 11ª edição[146]. A partir daí, "o conceito de Idade Média generalizou-se no século XVIII dos iluministas – quase sempre em sentido pejorativo – para transformar-se, no século XIX, em um *topus* fixo da periodização histórica" (KOSELLECK, 2006: 271).

Esses exemplos em torno da trajetória de uma designação que percorre sentidos vários – entre outras investigações de trajetórias semânticas que poderiam se referir à "Idade Antiga", "Idade Moderna", "Idade Contemporânea", "Modernidade", "Pós-Modernidade" – mostram claramente a historicidade dos próprios conceitos e categorias utilizados para abordar a questão mesma da "historicidade"[147]. Nesse quadro de problemas teóricos, ocupam lugar de destaque as intrincadas polêmicas sobre os limites que separam determinadas temporalidades. Quando se encerra a Idade Antiga e inicia-se a Idade Medieval? De acordo

---

146. A expressão "idades médias", ou "tempos médios", já aparece no século XV com os humanistas italianos Leonardo Bruni (c.1374-1444) e Flávio Biondo (c.1362-1493); e, antes dele, conforme já foi ressaltado, Petrarca se referira aos "tempos sombrios" que se situavam entre a Antiguidade Greco-Romana e os novos tempos que começavam a retomar mais enfaticamente as referências da Antiguidade Clássica. Mas o uso da expressão "Idade Média" como claro designativo de um período de tempo a ser inserido em uma estrutura tripartida para a compreensão da história pode ser mesmo atribuído ao erudito alemão Christoph Cellarius, que já divide a sua *História Universal* nos períodos "Antigo", "Medieval" e "Novo".

147. Também a tendência a pensar nos séculos como unidades de sentido histórico tem a sua história, como tão bem assinala Reinhart Koselleck: "[...] a partir do século XVII eles [os séculos] adquirem cada vez mais pretensões históricas próprias. Passam a ser entendidos como unidades coerentes de sentido. O século do Iluminismo já é pensado assim pelos contemporâneos, estando consciente, por exemplo em Voltaire, de ser diferente do século de Luís XIV" (KOSELLECK, 2006: 283).

com as distintas teorias sobre a desagregação, desarticulação, queda, declínio ou transformação cultural do Império Romano, as datas ou períodos de separação ou transição entre uma época e outra podem oscilar historiograficamente de modo considerável, e já foram propostas interpretações que sinalizam a passagem de um para outro período em momentos diversificados no interior de um período de consideráveis extensões que vai do século II ao VIII. Novos conceitos também podem surgir dessas oscilações interpretativas: a "Antiguidade Tardia" pode se estender Idade Média adentro, disputando territórios historiográficos com a "Alta Idade Média"[148].

Também são ambíguas as fronteiras entre a Idade Média e a Idade Moderna[149], e ainda mais aquelas que podem ser

---

148. Na Alemanha, Alois Riegl, com seu livro sobre a arte nos últimos tempos da Roma Antiga (*Arte Tardo-romana*), foi dos primeiros a popularizar o conceito de *Spätantike* ("Antiguidade Tardia"). Mais recentemente, o historiador irlandês Peter Brown (n.1935) consolidou o uso do conceito na língua inglesa, com os livros *The World of Late Antiquity* (1971) e *The Making of Late Antiquity* (1978). Para Brown, a "Antiguidade Tardia" não corresponderia a um período de declínio, mas a um tempo de recomeços, de novas redefinições sociais e culturais que, ainda assim, poderiam ser localizadas dentro dos quadros da Idade Antiga.

149. Os processos e eventos sinalizadores da Idade Moderna, muito evocados para a delimitação desse período, são vários, entre os quais a (1) Reforma – que institui definitivamente um mundo cristão dividido em várias igrejas, quebrando de uma vez por todas a pretensão de controle papal sobre toda a religiosidade cristã – bem como (2) o fortalecimento das monarquias absolutas, (3) o deslocamento, em relação ao eixo marítimo principal, do Mediterrâneo para o Atlântico, (4) a expansão europeia através das grandes navegações, com a subsequente conquista das Américas, e (5) a mundialização através do comércio de longo alcance. Outro evento importante, que chegou mesmo a ser estabelecido como marco, foi (6) a tomada de Constantinopla pelos turcos, colocando um fim no Império Bizantino, que persistia e resistia durante todo o período medieval, e firmando as fronteiras da expansão islâmica contra a cristandade. Em termos do paradigma apoiado no Materialismo Histórico, (7) o declínio do "modo de produção feudal", apesar de suas persistências até períodos avançados do Antigo Regime, permite que por essa mesma época de transição se entreveja a formação de um modo de produção capitalista, ainda em sua fase mercantilista.

estabelecidas ou propostas entre a Idade Moderna e a Idade Contemporânea[150]. De igual maneira, quando pensamos no mundo contemporâneo, que período estaríamos vivendo agora, nesta era tão peculiar que se inicia nas últimas décadas do século XX e que adentra o novo milênio: uma Idade Pós-industrial?, um período Pós-moderno?, uma fase avançada do Capitalismo Tardio? Surgirá um dia a "História Pós-Moderna"? À medida que avançarmos para o futuro, será necessário redefinirmos toda a tábua tradicional de leitura habitualmente aceita para as temporalidades históricas,

---

150. Na historiografia europeia, convencionou-se pensar nos marcos da Revolução Francesa e do movimento de Independência Americana como sinalizadores iniciais de um novo período que seria chamado de "História Contemporânea". Embora sejam sinalizadores carregados de eurocentrismo, e mesmo de franco-centrismo, a escolha do período iluminista mais radical como marco inicial da contemporaneidade encontra respaldo na percepção de que os iluministas, e particularmente os homens envolvidos com as lutas revolucionárias na França, passaram a incorporar um sentimento intenso de que estavam fazendo história no seu próprio tempo presente, sendo já personagens de uma nova era. De modo geral, mesmo os historiadores fora da França e em período posterior não questionaram a validade desse marco ou de uma distinção entre a "história contemporânea" e a "história moderna". Koselleck, no capítulo "Modernidade" de seu *Futuro passado* (1979), registra as seguintes observações sobre Ranke: "Ranke, enquanto ensinou, sempre de novo se referia à 'história dos tempos mais recentes' ou 'história contemporânea' que, dependendo da temática, ele fazia começar com o velho Frederico [rei da Prússia] ou com a Revolução Francesa ou a Americana. Só quando falava da história que lhe era contemporânea é que se desviava do uso linguístico tradicional, chamando-a de 'história de nosso tempo'" (KOSELLECK, 1979: 281). Prenuncia-se então, também aqui, um novo conceito que seria o da "História do Tempo Presente". Com relação ao "sentimento do novo" entre os europeus do final do século XVIII, é também Koselleck (p.180) quem traz à luz esta passagem de H.G.M. Köster, escrita em 1787 para o verbete "História" da Enciclopédia Alemã: "quase toda a Europa ganhou uma configuração totalmente diferente [...] e quase aparece nesta parte do mundo uma nova raça de homens" (KÖSTER. *Deutsche Encyclopedie*, 1787, p. 657). De resto, cumpre observar que a passagem da Idade Moderna para a Idade Contemporânea tem como processo distintivo importante o advento da Era Industrial.

já que a "história contemporânea" de hoje será do passado, da mesma forma que a "história moderna" já não é mais moderna? A largas pinceladas, será útil rediscutir as modalidades temporais da História em termos de uma "História da Era Agrícola", uma "História da Era Industrial", e a mais recente "História da Era Digital"?

As subdivisões da História sempre geram problemas teóricos a serem resolvidos. Será desnecessário lembrar que a organização da História por modalidades internas que combinam os critérios da "espacialidade" e da "temporalidade" constituem apenas recursos para organizar o trabalho historiográfico em um primeiro momento, mas não são grilhões ou compartimentos para aprisionar os objetos históricos, que inúmeras vezes não correspondem aos espaços nacionais rigidamente estabelecidos, ou balizas temporais inflexíveis[151].

O conceito de "campo histórico", de todo modo, seja no que se refere ao circuito de conexões anteriormente discutido (dimensões, abordagens e domínios), ou seja no que se refere à combinação dos critérios de espacialidade e temporalidade, é o último que aqui evocamos para um estudo mais sistemático e consistente da Teoria da História. Precisaremos

---

151. Sobre isto, Paul Veyne faz uma interessante observação: "Uma vez que todo acontecimento é tão histórico quanto um outro, pode-se dividir o campo factual com toda liberdade. Como se explica que ainda se insista em dividi-lo tradicionalmente segundo o espaço e o tempo, "história da França" ou "o século XVII", segundo singularidades e não especificidades? Por que ainda são raros livros intitulados: "O Messianismo revolucionário através da História?", "As Hierarquias Sociais de 1450 a nossos dias, na França, China, Tibet e URSS" ou "Paz e guerra entre as nações", para parafrasear títulos de três obras recentes? Não seria uma sobrevivência da adesão original à singularidade dos acontecimentos e do passado nacional?" (VEYNE, 1982: 42).

desse conceito para melhor compreendermos os encaminhamentos da historiografia contemporânea, o mesmo se dando com os conceitos de "paradigma", "matriz disciplinar". "escola histórica", "Filosofia da História", ou com as três acepções possíveis da noção de Teoria da História (cf. Quadro 5).

4 Sobre a liberdade teórica

Alguns alertas se fazem necessários antes de iniciarmos a viagem pelo oceano teórico que se oferece aos historiadores, e que se abre como um convite para as suas próprias descobertas, invenções e viagens pessoais. Assim como no item anterior chamamos atenção para o fato de que é empobrecedor acreditar que se pode realizar um bom trabalho historiográfico no interior de um único "campo histórico", e que se deve entender que os objetos históricos chamam para si uma certa conexão de campos históricos, algumas palavras análogas devem ser ditas acerca das escolhas teóricas, paradigmáticas e conceituais, de modo geral.

Podemos partir de algumas provocantes indagações iniciais. Será necessário ao pesquisador escolher um só paradigma, ou um sistema teórico único, depurado de quaisquer contribuições que não partam senão do interior desse sistema já consolidado? Há autores incompatíveis uns com os outros, bem como conceitos que não podem ser misturados entre si sob hipótese alguma? Existem "autores sagrados", cuja contribuição é inquestionável e definitiva? E, ao inverso, existem "autores malditos", que já não podem mais ser recuperados, e que devem ser condenados por todo o sempre ao inferno do ostracismo teórico? Devem as teorias apresentar certo nível de permeabilidade, de modo a interagir com o seu exterior, ou, ao contrário, deverão blindar seus cascos como navios que se preparam para singrar mares perigosos? Vamos refletir, inicialmente, sobre a primeira pergunta: aquela que indaga sobre a necessidade ou não de se adotar um paradigma único, concebido sob a perspectiva de uma "coerência absoluta" (Quadro 8,1). Colocada a questão de outra forma, podemos nos perguntar, ainda, sobre até que ponto um "autor-fundador" de determinada corrente teórica tem poderes ou direitos absolutos sobre a perspectiva teórica que se originou de suas reflexões sistematizadas. De igual maneira, e na mesma linha de reflexões, mas já apelando para uma tonalidade mais irônica, alguém também poderia indagar se todo autor-fundador deve ser elevado a objeto de culto, e se determinados sistemas teóricos devem permanecer preservados em sua "pureza original", tombados como "patrimônios teóricos" que não convém sequer retocar.

Até as três últimas décadas do século XX, predominava nos meios acadêmicos, particularmente na área das ciências humanas, a ambição de construir grandes sistemas capazes de darem conta de tudo, de fornecerem todas as respostas às diversas questões surgidas no campo disciplinar em questão – fosse este a História, a Sociologia, a Antropologia, a Geografia, ou a Psicologia. Também não era raro que os pesquisadores e pensadores que haviam escolhido este ou aquele paradigma hostilizassem, ou pelo menos se afastassem, de outros que haviam escolhido "paradigmas rivais". A crise dos grandes sistemas explicativos, dos grandes esquemas que resolviam tudo no mundo abstrato das ideias (mas que, ao contato com as realidades históricas trazidas pelas fontes, mostravam suas insuficiências) acabou por trazer ao âmbito das ciências sociais e humanas uma certa liberdade teórica que, a nosso ver, tem sido benéfica para a reflexão historiográfica. Se algumas vertentes pós-modernistas forneceram uma alternativa pessimista à crise dos grandes paradigmas[152], por outro lado também existiram respostas criativas que se empenharam em renovar os diversos campos de saber no âmbito das ciências humanas e da historiografia em particular.

Paul Feyerabend, em um instigante livro que traz o título de *Contra o Método* (1975), afirma a certa altura de suas reflexões que "nenhuma teoria está em concordância com todos os fatos do seu domínio" (1989: 79). Libertar-se de exigências de "coerência absoluta" em relação a um sistema teórico fechado pode ser um bom conselho para evitar estagnações e para assegurar uma maior riqueza de recursos. É também o que postula o epistemólogo Gastón Bachelard, que, embora rejeitando a ideia de um "ecletismo de fins", não hesita em considerar um certo "ecletismo de meios":

---

152. O notório debate sobre *A Condição Pós-moderna*, introduzido por Lyotard (1979), e logo criticado por Jameson (1984) e outros autores marxistas, insere-se nesse quadro de reflexões sobre a Crise dos Paradigmas, conforme veremos no vol. 7 desta série.

> Aos filósofos nós reclamaremos do direito de nos servir de elementos filosóficos separados dos sistemas em que tiveram origem (BACHELARD, 1940: 10).

Conhecer os grandes paradigmas teóricos que se disponibilizam para o trabalho historiográfico é fundamental para a formação do historiador. Aderir integralmente a um desses paradigmas, a tudo o que até hoje disseram os maiores autores ligados ao paradigma escolhido, pode não ser igualmente salutar. A recomendação é que só se deve aderir a todos os elementos de um determinado paradigma, ou, mais restritamente ainda, a uma determinada subcorrente teórica no interior desse paradigma, se o pesquisador sentir-se inteiramente à vontade com o seu tema no ambiente teórico proporcionado por essa sua escolha. Aceitar imposições cegamente é, via de regra, contraproducente e limitador, mormente quando acabamos de definir "Teoria" como um "modo de ver as coisas". Encarar a teoria como doutrina ou dogma, recusar-se a aceitar aportes interessantes que tenham sido originados em outros campos teóricos, rejeitar o contato ou o diálogo com autores que se acredita serem incompatíveis com o "modo de ver" que se escolheu definitivamente e por todo o sempre, é algo equivalente a aceitar uma viseira definitiva: a lente que substituirá o verdadeiro olho do pesquisador – este que deveria sempre se conservar como um olho humano, aberto ao desafio de explorar novas paisagens – e que corre o risco de se converter, com a estagnação teórica, em "olho de vidro", inerte e já sem função recriadora. Uma coisa é enxergar o mundo a partir destas "lentes" que são as teorias, cada qual permitin-

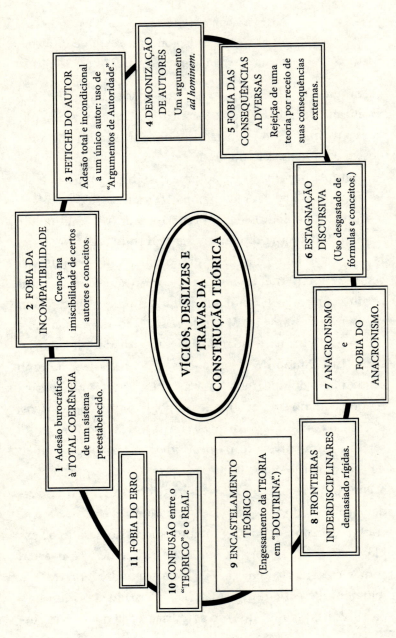

Quadro 8. Travas ao livre fluir de uma boa construção teórica

do uma perspectiva diferenciada e colorizando o mundo de uma nova maneira; outra coisa é enxergar (não enxergar) o mundo através de um "olho de vidro", colado definitivamente ao rosto para disfarçar a verdadeira ausência de visão. Em casos como este, a "teoria" pode contribuir mais para "cegar" do que para abrir a mente em direção a "novos modos de ver as coisas"[153].

No quadro ao lado, reunimos em um esquema, para além da acima discutida "adesão burocrática à total coerência de um sistema", outras travas muito habituais ao livre fluir da construção teórica. Trata-se de um certo complexo de "fobias", "fetiches" e "deformações" contra os quais o pensador e pesquisador deve se prevenir, uma vez que, no limite, obliteram o pensamento teórico.

Vamos chamar ao segundo aspecto que gostaríamos de examinar, considerando-o como uma das travas que têm se mostrado mais frequentes como impedimento à livre invenção teórica, de "Fobia da Incompatibilidade" (2). Esse item refere-se tanto à irredutível rejeição do gesto de misturar certos autores, tidos por incompatíveis, como à recusa ferrenha de combinar certos conceitos, ou mesmo elementos oriundos de sistemas teóricos distintos. A nos-

---

153. Esse fetiche teorizante a que estamos nos referindo como uma "adesão burocrática à Total Coerência de um sistema preestabelecido", corresponde àquilo que, em sua obra *O Método* (1991), Edgar Morin destacou como uma "disposição do sistema a fechar-se em sua armadura lógica, que assim se torna racionalizadora". Logo adiante, continua o filósofo francês: "Racionalidade e Racionalização têm o mesmo tronco comum: a busca de coerência. Mas, enquanto a racionalidade está aberta ao que resiste à lógica e mantém o diálogo com o real, a racionalização integra à força o real na lógica do sistema e crê então possuí-lo" (MORIN, 1998: 171).

sa experiência com relação à ideia de "imiscibilidade de certos autores entre si"[154], muito difundida em alguns setores dos meios acadêmicos, é que, na verdade, não existe essa pretensa situação de incompatibilidade entre certos autores para *todas* as situações. O que torna compatível uma certa conexão de autores – assim como o que permite uma determinada conexão de "campos históricos" – é o seu objeto de estudo específico, é o uso que se fará de cada um desses autores diante desses objetos, é o que se tomará de cada um deles. Foucault não é "incompatível com o Materialismo Histórico". O que se pode dizer é que um certo uso de Foucault pode se tornar incompatível com um certo uso de determinado autor marxista, diante de determinado objeto histórico e de certos encaminhamentos metodológicos. O que estou usando de Foucault, o que estou utilizando do Materialismo Histórico, como essa combinação pode ser empregada para o meu objeto histórico? Esse objeto solicita essa combinação, ou a rejeita? Ou oferece-me uma escolha? São questões como estas que devem ser feitas diante de um quadro teórico. Combinar "visões de mundo" (isto é, "teorias") pode perfeitamente abrir espaço para novas "visões de mundo". Ou não.

É importante se ter em vista que um determinado sistema austero, reconhecido pela comunidade historiadora por ter mostrado eficácia para a análise de certos objetos e questões

---

154. "Imiscibilidade" = impossibilidade de misturar certa coisa com outra.

propostas, pode se mostrar totalmente inadequado para outro objeto histórico, distinto dos que até então justificaram a adoção do sistema pré-posto. Forçar certo sistema a ajustar ou enquadrar a todo custo um objeto pode contribuir para deformá-lo efetivamente.

Não há regras[155]. Há escolhas. E as escolhas devem ser feitas diante do objeto de estudo, seja as que se referem à Teoria ou ao Método. Abrir-se à novidade, de todo modo, é sempre uma excelente postura. É adequado, também, considerar a possibilidade da invenção conceitual, ou de uma nova utilização de conceitos já existentes para produzir algo novo. No cap. I do vol. 3, veremos que Karl Marx soube reutilizar de uma nova maneira, para viabilizar a constituição de um novo paradigma para o estudo das sociedades humanas, uma série de conceitos que já existiam em campos teóricos bem diferenciados, alguns até antagônicos. Extraiu a perspectiva da "dialética" do idealismo hegeliano, mas combinou-o com um "materialismo" que lhe era estranho, e que já existia no âmbito de reflexões produzidas por outros autores. Reutilizou, para uma nova finalidade, um conceito de "luta de classes" que já vinha sendo aplicado por historiadores franceses da Restauração. A ideologia, a práxis, tampouco foram conceitos inventados por Marx. No entanto, Karl Marx soube combinar alguns desses conceitos, oriundos de âmbitos

---

155. "Não há uma só regra que seja válida em todas as circunstâncias, nem uma instância a que se possa apelar em todas as situações" (FEYERABEND, 1989: 279).

teóricos distintos (conceitos aventados antes dele por autores pertencentes a campos teóricos rivais ou tidos por incompatíveis) de modo a produzir um sistema teórico inteiramente novo – uma nova "visão de mundo", capaz de propor novos problemas e fazer novas indagações que antes não seriam possíveis. Também soube partir da contribuição da Economia Política clássica, escolhendo alguns autores e rejeitando outros, por inadequados aos novos problemas que desejava examinar. E, a seu tempo, avançou para além dos patamares de visão que estavam inarredavelmente ligados ao "quadro de coerência" da Economia Clássica.

Para além da insistência na rigorosa e burocrática "coerência do sistema" e da "fobia da incompatibilidade", outra trava a evitar é o "fetiche do autor" (3). Há autores que são quase elevados por certos seguidores a heróis hagiográficos. Nesses casos, incorpora-se não o que se acha interessante ou útil de determinado autor, mas "tudo" o que disse esse autor, elevado à posição de profeta de uma nova religião teórica[156]. O fato é que não precisamos, para incor-

---

156. Nietzsche, em certa passagem de *Ecce Homo* (1888) – uma espécie de grande memorial no qual o filósofo alemão analisa suas obras e entretece comentários sobre a repercussão futura das mesmas – registra uma frase significativa: "tenho um medo horrível de que um dia me proclamem santo". Também é atribuída a Karl Marx a frase: "A única coisa que eu sei é que eu não sou marxista". Em carta a C. Schmidt, de 5 de agosto de 1890, Engels emnciona este dito de Marx, e esclarece que o filósofo alemão o proferiu para se referir a certos "marxistas franceses" do final dos anos 1870, os quais, paradoxalmente, estavam evocando a concepção materialista histórica [à maneira de argumento de autoridade] como "pretexto para não estudar história".

porar a salutar e demolidora crítica de Friedrich Nietzsche[157]
ao conhecimento milenarmente orientado pelo racionalis-

---

157. Friedrich Nietzsche (1844-1900) – filósofo alemão que produz solitariamente, na segunda metade do século XIX, a sua singular obra de crítica à longa tradição do racionalismo ocidental desde Sócrates ou Platão e até autores modernos como Hegel e Kant – foi se tornando cada vez mais atual a partir do século XX. Além da contumaz crítica contra a razão clássica e contra posicionamentos filosóficos voltados para a busca de uma "verdade absoluta", foi também um contumaz crítico do Cristianismo (*O anticristo*, 1888), e das correntes filosóficas idealistas e moralistas (*Aurora*, 1881; *Para além do bem e do mal*, 1886; *Para a genealogia da moral*, 1887). O caráter radicalmente crítico de sua filosofia levou a que muitos autores o considerassem "niilista" (mesmo sendo esta uma corrente bastante criticada por Nietzsche) ou "irracionalista" (LUKÁCS, 1952). De outra parte, Nietzsche apresenta sua filosofia como uma enfática "afirmação da vida" (*O eterno retorno*, 1881). Além disto, apesar de seus inúmeros críticos, também influenciou filósofos e autores vários, de Heidegger (2007) a Foucault, Deleuze e Derrida. Através da contribuição de Michel Foucault, que se situa em linha direta em relação ao pensamento de Nietzsche, sua influência se estende a historiadores como Paul Veyne e Hayden White. Com relação ao estilo de Nietzsche, ocupam especial destaque em sua obra os textos curtos e os "aforismos" – sentenças, produzidas na confluência da filosofia e da criação literária, que buscam sintetizar uma ideia particularmente emblemática, tal como ocorre em *A gaia ciência* (1882). Já em *Assim falou Zaratustra* (1883-1885), o filósofo alemão explora a criação de uma narrativa poético-literária que parodia o Antigo e o Novo Testamentos como caminho para filosofar sobre assuntos diversos. Uma síntese de todas as ideias de Nietzsche, e das críticas aos diversos aspectos que rejeitava na cultura ocidental, pode ser encontrada em *O crepúsculo dos ídolos* (1888), uma de suas últimas obras antes de ser acometido de insanidade mental. O título dessa obra, aliás, é uma paródia ao título do drama musical *O crepúsculo dos deuses*, de Richard Wagner, um compositor com quem Nietzsche havia nutrido fortes afinidades à época de sua primeira obra completa – *O nascimento da tragédia no espírito da música* (1872) – e de quem terminou por se tornar ferrenho opositor na época em que escreveu *O Caso Wagner* (1888) e *Nietzsche contra Wagner* (1888). Para uma biografia sobre Nietzsche, cf. Halévy, 1989; para estudar o seu pensamento, Vattimo, 1990; Losurdo, 2009.

mo clássico[158], levar junto alguns dos seus "escritos políticos" carregados de rejeição aos ideais de igualdade social[159]. Muito menos seria preciso aceitar, por causa desta que é uma das mais brilhantes obras filosóficas já produzidas, os seus aforismos contra as mulheres (*A gaia ciência*, aforismos 60 a 75), ou adotar a rejeição musical do último Nietzsche a algumas das mais belas composições de Richard Wagner (*O Caso Wagner*, 1888). Tampouco seria preciso deixar de enxergar o extraordinário valor do Materialismo Histórico como instrumento de análise para a história, apenas porque não se quer abraçar a causa do socialismo revolucionário nos mesmos moldes em que a propuseram Karl Marx e Friedrich Engels, ou mesmo a posterior corrente política do chamado "marxismo-leninismo". De igual maneira, para incorporarmos as esplêndidas reflexões de Heidegger sobre *Ser e tempo* (1927), não precisaremos levar junto as preleções a favor do Nazismo produzidas por esse filósofo alemão em 1933 – aliás, escritos que ele mes-

---

158. Para um dos impactantes textos de Nietzsche que, entre inúmeros ensaios mais desenvolvidos, encaminham uma crítica do conhecimento, ver a célebre *Consideração intempestiva* que traz o título "Sobre a verdade e a mentira no sentido extramoral" (1873), na qual o filósofo alemão fala sobre a invenção do conhecimento a partir de uma imagem cósmica: "Em algum recanto perdido deste universo que se expande no brilho de incontáveis sistemas solares houve, certa vez, um astro em que animais inteligentes inventaram o conhecimento. Este foi o minuto mais arrogante e mais mentiroso da história do mundo, mas não passou de um minuto. Após uns poucos suspiros da natureza, o astro congelou e os animais inteligentes tiveram de morrer. [...] Essa é a fábula que alguém poderia inventar, e mesmo assim não teria ilustrado suficientemente o modo lamentável, vão, fugidio, sem sentido e sem importância com que o intelecto humano se apresenta no meio da natureza". Michel Foucault comenta o texto em sua palestra *A verdade e as formas jurídicas* (2003: 13).

159. Para um texto de rara beleza poética que expõe a aversão de Nietzsche aos discursos igualitários, cf. a passagem "Das Tarântulas", da Segunda Parte de *Assim falou Zaratustra* (1883-1885) [1985: 112-115].

mo, posteriormente, renegou (HEIDEGGER, 1933-1966). Por fim, para darmos um último exemplo, reconhecer a descoberta do "inconsciente" (FREUD, 1915) ou o valor do "método de investigação psicanalítica" não significa aceitar necessariamente "todo" o Freud. As teorias podem ser recompostas livremente a partir dos conceitos e abordagens que um dia foram criados pelos grandes pensadores. Aceitar acriticamente tudo o que disse um autor é retornar aos tempos patrísticos do "argumento de autoridade", no qual uma afirmação ou assertiva não precisava ser demonstrada, se já tivesse sido assinada embaixo por uma grande autoridade no campo de conhecimento professado[160].

Particularmente quando as teorias se convertem em doutrinas (questão sobre a qual já discorreremos) o "fetiche do autor" pode desempenhar um papel especial (e anticientífico) em alguns sistemas de pensamento, ou mais especificamente nas versões destes sistemas de pensamento que se ossificaram ou se blindaram contra as trocas externas que poderiam promover a crítica e a reformulação. É muito comum, como um caso particular de "fetiche do autor", o "fetiche do fundador". Sacraliza-se o fundador de

---

160. Assim se refere o escritor Isaac Asimov, ironicamente, ao uso do argumento de autoridade pelos chamados criacionistas, que combatem teorias como a da *Origem das espécies* (1858), de Darwin: "A Bíblia diz que Deus criou o mundo em seis dias e a Bíblia é a palavra de Deus inspirada. Para o criacionista médio é tudo o que importa. Todos os outros argumentos são apenas um meio tedioso de combater a propaganda de todos aqueles perversos humanistas, agnósticos e ateus que não estão satisfeitos com a clara palavra do Senhor" (AZIMOV, 1981). O "argumento de autoridade" pretende bastar a si mesmo, e dispensar toda a argumentação dedutiva e demonstração empírica como se uma determinada afirmação proferida por certa autoridade ou fonte inquestionável adquirisse peso incontestável de Lei. Em que pese que o "argumento de autoridade" seja frequentemente evocado no âmbito religioso, também o encontraremos na Ciência, sempre que achamos suficiente citar o que disse um grande autor para encerrar uma argumentação que deveria se desenrolar através de dedução e demonstração empírica, de discussão teórica sistemática e refinamento conceitual.

um sistema, e os textos por ele proferidos em algum momento (muitas vezes no interior de certo contexto e voltados para determinado campo de aplicabilidade) passam a ser citados e recitados como se fossem artigos de fé[161]. Um texto deslocado de seu contexto e de seu campo de aplicação original pode deformar completamente a teoria flexível que um dia foi criada por um autor, convertendo-a em doutrina rígida, em dogma. Da mesma forma, a repetição vazia e dogmática dos ditos de um autor pode desvitalizar as proposições que um autor um dia ofereceu à comunidade científica para ser posteriormente elaborada nos quadros científicos de seu campo disciplinar. De proposição científica, o dito se converte em "argumento de autoridade": a fórmula experimental se deteriora em receita; o conceito perde suas qualidades de instrumento flexível e aberto ao novo, para se transformar em trava, em artigo de fé, em objeto de culto[162].

---

161. Sobre isto, cf. Morin, 1998: 170.

162. No cap. I do vol. 3 (Materialismo Histórico) teremos oportunidade de discutir alguns exemplos de como certas proposições científicas de Marx foram convertidas, por alguns autores, em postulados de validade universal ou transformadas em ossatura para uma doutrina. Karl Korsch (1886-1961), em *Marxismo e Filosofia* (1923), chama atenção para o fato de que certas proposições que aparecem nos textos de Marx estariam associadas a determinado contexto e voltadas para certo campo de análise ou de aplicação. Contudo, teriam sido convertidas por autores posteriores em princípios de validade geral. Seria o caso de algumas análises de Marx relacionadas à "ascensão e desenvolvimento do capitalismo na Europa Ocidental", que depois foram elevadas a uma instância de validade geral por Plekhanov (1901) e Lenin (1914). Conforme assinala Josep Fontana (2004: 321-322), o próprio Marx, em sua correspondência (*Cartas russas*), teria expressado restrições ao uso generalizado ou esquemático de análises suas que apenas se referiam a processos históricos particulares (seria o caso do cap. 24 de *O capital* (1867), que aborda o processo de "Acumulação Primitiva" que se dá especificamente na Europa Ocidental (MARX, 2004), mas que nunca pretendeu constituir-se em fórmula aplicável ao desenvolvimento histórico de todas as outras sociedades. É ambém uma crítica contra a ossificação de algumas correntes marxistas aquela que Sartre desenvolve em *Crítica da razão dialética* (1960).

Há também outra trava que costuma prejudicar o bom fluxo teórico, e que é mais ou menos o contrário do "argumento da autoridade". Carl Sagan, em um dos mais interessantes ensaios inseridos no seu livro *O mundo assombrado por demônios* (1995), chama a este tipo de "falácia de argumentação" de "*ad hominem*" (ao homem), consistindo esse procedimento retórico em atacar o argumentador e não o argumento[163]. Pode ocorrer em um livre debate de ideias, por exemplo, que um argumentador falacioso busque atacar aspectos pessoais da vida do teórico para desmerecer a possibilidade de incorporação de sua contribuição teórica. Ou, o que vem dar no mesmo, que alguém se recuse a examinar a contribuição teórica de certo autor – impedindo a si mesmo de se beneficiar de uma contribuição que lhe poderia ser eventualmente útil, ou ao menos digna de ser considerada de um ponto de vista teórico – apenas porque está preso àquilo que, de nossa parte, chamaremos de "Demonização de Autores" (4).

Por exemplo, nos anos 1960, fez muito sucesso na França uma corrente teórica do marxismo que surgiu das proposições aventadas por um filósofo francês de origem argelina que se chamava Louis Althusser (1918-1990). Já mencionamos acima, rapidamente, a contribuição desse autor, ao qual voltaremos oportunamente, e à qual muitos comentadores denominaram de "marxismo estruturalista", uma vez que Althusser combina de alguma maneira as ideias e conceitos de Karl Marx com o estruturalismo francês à maneira de Clau-

---

163. O texto de Carl Sagan traz o instigante título de "A arte refinada de detectar mentiras" (1995: 232-252), e procura rastrear uma série de "falácias argumentativas".

de Lévi-Strauss (1908-2009). Ocorre que, em 1980 – quinze anos depois do extraordinário sucesso do livro *Pour Marx*, publicado por Althusser em 1965 –, o filósofo argelino, em um surto psicótico, estrangulou a companheira (Hélène Rytmann) com a qual vivia desde 1946. Cinco anos depois, Althusser escreveu um livro intitulado *L'avenir dure longtemps* (1985), no qual, entre inúmeras revelações bombásticas, reivindicou certa responsabilidade pelo assassinato da companheira, o que resultou em uma acirrada polêmica entre seus detratores e seus correligionários. Na sequência, Althusser foi internado em um hospital psiquiátrico, no qual viveu em relativa reclusão, dedicando-se ali a redigir a sua *Autobiografia*. Também confessou, em outra oportunidade, que nunca havia lido certos textos de Marx, autor em relação ao qual tivera a pretensão de fazer uma verdadeira revisão em livros como *Ler O capital* (1965)[164].

A contribuição teórica de Althusser foi tão significativa que atraiu o interesse teórico de toda uma geração de intelectuais franceses dos anos 1960, dentro e fora do Marxismo. Grandes teóricos ligados ao paradigma do Materialismo Histórico, como os historiadores Pierre Vilar (1973) e Edward Thompson (1978), enfrentaram adequadamente as proposições de Althusser. O primeiro escreveu um bem fundamentado artigo para a Revista dos *Annales* intitulado "Marxismo e Construção" (VILAR, 1973); o segundo publicou uma demolidora coletânea de ensaios intitulada

---

164. Para uma biografia sobre Louis Althusser, cf. Moulier-Boutang, 1992. A *Autobiografia* ["Les Faits"] acompanha a edição de 1992 de *L'avenir dure longtemps* [1985].

A miséria da teoria (THOMPSON, 1978), na qual vai além das críticas a Althusser e propõe um verdadeiro refinamento de certas proposições do Materialismo Histórico. Considerar uma proposta teórica e refutá-la, retificá-la, refiná-la, rediscuti-la, mas tudo nos próprios termos do debate teórico em questão e buscando desenvolver uma argumentação a partir da verificação lógica e da sustentação empírica, é o procedimento adequado que enriquece a Teoria da História, ou qualquer outro tipo de Teoria no âmbito científico. Mas já escutei, certa feita, com relação às propostas de Althusser, uma estranha reflexão baseada na postura da "Demonização do Autor", considerando que o argumentador declarou que era absurdo sequer discutir as proposições teóricas de um homem que havia estrangulado a própria esposa.

Também não é digno de constar como refutação da teoria althusseriana o fato de que o próprio autor declarou depois não conhecer certos textos de Marx em uma "autocrítica"; afinal, uma teoria deve ser testada, discutida e considerada a partir das proposições e consequências que carrega em si mesma, dos conceitos que ela mesma mobiliza em sua formulação. Também é válido contrapor, comparativamente, teorias entre si, com o intuito de demonstrar que uma funciona melhor que a outra com relação a determinado objeto de estudos, ou que responde melhor às novas perguntas trazidas por um novo tempo. Mas não é possível, de um ponto de vista científico, agregar questões e observações de ordem pessoal como elementos que irão dar suporte à rejeição de uma teoria. Fazer isso é apelar para a falácia da "Demonização de Autores". Neste caso, tem-se uma espécie de "argumento de autoridade ao avesso", e fala-se de "autores malditos". Há ainda uma curiosa observação a fazer: mesmo quando um autor faz uma autocrítica e renega a sua própria obra, ou migra de um campo teórico a outro, isto não cancela a sua contribuição teórica anterior. Um autor não tem mais direitos sobre um livro que escreveu, assim que o coloca no mundo. Uma boa obra, fundamentada teoricamente (e na verdade qualquer tipo de produção intelectual), adquire vida própria quando se torna pública, podendo a partir daí ser utilizada de modos diversificados pela comunidade de leitores e pelos vários campos de saber. A "autodepreciação do autor" também não cancela uma obra anterior – não é isso que poderá inviabilizá-la teoricamente.

Nenhum desses diversos desdobramentos relacionados à vida pessoal ou a uma "demonização do autor", assim como tampouco o seu contrário, que seria uma "beatificação do autor" ou a sua elevação a ícone, pode encontrar adequado respaldo em uma boa discussão teórica. Rejeitar a contribuição teórica de um determinado autor em vista de certos incidentes da sua vida pessoal equivaleria a se recusar a apreciar algumas das mais belas composições musicais de Richard Wagner apenas porque esse gênio da música manifestou em alguns de seus escritos opiniões antissemitas, ou porque algumas das óperas do compositor alemão foram depois muito apreciadas por Hitler e até mesmo usadas para embalar deprimentes práticas em campos de concentração. A música, na verdade, existe como construção estética a ser apreciada, independentemente da personalidade de seu autor ou dos usos que lhe foram emprestados em um outro momento. Uma construção teórica, da mesma forma, também está livre no mundo a partir do momento em que é oferecida às comunidades de cientistas e historiadores, e deve ser examinada nos termos de seu potencial explicativo, de sua clareza argumentativa e de sua força demonstrativa.

Há ainda outro tipo de falácia que também se desdobra da "demonização do autor", e que consiste em depreciar a instituição a que se vincula o pensador que encaminha determinada argumentação teórica. Alguém que sustenta que não é preciso considerar as reflexões de determinado autor porque ele é ligado a uma instituição de ensino ou pesquisa de menor importância ou sem significativo peso acadêmico, como se houvesse uma espécie de hierarquia de lugares institucionais a partir dos quais os argumentos adquirem mais valor quando proferidos desta ou daquela instituição, não deixa de também estar incorrendo, de uma maneira ou de outra, nesse par que se relaciona aos "argumentos de autoridade" e à "depreciação de autores". Quando Marc Bloch (1886-1944) e Lucien Febvre (1878-1956) contribuíram para revolucionar a historiografia francesa, na primeira metade do século XX, estavam lotados na Universidade de Estrasburgo, e dali proferiram suas implacáveis críticas contra os tradicionais mandarins historiográficos que controlavam o Departamento de História da mais prestigiosa universidade francesa desde os tempos medievais: a Sorbonne. A força de seus argumentos em favor de uma nova prática historiográfica não pode ser obstaculizada pelos argumentos de autoridade que lhes foram contrapostos a partir da mais poderosa

Torre de Marfim do sistema universitário francês[165]. Enfim, no limite, o ideal é que qualquer discussão teórica possa ser travada teoricamente, ou que ela se sustente sozinha, sem que seja necessária uma legitimação externa, institucional. As exigências de legitimação ocorrem muito, é claro, e, ainda que inevitáveis, não fazem parte propriamente dos procedimentos científicos.

Avançando em nosso "Quadro das Travas ao livre Fluir Teórico", veremos que também existem aqueles que rejeitam sequer discutir uma teoria por temor às suas "Consequências Adversas" (5). Seria uma postura teórica desse tipo a que poderia estar oculta no gesto de impor acientificamente o ensino do Criacionismo, contra a sequer menção à *Teoria das Espécies* de Charles Darwin (1859), com base no argumento de que, se esta teoria for aceita, há o risco de trazer a ruína a sistemas religiosos construídos desde há muitos séculos, dos quais a humanidade necessita para não mergulhar em uma vida caótica. O mesmo argumento também poderia ser utilizado erroneamente para proibir discussões com base na proposta teórico-metodológica do Materialismo Histórico, por se considerar que Karl Marx, um dos criadores desse paradigma, era de opinião de que "a religião é o ópio do povo" (*Crítica da Filosofia do Direito de Hegel*,

---

165. Em *A Escola dos Annales* (1990: 27), Peter Burke mostra como a nova Universidade de Estrasburgo, situada também em uma cidade renovada (recentemente desanexada da Alemanha em favor da França com o fim da 1ª Guerra), oferecia por isso mesmo "um ambiente favorável à inovação intelectual". Foi nesse ambiente que surgiu a conexão entre Marc Bloch e Lucien Febvre, preparando o advento do movimento dos *Annales*, um dos mais renovadores para a historiografia contemporânea. O próprio Peter Burke, em uma nota de rodapé, presta depoimento similar a respeito de sua atuação na nova universidade de Sussex, um ambiente intelectual igualmente novo e efervescente do qual ele mesmo participou nos anos 1960.

1843)[166]. Aliás, nesse caso combinamos as duas falácias, a da "fobia das consequências adversas", e uma forma invertida da "adesão burocrática à total coerência do sistema". Afinal, rejeita-se aqui o Materialismo Histórico em todos seus aspectos, apenas porque seu criador, Karl Marx, era ateu, como se certo sistema teórico só pudesse ser aceito considerando literalmente a adesão a todos os pontos de vista formulados pelo criador original (isso é também uma forma invertida do "fetiche do autor"). Paulo Freire (1921-1997), um dos maiores educadores da história de nosso planeta, era simultaneamente marxista e católico. Aderir a certa visão do Materialismo Histórico não o impediu de administrar em sua vida pessoal determinada crença religiosa[167]. Paulo Freire não estava escravizado pela falácia da "adesão burocrática à total coerência do sistema".

---

166. Diz o texto original de Marx: "A miséria religiosa constitui ao mesmo tempo a expressão da miséria real e o protesto contra a miséria real. A religião é o suspiro da criatura oprimida, o ânimo de um mundo sem coração e a alma de situações sem alma. A religião é o ópio do povo. A abolição da religião enquanto felicidade ilusória dos homens é a exigência da sua felicidade real. O apelo para que abandonem as ilusões a respeito da sua condição é o apelo para abandonarem uma condição que precisa de ilusões. A crítica da religião é, pois, o germe da crítica do vale de lágrimas, do qual a religião é a auréola" (MARX, 2005: 146-147 [original: 1943]). Na verdade, a comparação da religião com o ópio, seja depreciativamente ou valorativamente, já aparece em outros autores, como Kant, Feuerbach, Bruno Bauer, Moses Hess e Heinrich Heine que, já em 1840, teria empregado essa metáfora valorativamente ao dizer: "Bendita seja uma religião que derrama no amargo cálice da humanidade sofredora algumas doces e soporíferas gotas de ópio espiritual, algumas gotas de amor, fé e esperança". Sobre isso, cf. Löwi, 2006.

167. Embora profundamente comprometido com a leitura social proporcionada pelo paradigma do materialismo histórico, inclusive nos aspectos relacionados à práxis e ao envolvimento nos processos de transformação social, Paulo Freire declarava-se católico e estava francamente associado a entidades de caráter religioso, tal como o Conselho Mundial das Igrejas – CMI. Para uma biografia de Paulo Freire, cf. Gadotti, 1996.

Também seria uma "fobia das consequências adversas" se um determinado militante marxista, ligado a um partido político de esquerda, se recusasse a discutir uma teoria sobre as causas do fracasso do Socialismo Real, com base na mera argumentação de que levar adiante tal discussão teórica poderia pôr a perder mais de um século de história de lutas alicerçadas no desenvolvimento do chamado Marxismo-Leninismo, arriscando dissolver todos os sonhos revolucionários (o que, de todo modo, é também uma falácia argumentativa, já que se pressupõe que todos os sonhos revolucionários ligam-se necessariamente a um modelo específico dentro do Materialismo Histórico que é o do chamado "marxismo-leninismo").

Para além do "apego burocrático à coerência do sistema", da "crença na imiscibilidade de certos autores", do "fetiche do autor", da "demonização de autores" e da "fobia das consequências adversas", uma trava muito comum é a "estagnação discursiva" (6), ou o que, para utilizar uma linguagem mais popular, poderia ser entendido como uma "mesmice discursiva". Se propor novas perguntas mostra-se um excelente recurso para alcançar novos patamares teóricos, com alguma frequência também o recurso a uma "nova linguagem de observação" permite enxergar as coisas de uma nova maneira (FEYERABEND, 1989: 115). Ousar criar é também importante. Experimentar novas linguagens é também forçar-se a ver as coisas de uma nova maneira. É evidente, contudo, que para se aventurar à criação de uma nova linguagem sem cair na gratuidade, que se converteria em mera presunção, é útil conhecer antes as linguagens de observação já existentes, dominá-las com igual fluência. Este é o papel da Teoria da História enquanto disciplina importante para a formação do historiador. A Teoria da História é capaz de disponibilizar para o historiador em formação não apenas um vocabulário conceitual diversificado, como também lhe oferecer um repertório de "modos de ver" diferenciados, combináveis ou não (e o que vai ajudar a decidir isso – isto é, sobre o que usar, e como usar – não é uma afirmação dogmática, nem um decreto acadêmico, mas o objeto histórico que o historiador constitui ou tem diante de si).

De todo modo, a "estagnação discursiva" também abarca como possível vício uma outra forma de fetiche, que é o "fetiche do conceito". Trata-se, aqui, de uma tendência a sacralizar não mais o autor, mas na verdade um conceito, transformá-lo em imagem sob a qual o teórico vai depositar suas oferendas, e por vezes construir uma cerca em torno desse conceito "territorializado" (isto é, transformado em espaço que passa a estar submetido a um poder), para a partir daí só se permitir que o espaço conceitual cercado seja apenas frequentado pelos peregrinos autorizados. Um conceito, pensaremos aqui a partir de um comentário extremamente oportuno de Friedrich Nietzsche, é algo para ser usado, de modo a favorecer um modo de visão, e não para ser reverenciado ou transformado em coisa inerte, desgastada como o "velho metal das moedas":

> Enquanto cada metáfora intuitiva é individual e sem igual e, por isso, sabe escapar a toda rubricação, o grande edifício dos conceitos ostenta a regu-

laridade rígida de um columbário romano e respira na lógica aquele rigor e frieza, que são próprios da matemática. Quem é bafejado por essa frieza dificilmente acreditará que até mesmo o conceito, ósseo e ortogonal como um dado e tão fácil de deslocar quanto este, é somente o *resíduo de uma metáfora*, e que a ilusão da transposição artificial de um estímulo nervoso em imagens, se não é a mãe, é pelo menos a avó de todo e qualquer conceito (NIETZSCHE, 1974: 57)[168]

Desmistificar o conceito, reenviá-lo de volta ao mundo dos vivos, desfossilizá-lo, não se deixar escravizar por esse conceito solenemente convertido em ídolo de pedra ou de madeira, é por diversas vezes uma operação importante para escapar à estagnação discursiva. O "conceito" deve ser colocado ao serviço do historiador; não é o historiador que deve servir ao conceito[169]. Convém, portanto, não se deixar aprisionar acriticamente por esse "céu conceitual matematicamente repartido" de que também nos fala Nietzsche (1974: 57). Um conceito, ou uma metáfora, é um recurso de que o pensamento teórico lança mão, e não um grilhão que se

---

168. Em outro momento desse mesmo texto ("Sobre a verdade e a mentira no sentido extramoral", 1873), acrescenta Nietzsche: [alguns conceitos são] "ilusões, das quais se esqueceu de que o são, metáforas que se tornaram gastas e sem força sensível, moedas que perderam sua efígie e agora só entram em consideração como metal, não mais como moedas" (NIETZSCHE, 1974: 56).

169. Sobre o uso historiográfico de conceitos, cf. Prost (2008: 115-131) e Koselleck (1990: 97-118).

volta contra a própria leitura teórica[170]. Quando um pensamento teórico rende-se ao peso da estagnação discursiva, quando se permite que seus conceitos se ossifiquem, a teoria perde o seu poder de voo. As asas conceituais regridem e se recolhem, convertem-se em cascas protetoras que doravante estarão coladas ao corpo, como se fossem protetores blindados contra o meio externo. Em uma espécie de metamorfose invertida, a borboleta converte-se em larva. Veremos, mais adiante, que esse é o momento em que uma "teoria" transforma-se em "doutrina".

Não é raro que o "fetiche do conceito" – essa forma de "estagnação discursiva" muito específica – conduza à tendência viciosa de adaptar uma fórmula já desgastada a toda e qualquer realidade[171]. Ou, também é frequente, incorrer-se ainda

---

170. No cap. I do vol. 3, no qual abordaremos o Materialismo Histórico, veremos que alguns dos mais criativos historiadores que se associaram a esse paradigma historiográfico – tal como foi o caso de Edward Thompson – souberam se libertar do uso estagnado de certas imagens, como por exemplo a famosa metáfora da "base que determina a superestrutura". A metáfora da "base" de um edifício, utilizada por Marx como imagem, metáfora livremente criada, havia sido convertida em um conceito "ósseo e ortogonal" por alguns dos continuadores de Marx. Thompson e outros historiadores da Escola Inglesa de historiadores marxistas souberam submeter a eficácia dessa imagem à crítica, dessacralizá-la, enfim. Para a crítica da Escola Inglesa à metáfora da "infraestrutura", cf. Thompson (2001: 254-255), e o ensaio *Marxismo e literatura*, de Raymond Williams, 1971.

171. Paul Veyne registra as seguintes observações sobre isso, no seu ensaio "A Histórica Conceitual", escrito para a coletânea *Faire de l'histoire* organizada em 1974 por Pierre Nora e Jacques Le Goff: "Acontece então, frequentemente, que este ou aquele conceito novo conheça um sucesso de voga, e acredita-se encontrá-lo por toda a parte: houve um tempo em que se encontrava em todos os lugares uma burguesia ascendente, na França de Luís XVI como na Inglaterra de Cromwell, na Roma de Cícero e no Japão de Tokugawa; descobriu-se em seguida que essa nova chave não entrava em tantas fechaduras senão forçando-as, e que ainda seria necessário forjar novos conceitos para essas outras fechaduras" (VEYNE, 1988: 71 [original: 1974]).

no erro de aplicar, indiscriminadamente a tudo, o conceito ou sistema teórico que se mostrou eficaz para a análise de determinada realidade, mas não necessariamente a outras.

O "anacronismo" – uso acrítico, para uma determinada situação histórica, de um conceito que somente se ajusta bem à análise de outra época – é outro dos vícios desta mesma família (7). Esse é certamente um dos erros e vícios mais graves contra os quais se deve resguardar o historiador, mas também não é menos danoso recair no exagero que se entrincheira no outro extremo, uma espécie de "fobia do anacronismo" que pode levar o historiador a rejeitar o uso pertinente de categorias de análise desenvolvidas em sua própria época sob a alegação de que tais categorias não existiam no passado. Uma coisa é se deixar enredar no vício do "anacronismo" e projetar categorias de pensamento dos homens de uma época, ou do próprio historiador, nos seres humanos de outro tempo e localidade, que se movimentavam e viviam a partir dos seus próprios padrões de pensamento e sensibilidade, e que possuíam os seus próprios referenciais de mundo e tábuas de valores (que obviamente precisam ser compreendidos pelo historiador que desenvolve a análise). Outra coisa é se deixar atolar no imobilismo que pode ser gerado pela insistência em trabalhar exclusivamente "no nível das fontes" (como se tal fosse possível), rejeitando as "categorias do historiador" ou seus recursos analíticos sob a alegação de que estes seriam "anacrônicos". Essa outra ingenuidade, que poderemos denominar "fobia do anacronismo", é quase tão danosa quanto o anacronismo. Para entender isto, vamos retomar algumas observações que já registramos em outro livro (*O campo da História*, 2004).

Antes de desenvolvermos a argumentação sobre a necessidade de se permanecer equidistante em relação ao "anacronismo" e à "fobia do anacronismo", será oportuno lembrar uma observação fundamental de Reinhart Koselleck sobre o uso de conceitos em história. Em seu célebre livro *Futuro passado* (1979), Koselleck observa que os historiadores trabalham necessariamente com dois tipos de "conceitos" ou categorias verbais, na verdade com "dois níveis de conceitos": alguns conceitos e expressões o historiador irá retomar das próprias fontes, correspondendo àquelas palavras que os homens da própria época analisada empregavam para a sua autocompreensão ou para descrever os acontecimentos e processos que lhes eram contemporâneos. Estes são os conceitos "no nível das fontes", e é certamente preciso trabalhar com eles (obviamente que de maneira crítica) uma vez que eles expressam as mentalidades de uma época, os artifícios verbais dos homens de então, as marcas de um contexto histórico que já não é mais o nosso. Mas existe um segundo nível que é o dos conceitos que se estabelecem "no nível do historiador". Estes correspondem às suas próprias categorias de análise. O historiador pode criá-las, ou tomá-las de empréstimo do repertório conceitual que já existe na tradição historiográfica. Por exemplo, os conceitos de "modo de produção", "crise econômica", "colonialismo", "luta de classes", "mentalidades", "estrutura", "sistema" podem ser perfeitamente utilizados para a análise de sociedades diversificadas, inclusive nas épocas em que ainda não se usavam essas expressões. É preciso não confundir o uso desse tipo de conceitos – aqueles que se estabelecem "no nível do historiador", legitimamente, como instrumentos adequados de análise – com aqueles outros conceitos que correm o risco de ser empregados "anacronicamente" em vista de os projetarmos indevidamente nos modos de pensar de pessoas de uma outra época. Dito de outra forma, é preciso não confundir o "nível da análise" com a "realidade das fontes". O historiador lida, obviamente, com essas duas coisas: com os instrumentos conceituais de análise, e com uma realidade histórica que ele analisa (o nível das fontes). Será importante partirmos dessas considerações sobre os "dois níveis de conceitos" se quisermos ter uma maior clareza sobre o que é efetivamente o "Anacronismo", sem recairmos inadvertidamente no seu extremo oposto, que é o das distorções causadas pela "fobia do anacronismo". Há uma diferença de níveis e de natureza teórica entre os usos dos conceitos de "sistema" e de "feminismo" para a análise de sociedades antigas, da qual é preciso nos conscientizarmos.

O que é anacronismo? Em primeiro lugar, é preciso não esquecer o já mencionado fato de que o historiador, ao examinar determinada sociedade localizada no passado, está sempre operando (também) com categorias de seu próprio tempo (mesmo que ele não queira). Daí aquela célebre frase de Benedetto Croce, que dizia que "toda história é contemporânea". Isto quer dizer que mesmo a História Antiga e a História Medieval são de certo modo histórias contemporâneas, porque são elaboradas pelos historiadores de nosso tempo (e voltadas para leitores de nosso tempo)[172]. Há uma tensão muito delicada que envolve esta inarredável característica do trabalho historiográfico: por um lado o historiador deve conservar vivamente a consciência de que trabalhará com as categorias de seu próprio tempo, no nível da análise, mas, por outro lado, deverá evitar que algumas dessas categorias ameacem deturpar as suas possibilidades de compreender os homens do passado, seres humanos históricos que tinham as suas próprias categorias de pensamento e de sensibilidade. Estas últimas, obviamente, também serão trabalhadas pelo historiador, mas não como instrumentos para desenvolver a análise, e sim como aquilo mesmo que se analisa. Por exemplo, da mesma forma que os métodos que um historiador emprega serão sempre métodos seus, desenvolvidos na sua própria época, já que ele poderá empregar os recursos da análise semiótica, só desenvolvidos recentemente, para examinar fontes da história antiga ou medieval, de igual maneira esse mesmo historiador poderá elaborar ou trabalhar com novos conceitos, somente tornados possíveis no seu tempo, para iluminar uma época anterior a sua.

Não há o menor problema nesses usos. Aliás, são precisamente os usos de novas técnicas, conceitos e modos de ver

---

172. "Toda história é contemporânea [...] considerando mais de perto, até esta história já formada, a que chamamos ou gostaríamos de chamar história 'não contemporânea ou passada', se é realmente história, isto é, se tem algum sentido e não é um eco vazio, é também contemporânea, e em nada difere da outra. [...] pois é evidente que só um interesse pela vida do presente pode nos levar à investigação de um fato do passado" (CROCE, 1920: 53-65).

uma realidade passada o que assegura que a História de uma determinada época deverá ser sempre recontada. A questão do Anacronismo é muitas vezes mal interpretada, se nos deixamos enredar pelas distorções causadas pela "fobia do anacronismo". Para utilizar um exemplo um tanto caricatural, não tenho que me constranger de utilizar a expressão "ataque cardíaco" para uma morte deste tipo, ocorrida na antiguidade Greco-Romana ou na Idade Média só porque os homens de então se referiam a esses males como "mal súbito" (pressupondo-se que seja possível comprovar, é claro, que é precisamente a um ataque cardíaco que se referm mesmo as minhas fontes, no caso estudado). Menos ainda haveria qualquer problema em utilizar a expressão "crise econômica" – um conceito estabelecido no nível da análise historiográfica, e não no nível das fontes – somente porque os gregos antigos e os homens medievais não conheciam o emprego da palavra "crise" para explicitar determinadas situações que ocorrem com as sociedades humanas[173].

O que não posso é dizer que um determinado grupo de mulheres dessas épocas, consideradas as suas atitudes de resistência ao controle masculino em um tempo em que essas resistências não eram esperadas, eram "feministas". O erro, neste caso, está em que estou lhes atribuindo uma categoria de pensamento que só surgiu nas mulheres do século XX – à luz de uma equivalente conquista de direitos políticos e da

---

173. A expressão "crise econômica", como observa Antoine Prost em suas *Doze lições sobre a História* (1996: 116), foi somente empregada pela primeira vez por Ernst Labrousse, em seu clássico livro *A crise da economia francesa ao fim do Antigo Regime e no princípio da Revolução* (1944).

obtenção de espaço social e profissional – e transferindo isto para uma época em que o discurso feminista simplesmente não existia, ou sequer teria podido existir. O discurso feminista é datado, e na verdade inseparável das condições de seu surgimento e perpetuação a partir do século XX. Se quero tentar compreender as mulheres da Antiguidade e da Idade Média que resistiram à sociedade misógina de suas épocas, devo tentar perceber como elas viam o mundo, através de que categorias de pensamentos, a partir de que práticas e representações. Devo examinar, além disto, a excepcionalidade ou não do comportamento deste ou daquele grupo, que sentido os componentes deste grupo atribuíam aos seus próprios discursos. Devo refletir longamente sobre as suas palavras (que certamente não incluirão a expressão "porco chauvinista"). Metaforicamente falando, deverei sintonizar neste caso essa singular estação que é a mulher antiga ou a mulher medieval, sempre com a consciência de que deverei apreender um idioma estrangeiro, diferente do meu. Para compreender as mulheres da Antiguidade e da Idade Média, devo submeter a uma rigorosa análise os próprios conceitos que emergem "no nível das fontes", e não pressupor que um conceito de minha própria época, igualmente histórico e relacionado às maneiras de pensar das mulheres de hoje, corresponda a uma categoria dada desde sempre e que pode corresponder aos modos de pensar e de sentir possíveis às mulheres de todas as épocas.

Muitas vezes os historiadores de nosso tempo, que aprendem desde cedo na Academia que o maior pecado para um historiador é o do Anacronismo, quase se sentem tentados a mandar confeccionar um manto medieval para depois se encerrarem nos seus gabinetes de estudo com uma roupa apropriada para iniciar uma investigação sobre a ordem medieval dos Templários. Não é isto o que os libertará dos riscos do Anacronismo, e nem um eventual horror a utilizar categorias teóricas contemporâneas na hora de analisar uma fonte histórica. Se assim fosse, a própria discussão sobre a possibilidade de diálogo entre a História e a Psicologia, ou entre a História e a Semiótica, seria inviável... já que não existiam esses campos de saber naquelas épocas mais remotas (e já que, rigorosamente, a própria História não existia da maneira como hoje concebemos esse campo de conhecimento).

O que o historiador não deve fazer de modo algum, com vistas a evitar os riscos do anacronismo, é inadvertidamente projetar categorias de pensamento que são só suas ou de outros homens de sua própria época nas mentes das pessoas de determinada sociedade ou de certo período. Para compreender os pensamentos de um chinês da época dos mandarins, terei de me avizinhar dos códigos que (tanto quanto me for possível perceber) regeriam o universo mental dos chineses. Esse exercício de compreender o "outro chinês" é que tem que ser feito. Mas não é a análise que tem de ser chinesa[174].

Passemos ao próximo item. Toda teoria, para conservar sua eficácia científica, precisa respirar o ar da liberdade. A ousadia de romper fronteiras será, consideraremos em seguida, uma qualidade teórica da maior importância e, como uma indicação

---

174. A argumentação desenvolvida nos últimos parágrafos foi extraída de um livro anterior: *O campo da História* (BARROS, 2004: 51-53).

importante, podemos salientar a necessidade de ultrapassar a trava das "fronteiras interdisciplinares demasiado rígidas" (8). O último século trouxe, com a modernização acelerada, fenômenos preocupantes para a história do pensamento ocidental – como a hiperespecialização que isola um profissional, apartando-o duma vida mais abrangente. Mas também trouxe o instigante fenômeno da interdisciplinaridade, este convite a romper as fronteiras entre os diversos campos disciplinares. É sempre importante se ter em mente que os limites disciplinares foram criações acadêmicas, que trazem eles mesmos a sua própria história. Deve-se sempre indagar se o seu objeto de estudo, as suas hipóteses, os seus problemas e os seus objetivos de investigação acomodam-se bem ou não no interior de uma fronteira disciplinar (ou, mais grave, intradisciplinar). Romper fronteiras, quando isso é necessário, é também uma opção teórica. "Um rio pode ver-se dividido em fronteiras nacionais, mas isso não faz dele uma realidade descontínua"[175].

Se as fronteiras entre os campos disciplinares podem se enrijecer, ocasionando a formação, em torno do campo disciplinar, de verdadeiras camisas de força que já não permitem o estudo de determinados objetos que mal se acomodam no interior de uma única disciplina, existe ainda um último enrijecimento que é fatal para o "fluir teórico". Tal ocorre quando se dá um enrijecimento interno, e a "teoria" termina por se engessar em "Doutrina" (9)[176]. A conversão

---

175. A frase também é de Feyerabend, 1989: 260.

176. Às vezes, há consciência em alguns autores de que já não se está mais falando de uma "teoria", mas sim de uma "doutrina". Lenin chega a definir o Marxismo como "o sistema das ideias e da doutrina de Marx" (1914).

de uma teoria em doutrina se dá quando esta começa a se blindar para além do seu núcleo irredutível (o seu "núcleo duro") e a blindagem chega a atingir o nível dos conceitos, que nas teorias abertas sempre conservam certa flexibilidade e permeabilidade de modo a realizar adequadamente uma boa mediação entre a teoria e o mundo externo (a realidade, ou as evidências, para o caso da História). Blindar uma teoria e transformá-la em doutrina pode ser extremamente pernicioso para a sua possibilidade de permanecer nos quadros da cientificidade, já que as aberturas para a crítica externa e para as possibilidades de reformulações constituem pressupostos indissociáveis da Ciência[177]. A blindagem de uma teoria em doutrina também pode ser compreendida a partir de outra metáfora, que é a do "encastelamento teórico".

Uma teoria criada ou desenvolvida de acordo com o mais maleável e aberto espírito científico pode ser tomada, por determinada escola ou grupo de teorizadores-doutrinadores, como recanto a partir do qual se edificará o mais intransponível dos castelos medievais. A princípio são erguidas as torres, com a sua altivez ameaçadora. Depois começa a surgir um castelo, com suas espessas paredes teóricas. Em torno dele, cava-se um fosso de água parada, que logo será habitado por crocodilos prontos a devorar estrangeiros incautos, com a potente dentição formada pelos seus "argumentos de autoridade". Uma sombria ponte levadiça será o único ponto de contato entre o castelo teórico e o mundo, mas apenas

---

177. Sobre a diferença entre "teoria" e "doutrina", e para um exemplo da metáfora da blindagem, cf. Morin, 1996: 168.

para permitir a entrada de víveres, daquilo que reforçará a doutrina. Os eventos que confirmem o que já foi dito serão sempre bem recebidos, como víveres dos quais dependerá a eterna revitalização da doutrina; os demais, ou serão ignorados, ou atirados aos crocodilos. No interior do castelo teórico, será observada uma regra mais rigorosa do que a dos beneditinos. Bem acomodado em uma espécie de altar, e ao invés dos materiais que antes se prestavam a uma livre reflexão teórica, terá surgido um dogma. As tábuas de leitura da realidade, instrumentos para se enxergar a complexidade real de certa maneira e para reelaborar continuamente essa "visão de mundo" que é a teoria, transformaram-se agora em "tábuas de certezas", em mandamentos para serem seguidos e recitados[178]. Eis uma Doutrina. Inscritos na pedra, os mandamentos não poderão mais ser questionados e nem retificados, e aqueles que futuramente insistirem em fazer adaptações na "Lei" serão, imediatamente, inseridos no "livro dos heréticos" ou tratados como apóstatas. Contra as teorias rivais, já não se direcionarão debates científicos, mas sim verdadeiras "cruzadas" e "guerras santas". Já no interior da teoria que se converteu em doutrina, reinará doravante a paz das águas paradas, propícias para o ritual de

---

178. A transformação de uma teoria em dogma encerra a sua vida como teoria. Naquela espécie de metamorfose ao avesso, à qual já nos referimos, a teoria perde seu poder de voo e se transforma de borboleta em larva. Podemos lembrar aqui as palavras de Edgar Morin em um dos ensaios do livro *A inteligência da complexidade* (1999): "Uma teoria é científica não porque ela é certa, mas, ao contrário, porque ela aceita ser refutada, seja por razões lógicas, seja por razões experimentais ou de observações. Isto é, uma teoria científica não é o substituto, num mundo laico, da verdade teológica e religiosa. É o contrário!" (MORIN, 2000: 39).

batismo. O "fetiche do autor" poderá ser convocado para a cerimônia de sacralização dos sacerdotes da nova religião. Já nem mais teremos um Castelo, talvez um Templo, com seus próprios deuses.

O Dogma pode transformar uma boa ciência em má religião. De fato, "para que haja disciplina é preciso que haja possibilidade de formular, e de formular indefinidamente, proposições novas" (FOUCAULT, 1996: 30). De igual maneira, um determinado sistema de ideias não pode sequer se manter como "teoria", a não ser que conserve a sua abertura externa e a sua maleabilidade interna, isto é, "capacidade de adaptação e modificação na articulação entre os seus subsistemas, assim como a possibilidade de abandonar um subsistema e de substituí-lo por outro" (MORIN, 1998: 167). Dessa maneira, existe uma salutar tensão entre a necessidade de uma "maleabilidade interna" – para aquém da qual a teoria se esclerosa ou se transforma em doutrina blindada – e a tendência de uma teoria a lutar pela conservação dos seus pressupostos irredutíveis no seu "núcleo duro", para além dos quais ela se desintegraria para desaparecer ou se transformar em outra formulação teórica (o que também não é necessariamente ruim)[179]. De resto, com relação à "abertura externa", que se mostra uma exigência de toda teoria no plano científico, podemos lembrar que mesmo as doutrinas não

---

179. A esse respeito, podemos reter, ainda, algumas das oportunas palavras de Edgar Morin, no quarto volume de *O método* (1998: 167): "Assim, uma teoria aceita a crítica no quadro filosófico, mas é no quadro científico que deve admitir o princípio da sua biodegradabilidade: uma teoria aberta é uma teoria que aceita a ideia da sua própria morte".

são inteiramente fechadas, embora, nestas, essa abertura às trocas externas seja extremamente seletiva e só haja assimilação de elementos e informações que a confirmem[180].

A Doutrina, enfim, também está sujeita a movimentos. Mas como perdeu a fluidez dos rios, que é típica das teorias, e se tornou um vasto ideário petrificado, movimenta-se à maneira das grandes placas tectônicas que existem sob a terra, provocando abalos sísmicos sempre que ocorre algum deslocamento mais significativo em uma nova direção, e esmagando concomitantemente os teóricos que perdem o equilíbrio e ficam presos nas suas fissuras. Particularmente, a doutrina que foi anexada pela má-política, ou que se pôs a serviço de uma ditadura, ou que foi por esta reesculpida, pode violentar gravemente a ciência, e em particular a História. A história da Rússia stalinista e de alguns dos países socialistas sob a égide de governos autoritários, bem como as suas contrapartidas nos totalitarismos de direita, fornece-nos um número relevante de exemplos sobre esse violentar da historiografia a partir do poder ditatorial.

Pode-se ilustrar bem a situação com a historiografia russa da primeira metade do século XX, quando consideramos as teorias que nessa época se propunham a refletir sobre o desenvolvimento histórico da Rússia até os limiares da Revolução de Outubro. Haveria alguma similaridade entre o de-

---

180. Ou, como ressalta Edgar Morin: "As trocas entre a doutrina e o mundo empírico são rarefeitas. Mas nem por isso a doutrina é totalmente fechada. Ela assegura as trocas mínimas selecionando unicamente o que lhe traz confirmação" (MORIN, 1998: 168). Por isto, em nossa metáfora sobre o "encastelamento teórico", o papel do pesado portão de ferro que eventualmente se transforma em "ponte levadiça".

senvolvimeto histórico dos demais países europeus – como a Inglaterra e a França – e a história dessa "formação histórica" específica que foi a Rússia czarista? Ou haveria uma significativa originalidade do processo de desenvolvimento do capitalismo russo? Essa pergunta – teórica por excelência – iria dar o que falar (e também dar o que calar) na Rússia bolchevique.

Vladimir Ilitch Lenin (1870-1924), o primeiro dirigente da Rússia socialista, havia elaborado, no período pré-revolucionário, uma obra teórica sobre *O desenvolvimento do capitalismo na Rússia* (1899). Nesta enfatizara aquilo que o desenvolvimento da sociedade e da economia da Rússia – ainda sob o jugo do czarismo – tinha de especificamente capitalista. Sua tendência a dar um estatuto de lei geral ao esquema interpretativo que Marx elaborou em sua análise sobre o desenvolvimento do capitalismo no ocidente europeu, no célebre capítulo sobre "A acumulação primitiva" de *O capital* (1867), aproxima suas conclusões nessa obra às de Plekhanov (1901). Assim, tanto para Lenin, como para Plekhanov, o desenvolvimento do capitalismo seria uma precondição necessária para o advento do socialismo[181]. Mais tarde, em 1922, Leon Trotsky (1879-1940), outra figura de proa do bolchevismo revolucionário dos primeiros tempos, iria publicar uma obra sobre os movimentos revolucionários da Rússia de

---

181. No período pré-revolucionário russo havia também a corrente que, ao contrário da proposta bolchevique, considerava que o socialismo russo deveria se desenvolver no ambiente da tradicional comuna camponesa. Deste modo, essas proposições teóricas – tanto a de Lenin como a de seus opositores – devem ser também compreendidas no contexto das lutas pela liderança do movimento revolucionário russo.

1905 (TROTSKY, 1969), sendo que esse livro enfatizaria, a partir de um viés bem distinto, a originalidade da formação social russa[182].

Nessa época, a doutrina bolchevique – ainda não totalmente encastelada ou blindada no que se refere à análise histórica – abria ainda discretos espaços internos para alguma discussão historiográfica, de modo que, concomitante ao lançamento da primeira edição russa da obra de Trotsky sobre o "Balanço do movimento revolucionário de 1905", surgiria uma análise divergente, encaminhada pelo maior historiador profissional da Rússia bolchevique: Mikhail Pokrovsk (1868-1932)[183]. Este iria criticar frontalmente as teses de Trotsky acerca da originalidade da formação social

---

182. A lentidão das mudanças socioeconômicas e o caráter arcaico e primitivo da sociedade russa, no período que precede os movimentos revolucionários de 1905, seriam, de acordo com Trotsky, as principais marcas de sua originalidade: "Se comparamos o desenvolvimento social da Rússia com o de outros países da Europa – destacando os fatores comuns que constituem seus traços gerais mais distintivos e que distinguem sua história da história russa – poderemos dizer, por comparação, que a principal característica do desenvolvimento social da Rússia é sua lentidão e seu caráter relativamente primitivo" (TROTSKY, 1969: 397-398).

183. Mikhail Pokrovsky (1868-1932), desde os primeiros anos do governo bolchevique e até a sua morte em 1932, foi o principal nome da historiografia soviética oficial. Bolchevique desde 1905, iria confluir para o típico exemplo do "historiador orgânico", vinculado ao Estado. Ocupou importantes cargos no Partido Bolchevique: foi presidente do "Soviet de Deputados e Soldados" de Moscou logo após a revolução de Outubro de 1917, e em seguida foi nomeado vice-comissário para a Educação, cargo que ocupou entre 1918 a 1932. Além disso, foi o primeiro diretor do "Instituto de Professores Vermelhos", e também o primeiro presidente da "Sociedade de Historiadores Marxistas". Em 1925, adere à corrente stalinista; mas em 1936, quatro anos após sua morte, seria execrado pelo Partido juntamente com sua obra historiográfica, que foi banida dos horizontes teóricos aceitos pela doutrina bolchevique sob o rótulo de "sociologismo vulgar".

russa. Restabelecendo uma leitura histórica mais próxima à de Plekhanov (1901) e de Lenin (1899), ao mesmo tempo em que rejeitava veementemente a ideia de uma originalidade do processo de desenvolvimento capitalista russo, Pokrovsk iria propor a sua própria interpretação sobre o desenvolvimento histórico da Rússia. Em suas obras – tanto teóricas (*Teoria da Revolução Proletária*) como historiográficas (*Breve História da Rússia*) – o historiador chama atenção precisamente para o desenvolvimento do comércio da Rússia no século XVI, aproximando o desenrolar da História nesse país àquele que ocorrera na Europa ocidental. Vinculando-se ao Stalinismo a partir de 1925[184], Pokrovsk chegaria a agregar a sua análise à condenação stalinista que anatemizaria Trotsky como uma espécie de apóstata do credo bolchevique[185], registrando o implacável comentário de que "toda a teoria histórica de Trotsky corrobora o veredicto negativo que o Partido pronunciou sobre o trotskismo" (BARON, 1974: 393).

Banido Trotsky com suas ideias, as águas não permaneceriam paradas, todavia, por muito tempo. Logo ocorreria, e não demoraria muito, um novo movimento teutônico da doutrina bolchevique. Pouco tempo depois da morte de Pokrovsk,

---

184. Lenin havia falecido em janeiro de 1924, e seu poder foi em seguida partilhado por um triunvirato formado por Kamenev, Zinoiev e Stalin, com plenos poderes sobre o Estado e a Organização Partidária. Entre os triúnviros, contudo, seria Josef Stalin (1878-1953) – secretário-geral do partido que controlava a admissão e exclusão de seus militantes – quem progressivamente passou a usufruir de maior poder e autoridade.

185. Trotsky é expulso do Partido Bolchevique em 1927, exilando-se logo em seguida. Para uma biografia crítica abordando as três fases de relacionamento de Trotsky com o poder bolchevique, cf. Deutscher, 1984, 3 vols.

em 1932, o stalinismo promoveria novas adaptações no mundo historiográfico sob seu controle. Um totalitarismo teórico, mormente quando atrelado a necessidades políticas, sempre precisa de reajustes. Em 1936, o bloco de pedra se desloca mais uma vez, e o castelo teórico novamente se organiza. Se a *Breve história da Rússia* escrita por Mikhail Pokrovsk (1920), que até então estivera tão bem ajustada ao gesso doutrinário, havia atendido perfeitamente aos interesses partidários e doutrinários dos bolchevistas – particularmente nos tempos da execração de Trotsky – não tardaria que também esta leitura da história russa já não interessasse mais às novas necessidades políticas. Foi assim que novos interesses terminaram por se desenhar a partir dos desenvolvimentos posteriores dos "planos quinquenais" do governo soviético[186], uma vez que estes almejavam colocar em relevo o acentuado atraso econômico da Rússia pré-revolucionária, em termos de industrialização, por contraste com as realizações promovidas pelos bolchevistas. A necessidade de uma nova leitura da realidade pré-revolucionária levaria a obra de Pokrovski a ser condenada por Stalin em 1936. Com isto, a obra desse historiador russo, que um dia repousara solenemente no altar historiográfico da doutrina bolchevique, seria radicalmente banida e passaria a ser sub-

---

186. Os planos quinquenais iniciam-se em 1928, e estendem-se até 1989, com a desagregação soviética.

187. Comentários a respeito da execração póstuma do trabalho historiográfico de Pokrovsk podem ser encontrados em Fontana, 2004: 310.

metida à execração partidária. A *Breve história da Rússia* precisou ser atirada aos crocodilos[187].

Outro exemplo clássico, ainda no ambiente do stalinismo, pode ser encontrado na notória imposição de Stalin, para os historiadores russos, de uma sequência obrigatória de cinco modos de produção[188]. John Barber, em seu livro *Historiadores soviéticos em crise,1928-1932* (1981), mostra como o ditador soviético resolvia questões historiográficas diversas a vigorosos golpes de martelo. Foi assim que o conceito de "modo de produção asiático", que até então havia sido tolerado nas estrebarias do castelo teórico do stalinismo, terminou por ser também atirado, em 1931, aos crocodilos[189].

De acordo com os movimentos do quadro político soviético, interesses doutrinários pareciam forçar a escrita

---

188. A Teoria das Etapas Necessárias e Inevitáveis do Desenvolvimento Histórico remonta a uma obra que Engels escreveu um ano após a morte de Marx: *A origem da família e da propriedade privada e do Estado* (1884). Nessa obra, entre outros aspectos, Engels já desconsidera o conceito de "modo de produção asiático", que havia formulado conjuntamente com Marx, e categoriza as sociedades orientais como "comunidades gentílicas" que precederiam historicamente o modo de produção escravista da Antiguidade. A partir daí, começa-se a pensar em uma evolução necessária da história, o que não estava de acordo com o pensamento de Marx.

189. Ocorreram duas reuniões de orientalistas soviéticos, uma em Tiflis (1929) e outra em Leningrado (1931), como preparação para a condenação definitiva do velho conceito marxista de "modo de produção asiático". Nesse debate, venceu a proposição de se considerar como "variantes asiáticas do feudalismo" uma série de sociedades orientais para as quais até então se admitia a possibilidade de serem enxergadas sob o prisma do conceito de "modo de produção asiático". A cristalização definitiva do esquema da sucessão de modos de produção – incluindo este e outros lances das novas imposições teóricas – foi registrada pelo próprio Stalin em seu livro *Materialismo Dialético e Materialismo Histórico* (1938). Quanto ao conceito de "modo de produção asiático", nos anos 1960 reabriram-se discussões sobre o mesmo. Sobre a controvérsia do modo de produção asiático, cf. Sofri, 1977; Gebran, 1978; Cardoso, 1990.

da história em certa direção, e mesmo condenar à morte a historiografia, ou até os próprios historiadores, que não se adaptassem aos ditames político-doutrinais. Escrever História na Rússia stalinista, fora dos esquemas propugnados pelo Partido, implicava sair da história. Literalmente. Para além disto, ao destino da morte historiográfica, mesmo os mortos poderiam não escapar, do que nos dá um macabro testemunho a sumária execração póstuma do historiador Mikhail Pokrovsk.

Não há muita diferença entre as teorias que são moldadas em doutrinas, a golpes de marteladas, e aquelas que, tal como serpentes seduzidas por misteriosas flautas, são forçadas a dançar ao som melodioso do tilintar das moedas. Assim, para além da coerção através da violência estatal ou de outros tipos, outra forma de atuar sobre a historiografia para cooptá-la com vistas a determinadas finalidades é a da coação econômica. Uma polêmica teórica e historiográfica que ficou bastante conhecida foi trazida por uma das grandes vagas de discussões sobre o Nazismo, entre os historiadores alemães. A polêmica, desencadeada em 1998, envolveu o trabalho de historiadores alemães que haviam sido contratados para escrever a história empresarial de grandes indústrias alemãs que tinham cooperado com o Nazismo na época do Terceiro Reich, e até se beneficiado e enriquecido com o trabalho escravo produzido nos campos de concentração ou com a implantação de repressão ao estilo nazista contra os seus próprios trabalhadores. Temendo serem surpreendidas por processos de reparação pelo trabalho escravo ou pelas práticas repressivas e violentas, ou mesmo receando a culpabilização criminal de seus dirigentes – isto sem contar os óbvios receios relacionados às ressonâncias negativas que esses processos poderiam produzir no mercado consumidor de seus produtos – essas empresas haviam resolvido antecipar-se ao problema contratando historiadores conceituados para escreverem a sua "história empresarial". Na verdade, o objetivo último era "limpar o seu nome" de qualquer referência à cooperação ou, pior, à inserção no próprio sistema nazista. A Volkswagen, a Faber, e mesmo o Deutsche Bank foram alguns desses grandes contratantes que encomendaram historiografias sintonizadas com os seus próprios interesses.

Um artigo de Michael Pinto-Duschinsky, publicado em 1998 no *Times Literary Supplement*, abalou os meios historiográficos por trazer a nu essa questão. Seu título era "Vender o Passado" (1998), e sua temática central girava em torno da denúncia contra historiadores que tinham aceitado o encargo de elaborar aquelas histórias empresariais manipuladas. O artigo provocou réplicas dos envolvidos, mas também uma rediscussão sobre a ética na História. Vemos aqui que as leituras teóricas da realidade histórica, e a própria pesquisa empírica a cargo dos historiadores, não estão apenas sujeitas ao encastelamento doutrinário; no mundo capitalista, muitas delas tornam-se produtos negociáveis. Não há ciência envolvida na sua construção.

Como mostram fartamente exemplos diversos no decurso da própria história – e particularmente nessa atualidade na qual o poder econômico parece se fazer acompanhar da máxima de que "tudo tem seu preço" – a historiografia e a Teoria da História enfrentam, de fato, não apenas o problema de serem vistas como objetos vendáveis, mas também a possibilidade de que os próprios historiadores possam ser vistos como passíveis de serem comprados. De igual maneira, o uso da historiografia para manipular a sociedade também tem deixado seus registros ao longo da história. Marc Ferro dá-nos exemplos bastante diversificados sobre *A manipulação da História no Ensino e nos Meios de Comunicação*, em uma série de ensaios interligados que foram publicados com esse título em 1981.

Vamos encerrar esta sessão com alguns comentários sobre um penúltimo deslize contra o fluir teórico, e que é aquele que fetichiza o próprio "teórico", terminando por estabelecer uma "confusão entre o Teórico e o Real" (10). A Teoria, instrumento e visão de mundo da qual lançamos mão para compreender a realidade ou determinado aspecto da realidade, é aqui tomada pelo próprio real. Com essa distorção, estamos no âmbito daquilo que Whitehead (1925) chamou de "falácia da concretude mal colocada", e que consiste em "tomar, por engano, nossas abstrações por realidades concretas"[190]. Para a História, esse deslize é extremamente deformador, pois termina-se por tentar submeter artificialmente, a uma abstração ou modelo inflexível, a realidade trazida pelas fontes históricas e pelas evidências. Uma teoria, no caso da História, deve ser reajustada no decorrer da dialética que se estabelece entre o historiador e suas fontes. Não é a realidade histórica, ou o conjunto de evidências e fontes com

---

190. Essa falácia também é examinada por Edgar Morin, em seus comentários sobre "Idealismo e racionalização" (MORIN, 1998: 172).

os quais trabalha o historiador, que devem ser forçados, a todo custo, a se adaptar ao modelo teórico preestabelecido. A Teoria, assim como o Método, constitui um caminho que se refaz durante a própria caminhada. O modelo teórico não é o "alfa e ômega" a ser atingido, mas sim um meio para apreender e interpretar de certa maneira, e de acordo com determinada perspectiva, a realidade histórica que constitui a referência a partir da qual trabalha o historiador[191]. Ademais, devemos ter sempre em mente que a realidade é complexa; a teoria, ainda que procure apreender esta complexidade, não

---

191. É com vistas a destacar a diferença entre a "realidade" e o "modelo teórico" criado na pesquisa que Max Weber assim se refere aos "tipos ideais" – recurso teórico-metodológico por ele desenvolvido: "Obtém-se um tipo ideal mediante a *acentuação unilateral de um ou vários* pontos de vista, e mediante o encadeamento de grande quantidade de fenômenos *isoladamente* dados, difusos e discretos, que se podem dar em maior ou menor número ou mesmo faltar por completo, e que se ordenam segundo os pontos de vista unilateralmente acentuados, a fim de se formar um quadro homogêneo de *pensamento*. Torna-se impossível encontrar empiricamente na realidade esse quadro, na sua pureza conceitual, pois se trata de uma *utopia*. A atividade *historiográfica* defronta-se com a tarefa de determinar, em cada *caso particular*, a proximidade ou afastamento entre a realidade e o quadro ideal [...] Ora, desde que cuidadosamente aplicado, esse conceito cumpre as funções específicas que dele se esperam, em benefício da investigação e da representação" (WEBER, 1904).

192. Etimologicamente, a palavra "complexidade" (*complexus*) remete a "entrelaçado", "trançado juntos", "torcido junto". As discussões em torno dos desenvolvimentos de uma Teoria da Complexidade remontam a meados do século XX, com um artigo de Warren Weaver intitulado "Ciência e complexidade" (1948). Antes dele, seria preciso considerar também as proposições de Gastón Bachelard, com *O novo espírito científico* (1938). Em 1962 teríamos um artigo de Herbert A. Simon, que marcou sua posição no debate: "A Arquitetura da Complexidade" (1962). Entre outros ensaios, a complexidade dos seres vivos seria abordada por Henri Atlan em *Entre o cristal e a fumaça*, no qual se examina a criação da ordem a partir da desordem no mundo natural. Por fim, teremos a vasta obra de Edgar Morin (n. 1921), entre as quais os seis volumes de *O método* (1973-2005), o ensaio *Ciência com consciência* (1984), e a coletânea *A inteligência da complexidade* (1998). Cf. tb. Dupuy, 1982; Stengers, 1987; Prigogine e Stenger, 1988.

é ela mesma o "real", mas apenas a "rede" através da qual se busca capturar algo da realidade complexa[192].

Talvez seja oportuno lembrar, neste momento, uma derradeira trava que pode prejudicar o livre fluir do "teórico", e que se refere ao que poderíamos chamar de "Fobia do Erro" (11). A esta fobia também poderíamos nos referir como a "covardia (ou in-audácia) de apenas usar a teoria mais segura". A questão também se refere ao Método, e relaciona-se de alguma maneira à necessidade de considerar também a prática das "tentativas e erros". O conhecimento científico, inclusive a História, se esta puder de fato ser vista segundo essa perspectiva de cientificidade, também avança a partir de tentativas, de experimentação no que concerne ao modo de ver e de dizer as coisas, de aventuras em direção a novas indagações. Muitas dessas tentativas, experimentações e aventuras podem conduzir a erros. Mas também não há forma de conhecimento que possa avançar e se desenvolver senão a partir de erros[193]. De igual maneira, almejar o impossível, e se arriscar pelo mundo das incertezas, também são traços importantes do novo espírito científico. Existe uma frase que é atribuída a Max Weber e que diz: "O homem não teria alcançado o possível se, repetidas vezes, não tivesse tentado o impossível". É preciso, por fim, para além de errar e de se arriscar por estranhos caminhos, aprender a violar regras. Com arte. Porque se a História é uma ciência, é também uma arte.

---

193. A questão é discutida por autores diversos, entre os quais Paul Feyerabend, em *Contra o método* (1975), e Edgar Morin, em *Sete saberes necessários para a educação do futuro* (2000).

5 Algumas perguntas propostas pela Teoria da História

Encerraremos este capítulo lembrando que, se a "Teoria" é um "modo singular de ver o mundo" – e se as várias "teorias da história" oferecem visões diversificadas sobre a História como disciplina, ou sobre as sociedades e processos específicos da história-vivida – estará entre as principais funções da Teoria da história a formulação de perguntas. Fazer uma certa pergunta corresponde a ver de uma determinada maneira, ou, ao menos, abrir um certo horizonte de observação possível. Frequentemente, uma nova contribuição teórica só se torna possível quando ousamos formular uma nova pergunta, que até então ainda não havia sido sequer imaginada. Também há aquelas perguntas que sempre acompanharão determinados campos de saber. Perguntas sobre o próprio campo de saber em questão, ou perguntas sobre aspectos específicos relacionados aos seus objetos de estudo.

Os historiadores – no decorrer de sua própria história como sujeitos produtores de conhecimento – têm lançado incessantemente as mais instigantes indagações à "História" e sobre a "história"[194]. O que vem a ser, afinal, a "História",

---

194. No decurso deste livro deixaremos por estabelecida essa convenção neste momento: estaremos sempre entendendo a História, com "H" maiúsculo, como a disciplina e o campo produção de conhecimento que é elaborado pelos historiadores a respeito da realidade vivida em épocas diversas e que lhes chega através das fontes históricas. Em contrapartida, convencionaremos grafar "história", com "h" minúsculo, sempre que estivermos nos referindo à história-processo, à história-vivida, isto é, a essa realidade humana que o historiador examina e sobre a qual reflete, de modo a produzir um tipo de texto bastante específico, que de modo geral é o produto final de seu ofício.

isto é, a própria modalidade de conhecimento que eles praticam? Como funciona ou se dá a "história", esta que é o seu vasto universo de estudos e que, em última instância, também os envolve por serem eles mesmos homens sujeitos ao próprio devir histórico? Ou, por fim, como se relacionam uma coisa e outra – a "História" e a "história" – considerando a primeira como a leitura, a pesquisa e a escrita que são elaboradas a respeito da segunda, e levando em consideração que a segunda – a história vivida – também determina a primeira, a História-Conhecimento?

A História, entre todas as formas de conhecimento, será sempre essa disciplina – talvez a única com essa singularidade – que é determinada pelo seu próprio universo de estudos que, aliás, corresponde também ao seu mesmo nome. Escreve-se História sobre a história; e a história produz a História. Essa rica ambiguidade, que só pertence à História, situa-nos diante de uma das mais fascinantes formas de conhecimento e modos de expressão que já foram inventados pela espécie humana.

Para além das indagações sobre a História e a história, existem aquelas perguntas que os historiadores costumam fazer sobre si mesmos. O que é, ou o que deve ser, um historiador? Quais as funções que tomam para si, e as tentações às quais se rendem, os historiadores? Aprender com o Passado como pretendia Maquiavel? Decifrar o Futuro como almejavam os filósofos da história, de Kant a Hegel? Planejar o Presente, como queriam os positivistas? Registrar a realidade histórica a partir de um ponto de vista, como praticariam alguns dos historicistas? Transformar a realidade, tal como

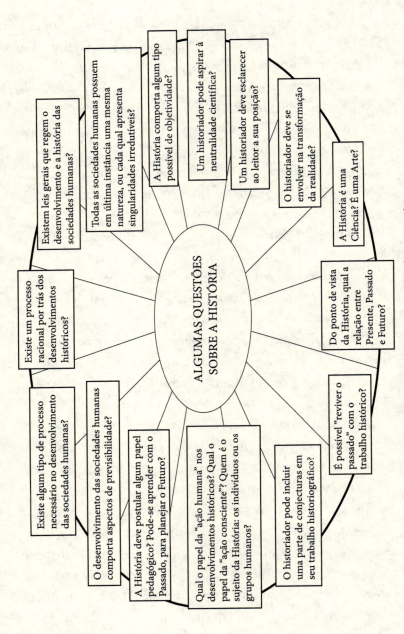

Quadro 9. Algumas questões sobre a História

desejam os historiadores marxistas e libertários? Escrever a história dos vencedores, ou dos vencidos? Buscar um novo ângulo de observação, para enxergar a "História vista de baixo", tal como propunha Thompson? Ou contar, com a história, uma boa "estória", à maneira de alguns dos historiadores pós-modernos? Em relação à memória, como se devem portar os historiadores? Será sua tarefa dar à memória um tratamento científico, zelar pelas instituições que a preservam ou que a reconstroem? Ou, como pensava Walter Benjamin nas suas *Teses sobre a Filosofia da História* (1940), seria a sua principal missão produzir uma "contramemória dos vencedores", reacendendo as centelhas dos tempos perdidos?[195]

A Teoria da História propõe-se a muitas indagações, entre as quais postularemos algumas, apenas para estabelecer um princípio de reflexão (Quadro 9). As "teorias da história" (o Positivismo, o Historicismo, o Materialismo Histórico e tantas outras), assim como os diversos historiadores na sua singularidade, têm arriscado algumas respostas com relação a estas mesmas indagações. Não existem respostas únicas, ou respostas mais corretas em relação a suas alternativas. Se a História se modifica com a própria história, e se quem

---

195. "Como não lembrar aqui das *Teses sobre filosofia da história*, de Walter Benjamin, autor que, vivendo o dilaceramento das identidades trazido pela complexificação da sociedade moderna e pela aceleração da temporalidade chamada progresso, vítima daquilo que Harvey chamará de compressão espaçotemporal, só ampliada em nosso tempo, vai pensar a tarefa do historiador como a de um garimpeiro de esperanças em meio a cinzas, como aquele responsável por produzir uma contramemória dos vencedores, como aquele comprometido a reacender as pequenas brasas que restassem do calor das refregas e das batalhas que se travaram no passado e que, recobertas de poeira, já não mais cintilavam, nem causavam perigo?" (ALBUQUERQUE JR., 2007: 87). Sobre a compressão do espaço-tempo, cf. Harvey, 2003: 257-276.

faz a História são os historiadores – enriquecidos por suas singularidades e por suas formas de diálogo ou de pertencimento em relação às "teorias da história" vigentes ou aos multidiversificados quadros conceituais que lhes são oferecidos – serão sempre possíveis novas respostas às perguntas mais tradicionais que têm sido feitas sobre a "História" e a respeito da "história".

Mais ainda, será sempre possível a formulação de novas perguntas. A tábua de questionamentos que foi sintetizada no Quadro 9 é apenas proposta como um campo de reflexões iniciais. No decorrer dos demais volumes desta obra entraremos em contato com respostas possíveis, já formuladas por alguns historiadores e pensadores da História, e perceberemos também que algumas perguntas levam a novas perguntas[196]. Com este espírito de quem levanta indagações e questionamentos sobre si mesmo e sobre a própria vida, sigamos adiante.

---

196. Propomos ao leitor que tente responder, antes de avançar na leitura dos próximos capítulos deste livro, a algumas das perguntas propostas. E que faça o mesmo ao final da leitura, já com o conhecimento mais amplo da Teoria da História. Suas respostas não terão necessariamente se modificado (o que será bem possível). Mas certamente terão sido abertas perspectivas mais ricas em torno delas.

Referências

Fontes citadas

ABBT, T. (1766). *Geschichte des menschlichen Geschlechts*. Halle: [s.e.].

ADORNO, T. (1966). *Dialética Negativa*. Rio de Janeiro: Zahar [original: 1966].

ADORNO, T. & HORKHEIMER, M. (2006). *Dialética do Esclarecimento*: fragmentos filosóficos. Rio de Janeiro: Zahar [original: 1944].

AGOSTINHO (Santo) (1991). *A Cidade de Deus*. Petrópolis: Vozes [original: 413-426].

ALTHUSSER, L. (1992). *L'avenir dure longtemps* [O futuro dura muito tempo] suivit de *Le Faits, Autobiographies*. Paris: Stock/Imec [original: 1985].

_____ (1980). *Ler O capital* (Lire Le capital). Rio de Janeiro: Zahar [original: 1965].

_____ (1979). *A favor de Marx* (Pour Marx). Rio de Janeiro: Zahar [original: 1965].

ARISTÓTELES (1997). *Política*. Brasília: UnB [original: entre 343 e 323 a.C.].

_____ (1985). *Ética a Nicômaco*. Brasília: UnB [original: entre 335 e 323 a.C.].

ARNDT, E.M. (1877). *Geist der Zeit* [Espírito do tempo]. Altona: Hammerich [original: 1806].

BALLANCHE, P.S. (1829). *Essais de palingénésie sociale*. Paris: Jules Didot Ainé [original: 1827-1829].

BENJAMIN, W. (1985). "Teses sobre Filosofia da História". *Walter Benjamin*: sociologia. São Paulo: Ática, p. 153-164 [original: 1940].

BLOCH, M. (2001). *Apologia da História*. Rio de Janeiro: Zahar [original publicado: 1949, póstumo; original de produção do texto: 1941-1942].

_____ (1993). *Os reis taumaturgos* – O caráter sobrenatural do Poder Régio: França e Inglaterra. São Paulo: Companhia das Letras [original: 1924].

_____ (1930). "Comparaison". *Bulletin du Centre International de Synthèse*, n. 9, jun. Paris.

_____ (1928). "Pour une histoire comparée des sociétés européenes". *Revue de Synthèse Historique*, tome XLVI, p. 15-50. Paris: La Renaissance du Livre.

BOBBIO, N. (1986). *Estado, governo, sociedade*. Rio de Janeiro: Paz e Terra [original: 1985].

BOSSUET, J.B. (1681). *Discurso sobre a História Universal*. Paris: S-Mabre-Cramoyse.

BRAUDEL, F. (1972). "Personal Testimony". *The Journal of Modern History*, n. 44 (4). Chicago: Chicago University Press.

_____ (1958). "História e Ciências Sociais: a longa duração". *Annales Esc.*, n. 4, p. 725-753 [*Escritos sobre a História*. São Paulo: Perspectiva, 1978, p. 41-78 – original: 1958].

BÜSCH, J.G. (1777). *Encyclopädie der historischen, philosophischen und mathematischen Wussenschaften.* Hamburgo: [s.e.].

CELLARIUS, C. (1753). *Historia Universalis*. 3. vol. 11. ed. Altemburg: [s.e.] [originais dos três volumes: 1696, 1704 e póstumo 1708].

CHATEAUBRIAND, F.-R. (1831). *Études historiques* Paris: Furne.

CHAUNU, P. (1974). *Histoire, science sociale*. Paris: Sedes.

CHLADENIUS, J.M. (2010). *Princípios gerais da ciência histórica:* eventos, intenções, testemunhos, pontos de vista. Petrópolis: Vozes [original: *Allgemeine Geschichtswissenschaft.* Leipzig: [s.e.], 1752].

_____ (1988). "On the concept of interpretation" e "On the interpretation of historical books and accounts". In: MUELLER-VOLLMER, K. (org.). *The hermeneutics reader* – Texts of the German tradition from the Enlightenment to the present. Nova York: Continuum, p. 54-71.

COLLINGWOOD, R.G. (2001). *A ideia de História*. Lisboa: Presença [original: 1946, póstuma].

COMTE, A. (1991). *Curso de Filosofia Positiva*. São Paulo: Nova Cultural [originais: 1830-1842].

_____ (1972). "Sumária apreciação do conjunto do passado moderno". *Opúsculos da Filosofia Social*. Porto Alegre/ São Paulo: Globo/Edusp [original: 1820].

CONDORCET (1990). *Esboço de um quadro histórico dos progressos do espírito humano*. Campinas: Edunicamp [original: 1793].

COURNOT, A.-A. (1861). *Traité de l'enchainement des idées fundamentales dans les sciences et dans l'Histoire*. [Tratado sobre o encadeamento das ideias fundamentais nas ciências e na História]. 2 vol. Paris: Hachette.

CROCE, B. (1920). *Teoria e História da Historiografia*. Bari: Gius/Laterza & Figli [original: 1917].

_____ (1909). *Aesthethic*: as Science of Expression and General Linguistic. Londres: Macmilan.

_____ (s.d.). *A história reduzida ao conceito geral de arte* [s.n.t.] [original: 1893].

DARWIN, C. (1994). *A origem das espécies*. Belo Horizonte: Vila Rica [original: 1858].

DESCARTES, R. (2006). *Discurso sobre o método*. São Paulo: Escala [original: 1637].

DILTHEY, W. (1944). *El mundo historico*. México: Fondo de Cultura Económica [*A construção do mundo histórico nas ciências do espírito*, 1910].

DROYSEN, J.G. (2009). *Manual de Teoria da História* [versão resumida]. Petrópolis: Vozes [original: 1857].

_____ (1974). *Historik*: Vorlesungen über Enzyklopädie und Methodologie der Geschichte. Munique: [s.e.] [versão espanhola: *Histórica* – Lecciones sobre la Enciclopedia y metodología de la historia. Barcelona: Alfa, 1983 [original: 1857; 2ª versão: 1892].

_____ (1894). *Kleine Schriften zur alten Geschichte*. Leipzig: Veit & Comp.

EINSTEIN, A. (1949). "Autobiographical Note". *Albert Einstein*: Philosopher-Scientist. Evanston: P.A. Schil.

ELIAS, N. (1995). *O processo* civilizador. 2 vol. Rio de Janeiro: Zahar [original: 1939].

ENGELS, F. (1995). *A Origem da família e da propriedade privada e do Estado*. Rio de Janeiro: Bertrand Brasil [original: 1884].

FEBVRE, L. (1989). *Combates pela História*. Lisboa: Presença [*Combats pour l'Histoire*. Paris: A. Colin, 1953].

_____ (1976). *Martinho Lutero*: um destino. São Paulo: Bertrand [original: 1928].

FREUD, S. (1976). *O inconsciente*. Rio de Janeiro: Imago [original: 1915].

GADAMER, H.-G. (1998). *A consciência histórica*. Rio de Janeiro: FGV [original: 1996].

_____ (1997). *Verdade e método*. Petrópolis: Vozes [original: 1960].

GATTERER, J.C. (1771). *Einleitung in the synchronistche Universalgeschiche.* Gottingen: [s.e.].

GERVINUS, G.G. (1962). "Grundzüg der Historik" [As grandes linhas da História]". *Schriften zur Literatur.* Berlim: Erler, p. 49-103 [original: 1837].

HEGEL, F. (2008a). *A razão na História* – Uma introdução geral à Filosofia da História. São Paulo: Centauro [original da publicação: 1837].

_____ (2008b). *Filosofia da História.* Brasília: UnB [original: 1830].

_____ (2000). *Princípios para a Filosofia do Direito.* São Paulo: Martins Fontes [original: 1821].

_____ (1997). *Enciclopédia das Ciências Filosóficas* – Vol. 1: A Filosofia da Natureza. São Paulo: Loyola [original: 1830].

HEIDEGGER, M. (1997). *Escritos políticos.* Lisboa: Instituto Piaget [originais: 1933/1966].

_____ (1995). *Ser e tempo.* Petrópolis: Vozes [original: 1827].

HERDER, J.G. (1969). *Herder on Social and Political Culture.* Cambridge: [s.e.] [BARNARD, F.M. (org.)].

_____ (1784/1791). *Ideias sobre a Filosofia da História da humanidade.* [s.n.t.] [extrato do texto em: GARDINER, P. (org.). *Teorias da história.* 4. ed. Lisboa: Fundação Calouste Gulbenkian, 1995, p. 43-59].

_____ (s.d.). *Mais uma Filosofia da História*. [s.n.t.]. [*Também uma Filosofia da História para a formação da humanidade*. Lisboa: Antígona, 1995] [original: 1774].

HERÓDOTO (1985). *História*. Brasília: UnB [original: entre 450 e 430 a.C.].

HORKHEIMER, M. (1983). "Teoria Tradicional e Teoria Crítica". *Textos escolhidos*. São Paulo: Abril.

HUMBOLDT, W. (1997). Sobre a organização interna e externa das instituições científicas superiores em Berlim. In: CASPER, G. & HUMBOLDT, W. *Um mundo sem universidades?* Rio de Janeiro: Eduerj, 1997.

_____ (1985). *La tâche de l'historien*. Lille: Presses Universitaires of Lille ["Sobre a tarefa do historiador". *Anima*: história, teoria e cultura, n. 2. Rio de Janeiro: Casa da Imagem, 2001] [original: 1821].

_____ (1960). *Das Achtzehnte Jahrhundert* [O século XVIII"]. In: FLITNER, A. & GIEL, K. (orgs.). *Werke*. Darmstadt: [s.e.] [original: 1797].

JAMESON, F. (2006). *Pós-modernismo*: a lógica cultural do Capitalismo Tardio. São Paulo: Ática, p. 27-79 [original: 1984].

KANT, I. (2005). *Crítica da faculdade do juízo*. Rio de Janeiro: Forense Universitária [original: 1790].

_____ (1993). *O conflito das faculdades*. Lisboa: Ed. 70 [original: 1798].

_____ (1987). *Crítica da razão pura*. São Paulo: Nova Cultural [original: 1781].

_____ (1986). *Ideia de uma história universal de um ponto de vista cosmopolita*. São Paulo: Brasiliense [original: 1784].

KORSCH, K. (2008). *Marxismo e filosofia*. Rio de Janeiro: EdUFRJ [original: 1923].

KOSTER, H.M.G. (1787). "Historie". *Deutsche Encyclopädie oder Algemeines Real-Wörterbuch aller Künste und Wissenschaften*. Vol. XII. Frankfurt: Koster und Ross.

LABROUSSE, E. (1944). *La crise de l'économie française à la fin de l'Ancien Regime et au début de la Révolution*. Paris: PUF.

LANGLOIS, C.V. & SEIGNOBOS, C. (1946). *Introdução aos estudos históricos*. São Paulo: Renascença [original: *Introduction aux études historiques*, 1898].

LE GOFF, J. (org.) (1978). *La Nouvelle Histoire*. Paris: Retz [2. ed., com Prefácio atualizado: Bruxelas: Complexe, 1988 – *A Nova História*. São Paulo: Martins Fontes, 1990].

LEIBNIZ, G.W. (1983). Discurso de Metafísica. In: *Os Pensadores*. São Paulo: Abril, p. 117-152 [original: 1686].

LENIN, V.I. (1965). The development of capitalism in Russia – The process of the formation of a home market for large-scale industry. In: *Collected Works*. Vol. 3. Moscou: Progress [original: 1899].

_____ (s.d.). *Karl Marx*: breve esboço biográfico, seguido de uma exposição do Marxismo [disponível em http://www.

dorl.pcp.pt/images/classicos/karl%20marx%20de%20lenine.pdf [original: 1914].

LOCKE, J. (1989). *Ensaio sobre o entendimento humano.* São Paulo: Nova Cultural [original: 1690].

LYOTARD, J.-F. (1998). *A condição pós-moderna.* Rio de Janeiro: José Olímpio [original: 1979].

LUCIANO (de Samósata). (2001). "Como se deve escrever a História" [165]. In: HARTOG, F. (org.). *A história de Homero a Santo Agostinho.* Belo Horizonte: UFMG [original: 165 d.C.].

MABLY, Abade de (Gabriel Bonnot) (1988). *De l'étude de l'histoire* (1775), *suivi de De la manière d'écrire l'histoire* (1783). Paris: Fayard [originais: 1775 e 1783].

MAQUIAVEL, N. (2003). *História de Florença.* São Paulo: Musa [original: 1520-1527].

_____ (1998). *O príncipe.* Porto Alegre: L&PM [original: 1513].

MARCUSE, H. (1966). *Eros e civilização* – Uma interpretação filosófica do pensamento de Freud. Rio de Janeiro: Zahar [original: 1955].

MARX, K. (2008). "A Guerra Civil na França". *A revolução antes da Revolução.* Vol. 2. São Paulo: Expressão Popular, p. 339-355 [original: 1871].

_____ (2005). *Crítica da Filosofia do Direito de Hegel.* São Paulo: Boitempo [original: 1843].

_____ (2004). "A origem do capital" [separata de *O capital* – Crítica da Economia Política]. São Paulo: Centauro, [original: 1867].

_____ (1997). *O 18 brumário e cartas a Kugelmann*. Rio de Janeiro: Paz e Terra [original de *O 18 brumário*: 1852].

_____ (1982). *Thèse sur Feuerbach*. Paris: Gallimard, 1982 [em português: incluído em *Os pensadores*. São Paulo: Abril, 1978) [original: 1845].

_____ (1979). *O capital – crítica da Economia Política*. Rio de Janeiro: Civilização Brasileira [original: 1867].

_____ (1977a). *As lutas de classe na França (1848-1850)*. Vol. I. São Paulo: Sociais [original: 1850].

_____ (1977b). *Contribuição à Crítica da Economia Política*. São Paulo: Martins Fontes [original: 1859].

MEINECKE, F. (1982). *El historicismo y su Genesis*. México: FCE [original: 1936].

MICHELET, J. (1988). *O povo*. São Paulo: Martins Fontes [original: 1845].

MONOD, G. (1997). Les études historiques en France. In: LETERRIER, S.-A. (org.). *Le XIXe siècle historien* – Anthologie raisonnée. Paris: Belin [original: 1889].

_____ (1876). "Du progrès des sciences historiques en France depuis le XVIe siècle". *Revue Historique*, 1(I): 36-38.

MONTESQUIEU (1996). *O espírito das leis*. São Paulo: Martins Fontes [original: 1748].

NIEBUHR, B.G. (1845). *History of Roma*. Tallboys: H.G. Bohn.

NIETZSCHE, F. (2007). "O Caso Wagner" e "Nietzsche contra Wagner". *Nietzsche*: o Caso Wagner. São Paulo: Escala [original: 1888].

_____ (2006). *Além do bem e do mal*. São Paulo: Centauro [original: 1886].

_____ (2005). Sobre a utilidade e desvantagens da história para a vida (Segunda Consideração Intempestiva). *Escritos sobre a História*. São Paulo: Loyola, p. 67-178 [original: 1873; publicado em 1874].

_____ (1995). *Ecce homo*. São Paulo: Companhia das Letras [original: 1888].

_____ (1983). *Assim falou Zaratustra*. São Paulo: Círculo do Livro [original: 1883-1885].

_____ (1981). *A gaia ciência*. São Paulo: Hemus, 1981 [original: 1882; 2. ed., com novo prefácio: 1886].

_____ (1977). *Considerações intempestivas*. Lisboa: Presença [original: 1872-1876].

_____ (1974). Sobre a verdade e a mentira no sentido extramoral. *Os pensadores*, XXXII. São Paulo: Abril.

NORA, P. & LE GOFF, J. (orgs.). (1988). *História*: novos problemas, novas abordagens, novos objetos. 3 vols. Rio de Janeiro: Francisco Alves [original: *Faire de l'Histoire*, 1974].

PLEKHANOV, G. (1987). *Concepção materialista da História*. Rio de Janeiro: Paz e Terra [original: 1901].

PINTO-DUSCHINSKY, M. (1998a). "Selling the Past – The dangers of outside finance for historical research". *Times Literary Supplement*, out., p. 16-23.

_____ (1998b). "Historians and their sponsors". *Times Literary Supplement*, dez., p. 15-18.

PLANCK, M. (1949). *Scientific Autobiography and Other Papers*. Nova York: Philosophical Library.

POKROVSKY, M.N. (1968). *Brief History of Russia*. Orono (Maine): University Prints and Reprints [original: 1920].

_____ (s.d.). *Teoria da Revolução Proletária*. São Paulo: Calvino.

POLÍBIO. *História* (1985). Brasília: UnB [original: séc. II a.C].

RANKE, L. (1964). *Aus Werke und Nachblass*. – Vol. I: Tagebücher. Berlim: Walther Peter Fuchs [originais: textos entre 1825 e 1886].

REICH, W. (1988). *Psicologia de Massas do Fascismo*. São Paulo: Martins Fontes [original: 1933].

RICKERT, H. (1961). *Introducción a los problemas de La Filosofía de la Historia*. Buenos Aires: Nova [original: 1924].

RICOEUR, P. (2007). *A memória, a história, o esquecimento*. Campinas: Unicamp [original: 2000].

_____ (1983/1985). *Temps et Récit*. Paris: Seuil, 1983/1985 [*Tempo e Narrativa*. São Paulo: Papirus, 1994].

_____ (1968). *História e verdade*. Rio de Janeiro: Forense [original: 1955].

ROUSSEAU, J.-J. (1989). *Discurso sobre a origem e os fundamentos da desigualdade entre os homens*. Brasília/São Paulo: UnB/Ática [original: 1750].

ROCHA PITTA (1976). *História da América Portuguesa*. Belo Horizonte: Itatiaia [original: 1730].

SARTRE, J.-P. (2002). *Crítica da Razão Dialética*. Rio de Janeiro: DP&A [original: 1960].

SPENCER, H. (1857). "Progress: is Law and Cause". *Westminster Review*, vol. 67, abr., p. 445ss.

SPENGLER, O. (1920). *The Decline of the West*. Munique: Beck [original: 1918].

STALIN, J. (1982). *Materialismo Dialético e Materialismo Histórico*. São Paulo: Global [original: 1938].

SYBEL, H. (1863). "Über den Stand der neueren deutschen Geschichtsschreibung" (Sobre o Estado da Moderna Historiografia Alemã", 1856). *Kleine historische Schriften*. Munique: [s.e.].

THIERRY, A. (s.d.). Sur les différentes manières d'écrire l'histoire, en usage depuis le quinzième siècle – Lettre VI. In: THIERRY, A. (org.). *Lettres sur l'histoire de la France*. Paris: Garnier Frères [original: 1884].

THOMPSON, E.P. (2001). "Folclore, Antropologia e História Social". *As peculiaridades dos ingleses e outros artigos*. São Paulo: Unicamp [original: 1977].

_____ (1981). *Miséria da teoria ou Um planetário de erros – Uma crítica ao pensamento de Althusser*. Rio de Janeiro: Zahar [original: 1978].

TODOROV, T. (1993a). *A conquista da América* – A questão do outro. São Paulo: Martins Fontes [original: 1982].

_____ (1993b). *On human diversity*: nationalism, racism, and exoticism in french thought. Cambridge, Mass: Harvard University Press.

TOYNBEE, A. (1934-1961). *Study of History*. 12 vols. Londres: Oxford University Press [*Um estudo da História*. São Paulo: Martins Fontes, 1987].

TROTSKY, L. (1969). *1905 suivi de Bilan et perspectives*. Paris: Minuit.

TUCÍDIDES (1987). *História da Guerra do Peloponeso*. Brasília: Edub [original: V a.C.].

VICO, G. (1999). *Ciência nova*. Rio de Janeiro: Record [original: 1725].

VILAR, P. (1973). "Histoire Marxiste, histoire em construction – Essai de dialogue avec Althusser". *Annales Esc.*, n. 1, p. 165-198.

VOLTAIRE (2007a). "História" e "Historiógrafo". *A Filosofia da História*. São Paulo: Martins Fontes, p. 3-36 [original: 1765].

_____ (2007b). "Ensaio sobre os costumes e o espírito das nações". *A Filosofia da História*. São Paulo: Martins Fontes, p. 39-67 [original: 1756].

_____ (2006). "História". *Dicionário Filosófico*. São Paulo: Martin Claret, p. 267-277 [original: 1764].

_____ (1978). *The Age of Luis XIV*. Londres: Irvington [original: 1751].

_____ (1957). *Oeuvres historiques*. Paris: Gallimard.

VOSS, G.J. (1623). *Ars Historica*. Leyden: [s.e.].

WEBER, M. (2006). *A objetividade do conhecimento nas ciências sociais*. São Paulo: Ática [original: 1904].

_____ (2000). *Ciência e política*: duas vocações. São Paulo: Cultrix [original: 1919] [disponível em http://www.lusosofia.net/textos/weber_a_ciencia_como_vocacao.pdf].

_____ (1999). "Sociologia da Dominação". *Economia e sociedade*. Vol. 2. Brasília: UnB, p. 187-580 [original: post., 1925].

_____ (1996). *A ética protestante e o espírito do capitalismo*. São Paulo: Pioneira [original: 1904-1905, complementado em 1920].

_____ (1965). *Essais sur La theorie de la Science*. Paris: Plon [*Ensaios sobre a Teoria das Ciências Sociais*. São Paulo: Centauro, 2003] [originais: 1904-1917].

WILLIAMS, R. (1977). *Marxism and Literature*. Londres: Oxford University Press [original: 1971].

WITTGENSTEIN, L. (1995). *Tratado Lógico-filosófico* – Investigações filosóficas. Lisboa: Fundação Calouste Gulbenkian [original: 1922].

Bibliografia citada

ABBAGNANO, N. (1999). *História da Filosofia*. Lisboa: Presença.

ALBUQUERQUE JR., D.M. (2007). *História*: a arte de inventar o passado. Bauru: Edusc.

ANDERSON, P. (1992). *O fim da História*: de Hegel a Fukuyama. Rio de Janeiro: Zahar [original: 1992].

_____ (1985). *Teoria, política e história* – Um debate com E.P. Thompson. Madri: Siglo XXI.

ARENDT, H. (2009). "Que é autoridade?" *Entre o passado e o futuro*. São Paulo: Perspectiva, p. 127-187 [original: 1958].

_____ (1998). "O significado de revolução". *Da revolução*. São Paulo/Brasília: Ática/UnB, p. 17-46 [original: 1963].

_____ (1989). *Origens do Totalitarismo*. São Paulo: Companhia das Letras [original: 1951].

ARON, R. (1984). *Introducción a la Filosofía de la Historia* – Ensayo sobre los limites de la objetividad histórica, completado con textos recientes. Buenos Aires: Siglo XXI.

_____ (1969). *La philosophie critique de l'histoire*. Paris: J. Vrin.

ARÓSTEGUI, J. (2006). *A pesquisa histórica*. Bauru: Edusc [original: 1995].

ASIMOV, I. (1984). "The 'Threat' of Creationism". *New York Times Magazine*, 14/06/1981. In: MONTAGU, A. (org.). *Science and Creationism*. Nova York: Oxford University Press, p. 182-193.

ATLAN, H. (1992). *Entre o cristal e a fumaça* – Ensaio sobre a organização do ser vivo. Rio de Janeiro: Zahar.

BACHELARD, G. (1996). *A formação do espírito científico*. Rio de Janeiro: Contraponto [original: Paris: Vrin, 1938].

_____ (1953). *Le Materialisme Rationnel*. Paris: PUF.

_____ (1949). *Le Rationalisme Appliqué*. Paris: PUF, p. 101-102 ["A novidade das ciências contemporâneas". *A Epistemologia*. Lisboa: Ed. 70, 2006, p. 15-19] [original: 1949].

_____ (1940). *Philosophie du Non*. Paris: PUF.

BARBER, J. (1981). *Sovietic Historians in Crisis, 1928-1932*. Londres: Macmillan.

BARON, S.H. (1974). "Plekhanov, Trotsky and the development of soviet historiography". *Soviet Studies*, vol. 26, n. 3, jul.

BARROS, J. D'Assunção (2009). *O Projeto de Pesquisa em História*. 5. ed. Petrópolis: Vozes [original: 2005].

_____ (2008). *O Campo da História*. 6. ed. Petrópolis: Vozes [original: 2004].

BARTHES, R. (2004). "O discurso da História". *O rumor da língua*. São Paulo: Martins Fontes, p. 163-180 [original: 1984].

BEETHAM, D. (1974). *Max Weber and the Theory of Modern Politics*. Londres: Allen & Unwin.

BENDIX, R. (1986). *Max Weber*: um perfil intelectual. Brasília: UnB.

BERTALANFFY, L. (1975). *Teoria Geral dos Sistemas*. Petrópolis: Vozes [original: 1956].

BOURDÉ, G. & MARTIN, H. (2000). *As escolas históricas*. Lisboa: Europa-América.

BOURDIEU, P. (2003a). *Os usos sociais da Ciência* – Por uma sociologia clínica do campo científico. São Paulo: Unesp [original: 1997].

_____ (2003b). *As regras da Arte* – Gênese e estrutura do campo literário. São Paulo: Unesp [original: 1992].

_____ (1983). "O Campo Científico". In: ORTIZ, R. (org.). *Pierre Bourdieu* – Sociologia. São Paulo: Ática, p. 122-155 [original: 1976].

BUCK-MORSS, S. (1981). *Origen de la Dialectica Negativa* – Theodor W. Adorno, Walter Benjamin y el Instituto de Frankfurt. Madri: Siglo Veintiuno.

BUNGE, M. (1982). *Epistemologia*. São Paulo: T.A. Queiroz.

_____ (1974). *Teoria e realidade*. São Paulo: Perspectiva.

BURGUIÈRE (1979). "Histoire d'une Histoire – La naissance des *Annales*". *Annales Esc.*, n. 6, nov.-dez. Paris: A. Colin.

BURKE, P. (2005). *O que é História Cultural?* Rio de Janeiro: Zahar.

_____ (1997). *Vico*. São Paulo: Unesp.

_____ (1990). *A Escola dos* Annales. São Paulo: Unesp.

BURKE, P. (org.) (1992). *A escrita da História*: novas perspectivas. São Paulo: Unesp.

BURKE, P. & PORTER, R. (orgs.) (1997). *Línguas e jargões*. São Paulo: Unesp.

CALDAS, P.S. (2004). *Que significa pensar historicamente* – Uma interpretação da *Teoria da História* de Johann Gustav Droysen. Rio de Janeiro: PUC [Tese de doutorado].

CARBONELL, C. & LIVET, G. (1983). *Au berceau des* Annales. Toulouse: Presses de l'Institut d'Études Politiques de Toulouse.

CARDOSO, C.F. (org.) (1990). *Modo de produção asiático*: nova visita a um velho conceito. Rio de Janeiro: Campus.

CARDOSO, C.F. & VAINFAS, R. (orgs.) (1997). *Domínios da História*. Rio de Janeiro: Campus.

CERTEAU, M. (1982a). "A operação historiográfica". *A escrita da História*. Rio de Janeiro: Forense Universitária, p. 65-119 [original: 1974].

_____ (1982b). "Fazer história". *A escrita da História*. Rio de Janeiro: Forense Universitária, p. 31-64 [original: 1982].

CHALMERS, A.F. (1993). *O que é a ciência, afinal?* São Paulo: Brasiliense.

CHARTIER, R. (1994). "A História hoje: dúvidas, desafios e propostas". *Estudos Históricos*, n. 7, p. 100-113. Rio de Janeiro: FGV.

COLLIOT-THÉLÈNE (1995). *Max Weber e a História*. São Paulo: Brasiliense.

CRANE, D. (1969). "Social Structure of a Group of Scientists". *American Sociological Review*. XXXIV, p. 335-352.

DE FELICE, R. (1978). *Explicar o Fascismo*. Lisboa: Ed. 70 [original: 1976].

DELATTRE, P. (1992). "Teoria/Modelo". *Enciclopedia Einaudi*. Lisboa: Imprensa Nacional, p. 223-287.

DELEUZE, G. & GUATTARI, F. (1995). *Mil platôs* – Vol. 1: Capitalismo e esquizofrenia. São Paulo: Ed. 34 [original: 1980].

DEUTSCHER, I. (1984). *Trotsky*. 3 vols. [1: O Profeta Armado – Trotsky 1879-1920; 2: O Profeta Desarmado – Trotsky 1921-1929; 3: O Profeta Banido – Trotsky 1929-1940]. Rio de Janeiro: Civilização Brasileira.

DIEHL, A. (2004). *Max Weber e a História*. Passo Fundo: UPF.

_____ (2002). *Cultura histórica*: memória, identidade e narrativa. Bauru: Edusc.

DOSSE, F. (1987). *L'histoire em miettes – Des Annales à la Nouvelle Historie*. Paris: La Découverte [*A História em migalhas*. São Paulo: Ensaio, 1994].

DUPUY, J.-P. (1982). *Ordres et désordres*. Paris: Du Seuil.

EAGLETON, T. (1997). *Ideologia*. São Paulo: Unesp.

EINSTEIN, A. & INFELD, L. (2008). *A evolução da Física*. Rio de Janeiro: Zahar [original: 1938].

ERDMANN, K.D. (2005). *Toward a Global Community of Historians* – The International Historical Congresses and the International Committee of Historical Sciences (1989-2000). Nova York: Berghahn.

ESCOREL, L. (1979). *Introdução ao pensamento político de Maquiavel*. Brasília: UnB.

ESCUDIER, A. (2003). "De Chladenius a Droysen – Théorie et méthodologie de l'histoire de langue allemande (1750-1860)". *Annales* – Histoire, Sciences Sociales, 58(4), p. 743-777.

FERRO, M. (1983). *A manipulação da História no ensino e nos meios de comunicação*. São Paulo: Ibrasa [original: 1981].

FEYERABEND, P. (1989). *Contra o método*. Rio de Janeiro: Francisco Alves [original: 1975].

FINK, C. (1995). *Marc Bloch*: uma vida na História. Oeiras: Celta.

FONTANA, J. (2004). *História dos homens*. Bauru: Edusc [original: 2000].

FOUCAULT, M. (2003). *A verdade e as formas jurídicas*. Rio de Janeiro: PUC [original: 1973].

_____ (1999). *As palavras e as coisas*. São Paulo: Martins Fontes [original: 1966].

_____ (1996). *A ordem do discurso*. São Paulo: Loyola [original: 1970].

_____ (1969). *L'archeologie du savoir*. Paris: Gallimard.

GADOTTI, M. (org.) (1996). *Paulo Freire*: uma bibliografia. São Paulo: Cortez.

GARDINER, P. (1995). *Teorias da História*. Lisboa: Calouste Gulbenkian [original: 1959].

_____ (1952). *The nature of historic explanation*. Oxford: Oxford University Press.

GAY, P. (1990). *O estilo na História*. São Paulo: Companhia das Letras [original: 1974].

GEBRAN, P. (org.) (1978). *Conceito de modo de produção*. Rio de Janeiro: Paz e Terra.

GEMELLI, G. (1987). "Les Annales nel secondo dopoguerra: uno Paradigma?" In. ROSSI, P. (org.). *La storiografia contemporânea*: indirizzi e problemi. Milão: Arnaldo Mondadori.

GLÉNISSON, J. (1965). "L'historiographie française et ses realisations". *Comité Français de Sciences Historiques* – La Recherche Historique en France de 1940 a 1965. Paris: CNRS.

GINZBURG, C. (1991a). "Raízes de um Paradigma Indiciário". *Mitos, emblemas e sinais*. São Paulo: Companhia das Letras, p. 143-179 [original: 1986].

_____ (1991b). "Provas e possibilidades". *A micro-história e outros ensaios*. Lisboa: Difel, p. 179-202 [original: 1979].

GONÇALVES, J.H.R. (2003). "A concepção binocular da história de Arnold Toynbee". In: LOPES, M.A. (org.). *Grandes nomes da história intelectual*. São Paulo: Contexto, p. 404-412.

GOULEMOT, J.-M. (1975). *Discours, révolutions et histoire* – Representations de l'histoire et discours sur les révolutions de l'âge classique aux lumières. Paris: UGE.

GRANGER, G.G. (1992). "Método". *Enciclopedia Einaudi*. Lisboa: Imprensa Nacional, p. 55-71.

GRIMSLEY, R. (1977). *La filosofía de Rousseau*. Madri: Alianza.

GUAZELLI, C.A.B. et al. (2000). *Questões de teoria e metodologia da História*. Porto Alegre: UFRGS.

GUIMARÃES, L.M.P. (1997). *Debaixo da imediata proteção de Sua Majestade Imperial* – O Instituto Histórico e Geográfico Brasileiro (1838-1889). Rio de Janeiro/Brasília: Revista do Instituto Histórico/Imprensa Nacional.

GUIMARÃES, M.L.S. (2003). "A cultura histórica oitocentista: a constituição de uma memória disciplinar". In: PESAVENTO, S.J. (org.). *História cultural*: experiências de pesquisa. Porto Alegre: UFRGS, p. 9-24.

_____ (2000). "Reinventando a tradição: sobre antiquariado e escrita da história". *Revista Humanitas* – Historiografia e tradição clássica, vol. 23, n. 1/2. Porto Alegre: IFCH.

GUSDORF, G. (1990). "Réflexions sur l'interdisciplinarité". *Bulletin de Psychologie*, XLIII (397), p. 847-868.

HADDOCK, B.A. (1989). *Uma introdução ao pensamento histórico*. Lisboa: Gradiva [original: 1980].

HAGSTROM, W.O. (1974). "Competition in science". *American Sociological Review*, n. 39, fev., p. 1-18.

_____ (1965). *The Scientific Community*. Nova York: Basic Books.

HALÉVY, D. (1989). *Nietzsche*: uma biografia. Rio de Janeiro: Campus.

HARTOG, F. (2003). *Os Antigos, o Passado e o Presente*. Brasília: UnB.

HARVEY, D. (2003). "A compressão do espaço-tempo e a condição pós-moderna" (cap. 17). *Condição Pós-moderna – Uma pesquisa sobre as origens da mudança cultural*. São Paulo: Loyola, p. 257-276.

HAZARD, P. (1971). *Crise da consciência europeia*. Lisboa: Cosmos.

HEIDEGGER, M. (2007). *Nietzsche*. Rio de Janeiro: Forense Universitária.

HELLER, A. (1993). *Uma Teoria da História*. Rio de Janeiro: Civilização Brasileira [original: 1981].

HELLER, A. et al. (1999). *A crise dos paradigmas em Ciências Sociais e os desafios para o século XXI*. Rio de Janeiro: Contraponto.

HEMPEL, C. & OPPENHEIM, P. (1960). Problems of the concept of general law. In: DANTO, A. & MORGENBESSER, S. (orgs.). *Philosophy of Science*. Nova York: Meridian Books.

HOLLIS, M. (1998). *Filosofia de las ciencias sociales*: una introducción. Barcelona: Ariel [original: 1994].

HUNT, L. (1992). *A nova história cultural*. São Paulo: Martins Fontes.

IGGERS, G.G. (1984). *New Directions in European Historiography*. Middletown: Wesleyan University Press.

_____ (1968). *The German Conception of history*. Middletown: Wesleyan University Press.

JANTSCH, A.P. & BIANCHETTI, L. (1997). Interdisciplinaridade – Para além da filosofia do sujeito. In: JANTSCH, A.P. & BIANCHETTI, L. (orgs.). *Interdisciplinaridade* – Para além da filosofia do sujeito. Petrópolis: Vozes.

JAPIASSÚ, H. (1976). *Interdisciplinaridade e patologia do saber*. Rio de Janeiro: Imago.

KOSELLECK, R. (2006). *Futuro Passado* – Contribuição à semântica dos tempos históricos. Rio de Janeiro: Contraponto [original: 1979].

KREMER-MARIETTI, A. (1972). *Auguste Comte et la théorie sociale du positivisme*. Paris: Seghers.

KUHN, T. (2006). "As ciências naturais e as ciências sociais". *O caminho desde a estrutura*. São Paulo: Unesp, p. 265-273.

_____ (2003). *A estrutura das revoluções científicas*. São Paulo: Perspectiva [*The Structure of Scientific Revolutions*. Chicago: University of Chicago Press, 1962].

_____ (1957). *The Copernican Revolution*. Cambridge, Mass.: Harvard University Press.

KUJAWSKI, G.M. (2002). "Teoria". *O Ocidente e sua sombra*. Brasília: Letraviva, p. 101-111.

LACROIX, J. (1979). *Kant e o kantismo*. Porto: Rés.

LIMA, H.E. (2006). *A micro-história italiana*: escalas, indícios e singularidades. Rio de Janeiro: Civilização Brasileira.

LOPES, M.A. (2003). *Voltaire político* – Espelhos para príncipes de um novo tempo. São Paulo: Imaginário.

_____ (2001). *Voltaire historiador* – Uma introdução ao pensamento histórico na época do Iluminismo. São Paulo: Imaginário.

_____ (2000). *Voltaire literário*: horizontes históricos. São Paulo: Imaginário.

LOSURDO, D. (2009). *Nietzsche*: o rebelde aristocrata. Rio de Janeiro: Revan [original: 2009].

LOWITH, K. (1958). *El sentido de la Historia*. Madri: Aguiar [*O sentido da História*. Lisboa: Ed. 70, 1995].

LOWY, M. (2006). "Marxismo e religião: ópio do povo?" In: BORÓN, A. (org.). *A Teoria Marxista hoje*. Buenos Aires: Clacso.

_____ (1995). *Ideologias e Ciência Social*. São Paulo: Cortez [original: 1985].

_____ (1994). *As aventuras de Karl Marx contra o Barão de Münchhausen*. São Paulo: Cortez [original brasileiro: 1987].

LUKÁCS, G. (1978). *El asalto a la razón* – La trayectoria del irracionalismo desde Schelling hasta Hitler. Barcelona: Grijalbo [*A destruição da razão*, 1952].

MACK SMITH, D. (1973). "Benedetto Croce: History and Politics". *Journal of Contemporary History*, vol. 8 (1), jan.

MARCONDES, J.M. (1991). *Filosofía de las ciências humanas e sociales* – Materiales para una fundamentación cientifica. Barcelona: Anthropos.

MARCUSE, H. (2004). *Razão e revolução* – Hegel e o advento da Teoria Social. Rio de Janeiro: Paz e Terra.

MARTINS, E.R. (2002). "Historicismo: tese, legado, fragilidade". *História Revista*, vol. 7, n. 1/2. Goiânia: UFG.

MARTIN, G. (1974). *Kant's Metaphysics and Theory of Science*. Westport: Greenwood Press.

MAYR, E. (1998). *O desenvolvimento do pensamento biológico*. Brasília: UnB.

MENDELSOHN, E. (1964). "The biological sciences in the nineteenth century: some problems and sources". *History of Science*, 3, p. 39-59.

MERTON, R. (1970). *Sociologia*: teoria e estrutura. São Paulo: Mestre Jou.

MOMMSEN, T.E. (1942). Petrarch's Conception of the "Dark Ages". *Speculum*, n. 17, p. 226-242.

MORIN, E. (2001). *Sete saberes necessários para a educação do futuro*. São Paulo: Cortez [original: 2000].

_____ (2000). *A Inteligência da Complexidade*. São Paulo: Fundação Petrópolis [original: 1999].

_____ (1998). *O método* – Vol. 4: As ideias. Porto Alegre: Sulina [original: 1991].

_____ (1984). *Ciência com consciência*. Lisboa: Europa-América.

MORIN, E. (org.) (2001). *A religação dos saberes*. Rio de Janeiro: Bertrand Brasil.

MOSTERIN, J. (1993). *Filosofía de la cultura*. Madri: Alianza.

MOULIER-BOUTANG, Y. (1992). *Louis Althusser, une biographie*. Paris: Grasset.

NAESS, A. et al. (1956). *Democracy, Ideology and Objectivity*. Oslo: [s.e.].

PIEPER, J. (1998). *Filosofia e sabedoria*. São Paulo/Navarra: FDLCHUSP/Universidad de Navarra/Mandruvá.

PINKARD, T.P. (2000). *Hegel*: A Biography. Cambridge: Cambridge University Press.

PINSKY, C.B. (org.) (2006). *Fontes históricas*. São Paulo: Contexto.

POMEAU, R. (1994). *Voltaire*. Paris: Seuil.

_____ (1957). Préface. In: VOLTAIRE, F.M.A. *Oeuvres historiques*. Paris: Gallimard.

POPPER, K. (1995). A *lógica da pesquisa científica*. São Paulo: Cultrix [original: 1934].

_____ (1990). *A miséria do Historicismo*. São Paulo: Cultrix [original: 1935].

PRICE, D.J. & BEAVER, B. (1966). "Colaboração em um colégio invisível". *American Psychologist*, XXI, p. 1.011-1.018.

PRIGOGINE, I. & STENGER, I. (1988). *Entre le temps et l'éternité*. Paris: Fayard.

PROST, A. (2008). *Doze lições sobre a História*. São Paulo: Autêntica [original: 1996].

QUINE, W.O. (1981). *Theories and Things*. Cambridge, Mass.: Harvard University Press.

_____ (1960). *Word and Object*. Cambridge, Mass.: The MIT Press.

RAFFESTIN, C. (1993). *Por uma geografia do poder*. São Paulo: Ática.

REIS, J.C. (2003). *Wilhelm Dilthey e a autonomia das Ciências Sociais*. Londrina: Eduel.

_____ (2000). *Escola dos* Annales – A inovação em História. Rio de Janeiro: Paz e Terra.

_____ (1996). "A escola metódica, dita 'positivista'". *A História, entre a filosofia e a ciência*. São Paulo: Ática.

REMOND, R. (1996). *Por uma História Política*. Rio de Janeiro: UFRJ/FGV [original: 1988].

REVEL, J. (1979). "Les paradigms des *Annales*". *Annales Esc.*, n. 6, nov.-dez. Paris: A. Colin.

ROCKMORE, T. (1993). *Before and After Hegel*: A historical introduction to Hegel's thought. Indianápolis: Hackett.

RUDNER, R.S. (1978). *Filosofia das Ciências Sociais*. Rio de Janeiro: Zahar.

RIDOLFI, R. (2003). *Biografia de Nicolau Maquiavel*. São Paulo: Musa.

RÜSEN, J. (2007a). *Reconstrução do Passado* – Os princípios da pesquisa histórica. Brasília: Edub [Teoria da História, II] [original: 1986].

_____ (2007b). *História viva* – Formas e funções do conhecimento histórico. Brasília: Edub [Teoria da História, III].

_____ (2001). *Razão Histórica, Teoria da História*: fundamentos da ciência histórica. Brasília: Edub [Teoria da História, I] [original: 1983].

_____ (1996). "Narratividade e objetividade". *Textos de História*, vol. 4, n. 1, p. 75-101.

_____ (1989). Reflexão sobre os fundamentos e mudança do paradigma na ciência histórica alemã ocidental. In: NEVES, A. & GERTZ, R. (orgs.). *A Nova Historiografia Alemã*. Porto Alegre: UFRGS, p. 14-40.

RÜSEN, J. & JÄGER, F. (1992). *Geschichte des Historismus*: Eine Einführung. Munique: Beck.

RYAN, A. (1973). *Filosofia das Ciências Sociais*. Rio de Janeiro: Francisco Alves.

SAGAN, C. (2006). *O mundo assombrado por demônios*. São Paulo: Companhia das Letras [original: 1995].

SAN MARTÍN SALA, J. (1999). *Teoria de la Cultura*. Madri: Sintesis.

SCHLANGER, J. (1978). *Objets idéels*. Paris: Vrin.

SCHILLER, J. (1968). "Physiology's struggle for independence in the first half of the nineteenth century". *History of Science*, 7, p. 64-89.

SILVA, M.B.N. (org.) (1976). *Teoria da História*. São Paulo: Cultrix.

SIMON, H.A. (1962). "A Arquitetura da Complexidade". *Proceedings of the American Philosophical Society*, vol. 106, n. 6, 12/12, p. 467-482 [disponível em http://ecoplexity.org/files/uploads/Simon.pdf].

SOFRI, G. (1977). *Modo de produção asiático* – História de uma controvérsia marxista. Rio de Janeiro: Paz e Terra.

SOUZA, M.G. (2001). "Condorcet: História e Revolução". *Ilustração e História* – O pensamento sobre a história no iluminismo francês. São Paulo: Editorial, p. 151-196.

SOUZA, M.J.L. (2001). O território: sobre espaço e poder – Autonomia e desenvolvimento. In: CASTRO, I.E.; GOMES, P.C.C.; CORRÊA, R.L. (orgs.). *Geografia*: conceitos e temas. Rio de Janeiro: Bertrand Brasil, p. 77-116.

STENGERS, I. (1987). Compléxité: effet de mode ou problème? In: STENGERS, I. (org.). *D'une science à l'autre*: des concepts nômades. Paris: Seuil, p. 331-351.

STOIANOVICH, T. (1976). *French historical method* – The Annales Paradigm. Ithaca/Londres: Cornell University Press.

VATTIMO, G. (1990). *Introdução a Nietzsche*. Lisboa: Presença.

VENTURI, F. (1971). *Europe des lumières* – Recherches sur le 18ᵉ siecle. Paris: Mouton.

VEYNE, P. (1988). A História Conceitual. In: NORA, P. & LE GOFF, J. (orgs.). *História*: novos problemas. Rio de Janeiro: Francisco Alves, p. 64-88 [original: 1974].

_____ (1982). *Como se escreve a História.* Brasília: UnB [original: 1971].

_____ (1980). *O inventário das diferenças.* São Paulo: Brasiliense [original: 1976].

_____ (1976). Os conceitos em história. In: SILVA, M.B.N. (org.). *Teoria da História.* São Paulo: Cultrix, p. 120-134 [original: 1971].

VILAR, P. (1980). *Iniciación al vocabulario del análisis histórico.* Barcelona: Crítica.

_____ (1973). "Histoire marxiste, histoire em construction – Essai de dialogue avec Althusser". *Annales Esc.*, n. 1, p. 165-198.

WALSH, W.H. (1978). *Introdução à Filosofia da História.* Rio de Janeiro: Zahar [Trad. de Waltensir Dutra] [original: Londres, 1951].

WEHLING, A. (2006). Historiografia e Epistemologia Histórica. In: MALERBA, J. (org.). *A História escrita.* São Paulo: Contexto, p. 175-187.

_____ (1994). *A invenção da história* – Estudos sobre o historicismo. Rio de Janeiro: UGF.

WHITE, H. (1992). *A meta-história* – A imaginação histórica no século XIX. São Paulo: Edusp [original inglês: 1973].

_____ (1978). *Tropics of Discourse* – Essays in Cultural Criticism. Baltimore: [s.e.] [*Trópicos do Discurso* – Ensaios sobre a Crítica da Cultura. São Paulo: Edusp, 2001].

WHITEHEAD, A.N. (1926). *Science and the Modern World*. Cambridge: Cambridge University Press [original: 1925].

ZIMBARDO, P.G. & GERRIG, R.J. (2004). *Psychologie*. Munique: Pearson.

ZUBIRI, X. (1997). *Cinco lecciones de Filosofía*. 6. ed. Madri: Alianza.

Índice onomástico

Abbt, T. 104

Agostinho (Santo) 116

Adorno, T. 155

Althusser, L. 156, 190

Anderson, P. 45

Arendt, H. 70

Aristóteles 159

Arndt 141

Bachelard, G. 96, 224

Benjamin, W. 155

Bertalanffy, L. 38

Bloch, M. 45, 169s., 185, 212, 239

Bodin, J. 161

Bourdieu, P. 207, 209s.

Braudel, F. 170

Buckle, H.T. 129

Burdach, K.F. 24

Busch, J.G. 104

Cellarius, C. 217

Certeau, M. 31s., 148

Chartier, R. 45

Chateaubriand 60

Chladenius, J. 104

Collingwood, R.G. 97

Comte, A. 106, 129s.

Condorcet 120

Cournot, A.-A. 122

Croce, B. 57

Da Vinci, L. 59

Darwin, C. 25, 233

Dilthey, W. 147

Dosse, F. 170

Droysen 146

Duby, G. 217

Einstein, A. 94s.

Elias, N. 176

Engels, F. 112, 128

Febvre, L. 102, 148, 239

Fergusson, A. 167

Feyerabend, P. 98, 224, 253

Foucault, M. 34, 38s., 136, 156

Freire, P. 241

Freud, S. 233

Gadamer 147

Gardner, P. 45

Gatterer 104

Gervinus 144

Ginzburg, C. 188

Glénisson, J. 168

Haeckel, E. 25

Hagstrom, W. 34

Hegel, F. 109, 112, 120, 138

Heidegger, M. 232

Heller, A. 88

Hempel, C. 44

Herder, J.G. 60, 104

Heródoto 21

Hill, C. 155

Hobsbawm, E. 155

Humboldt, W. 141

Hume, D. 167

Iggers, G. 168

Kant, I. 86, 90, 104, 106, 119, 120

Kuhn, T. 30, 66, 77, 92, 171-183

Koselleck, R. 104, 135s., 144, 217, 247

Le Goff, J. 170

Lenin, V.I. 234

Lévi-Strauss, C. 236

Locke, J. 49

Mably 145

Maquiavel, N. 160

Marcuse, H. 155

Marx, K. 106, 112, 127s., 230, 240

Millar, J. 167

Monod, G. 146

Montesquieu 161

Morin, E. 254

Newton, I. 92
Nietzsche, F. 94, 230, 243
Nora, P. 170

Pieper, J. 62
Pinto-Duschinsky, M. 264
Planck 94
Plekhanov 258
Pokrovsk 259s.
Políbio 159
Popper, K. 44, 62

Ranke, L. 106, 147
Ricoeur, P. 108, 110-112
Riegl, A. 219
Rüsen, J. 85, 183
Sagan, C. 235
Samósata, L. 145
Seignobos 99
Spencer, H. 129
Spengler 97, 116
Stalin 257
Sybel, H. 147

Thierry 147

Thompson, E. 45, 155, 236

Todorov, T. 158

Toynbee, A. 97, 116, 122

Treviranus, G. 24

Trotsky 258

Tucídides 64

Veyne, P. 53, 64s., 102

Vico, G. 161

Vilar, P. 45, 236

Voltaire 103, 106, 117, 132

Voss 145

Walsh, W.H. 110

Wagner, R. 238

Weber, M. 176, 266

White, H. 31, 189

Whitehead 265

Wundt, W. 33

Índice remissivo

Anacronismo 246s.

Antropologia 114

Arte 59

Biologia 24s.

Botânica 24

Campo 21, 201

Campo Disciplinar 21

Campos históricos 197

Campos intradisciplinares 27

Ciência 76s.

Cientificidade da História 57

Cientista 44

Colégio Invisível 34

Comunidades científicas 34

Comunidades linguísticas 29

Conceito 57, 243

Conhecimento Empírico 49

Conjectura 75

Corpus documental 76

Correntes teóricas 65s.

Demonstração 61

Disciplina 30

Dogma 255

Doutrina 255

Escola de Frankfurt 155

Escola dos *Annales 170*

Escola Escocesa 167

Escola Histórica 167s., 170

Escola Marxista Inglesa 167

Escola Metódica 167

Fetiche teórico 227

Filosofia da Ciência 114

Filosofia da História 85, 104, 119-123

Filosofia do Direito 114

Fim da História 121

Física Quântica 94

Formas de Governo 159

História (definição) 21

História (etimologia da palavra) 21

História Científica 144

História Natural 24

Historiador profissional 144s.

Historicismo 63, 155

Interdisciplinaridade 23, 29

Interditos 30s.

Intuição 47, 55

Intuição (etimologia da palavra) 47

Linguagens científicas 190

Materialismo Histórico 155

Matriz Disciplinar 164

Mediadores Teóricos 52

Medicina 33

Metáfora 243

Metodologia 67

Metodologia Científica 81

Micro-história 198

Operação Historiográfica 35

Paradigma 70, 172

Paradigmas historiográficos 89

Positivismo 63, 155

Postulado 74

Progresso 134

Psicanálise 65

Psicologia 57, 71

Psiquiatria 56

Racional 139

Rede Humana 32s.

Revolução Científica 30

Sistema 34

Tempo 132s., 140

Teoria 57s., 71

Teoria (etimologia da palavra) 58

Teoria Crítica 155

Teorias 105

Território 46

Visão de Mundo 47

Zoologia 25

CULTURAL

Administração
Antropologia
Biografias
Comunicação
Dinâmicas e Jogos
Ecologia e Meio Ambiente
Educação e Pedagogia
Filosofia
História
Letras e Literatura
Obras de referência
Política
Psicologia
Saúde e Nutrição
Serviço Social e Trabalho
Sociologia

CATEQUÉTICO PASTORAL

Catequese
Geral
Crisma
Primeira Eucaristia

Pastoral
Geral
Sacramental
Familiar
Social
Ensino Religioso Escolar

TEOLÓGICO ESPIRITUAL

Biografias
Devocionários
Espiritualidade e Mística
Espiritualidade Mariana
Franciscanismo
Autoconhecimento
Liturgia
Obras de referência
Sagrada Escritura e Livros Apócrifos

Teologia
Bíblica
Histórica
Prática
Sistemática

REVISTAS

Concilium
Estudos Bíblicos
Grande Sinal
REB (Revista Eclesiástica Brasileira)

VOZES NOBILIS

Uma linha editorial especial, com importantes autores, alto valor agregado e qualidade superior.

VOZES DE BOLSO

Obras clássicas de Ciências Humanas em formato de bolso.

PRODUTOS SAZONAIS

Folhinha do Sagrado Coração de Jesus
Calendário de mesa do Sagrado Coração de Jesus
Almanaque Santo Antônio
Agendinha
Diário Vozes
Meditações para o dia a dia
Encontro diário com Deus
Guia Litúrgico

CADASTRE-SE
www.vozes.com.br

EDITORA VOZES LTDA.
Rua Frei Luís, 100 – Centro – Cep 25689-900 – Petrópolis, RJ
Tel.: (24) 2233-9000 – Fax: (24) 2231-4676 – E-mail: vendas@vozes.com.br

UNIDADES NO BRASIL: Belo Horizonte, MG – Brasília, DF – Campinas, SP – Cuiabá, MT
Curitiba, PR – Fortaleza, CE – Juiz de Fora, MG – Petrópolis, RJ – Recife, PE – São Paulo, SP